数字时代的品牌传播：
战略与策略

Shuzi Shidai De
Pinpai Chuanbo:
Zhanlüe Yu
Celüe

路月玲 编著

·广州·

版权所有 翻印必究

图书在版编目（CIP）数据

数字时代的品牌传播：战略与策略/路月玲编著．—广州：中山大学出版社，2020.10
ISBN 978-7-306-06955-9

Ⅰ.①数… Ⅱ.①路… Ⅲ.①品牌—传播—研究 Ⅳ.①F273.2

中国版本图书馆 CIP 数据核字（2020）第 170165 号

出 版 人：	王天琪
策划编辑：	嵇春霞
责任编辑：	陈晓阳
封面设计：	曾 婷
责任校对：	苏深梅
责任技编：	何雅涛
出版发行：	中山大学出版社
电　　话：	编辑部 020 - 84110771，84110283，84110779
	发行部 020 - 84111998，84111981，84111160
地　　址：	广州市新港西路 135 号
邮　　编：	510275　　传　真：020 - 84036565
网　　址：	http://www.zsup.com.cn　E-mail:zdcbs@mail.sysu.edu.cn
印 刷 者：	广州一龙印刷有限公司
规　　格：	787mm×1092mm　1/16　13.5 印张　221 千字
版次印次：	2020 年 10 月第 1 版　2020 年 10 月第 1 次印刷
定　　价：	56.00 元

如发现本书因印装质量影响阅读，请与出版社发行部联系调换

本书为2016年广东省特色重点学科"公共管理"建设项目和中山大学新华学院校级科研基金项目（项目编号：2018YB005）成果

前　言

经济全球化、数字化已经成为当今时代的主旋律。

数字技术与信息技术不断创新和使用，4G和智能手机广泛普及，5G商用拉开序幕，新兴科技深刻地改变了社会生产的组织形态和日常生活的消费方式。每个个体和组织已然成为网络空间中的一个节点，彼此之间的连接成为常态，人类行为的数据在不断产生和被采集，这标志着当今社会已经进入一个全面的数字时代，探索和适应网络环境下的生存与发展规则变成一个重大的时代课题。

传统的电视、报纸、广播、杂志四大媒介主导的传播格局已经被互联网打破，互联网开启了一个崭新的数字时代，媒体平台的变革处于正在进行时。回顾互联网媒体形态的演化，第一代媒体如电子邮件、各大门户网站、电商平台、报刊/杂志网络版、留言板和聊天室等已印在我们的记忆里或仍旧被我们频繁使用；第二代媒体如博客网、视频网、维基百科、人人网、知乎网等，仍然占据我们的生活；第三代媒体如微博、微信、短视频平台、网络直播等方兴未艾，运用形式不断推陈出新。

人们对网络平台应用的探索和求变，给品牌传播和品牌管理带来了前所未有的挑战。中国互联网络信息中心（CNNIC）发布的第45次《中国互联网络发展状况统计报告》指出，截至2020年3月，我国网民规模为9.04亿，互联网普及率达64.5%，我国网络购物用户规模达7.10亿。庞大的网民构成了中国蓬勃发展的消费市场，也为数字经济发展打下了坚实的用户基础。

当品牌意识觉醒，人们惊讶于品牌对消费者的影响力；当消费者信任和忠于某品牌时，他们愿意支付更高的价格去拥有心仪的商品或服务，获得愉悦的精神和情感体验，这是品牌价值在消费者市场的重要体现。本书分析传统品牌与新兴品牌在数字化浪潮中会遭遇哪些挑战和赢得怎样的发展机遇，又该如何应对并运用蕴藏其中的机会；既梳理品牌传播基础理论和最新的国际、国内案例，又探讨品牌在数字化大趋势下的生存与发展战略，为企业品牌传播实践提供参考。

国家品牌战略的实施，离不开品牌传播

2014年5月10日，习近平总书记在河南考察时提出"三个转变"的重要指示，即"推动中国制造向中国创造转变、中国速度向中国质量转变、中国产品向中国品牌转变"。

2016年6月20日，国务院办公厅发布《关于发挥品牌引领作用推动供需结构升级的意见》，提出设立"中国品牌日"，凝聚品牌发展社会共识，营造品牌发展良好氛围，搭建品牌发展交流平台，提高自主品牌影响力和认知度。

2016年11月8日，中央电视台2017年黄金资源广告招标暨国家品牌计划签约仪式正式举行。

2017年3月5日，李克强总理在政府工作报告中指出，"打造更多享誉世界的'中国品牌'，推动中国经济发展进入质量时代"。

2017年4月24日，国务院批准将每年5月10日设立为"中国品牌日"。

2017年5月10日，首届"中国品牌日"系列活动火热开启，活动主题是：深化供给侧结构性改革，全面开启自主品牌发展新时代。

2018年3月21日，中国品牌日标识正式对外发布，整体为以篆书"品"字为核心的三足圆鼎形中国印。

2018年5月10日，由国家发改委等七部委联合主办的"中国品牌日"系列活动开启，主题是"中国品牌 世界共享"。

2019年5月10日，"中国品牌日"活动主题是：中国品牌，世界共享；加快品牌建设，引领高质量发展；聚焦国货精品，感受品牌魅力。

2019年11月7日，40余家优秀品牌与中央广播电视总台正式签约"品牌强国工程"的"TOP品牌""领跑品牌"，两家互联网平台携手春晚正式签约"品牌强国工程"的"强国品牌"服务项目。

"中国品牌日"的设立，央视推出的"国家品牌计划"，央广发起的"品牌强国工程"，都指向在全球经济竞争的背景下，品牌传播如何助力品牌发展。培育和打造一批民族知名品牌，发挥品牌在引领高质量发展上的影响力，这既是国家软实力的重要象征，也是对外传播国家文化的有效例证。

企业创新驱动可持续发展，离不开品牌传播

当前，以分享经济、网络经济、数字经济等为代表的创新业态层出不穷，摩拜单车、滴滴出行、首汽共享汽车、喜茶、元气森林、完美日记等在电商平台的激烈角逐中幸存下来、发展壮大的企业都成功打造了自己的品牌，与竞争者建立了区隔，品牌日渐成为推动企业可持续发展的重要力量。简而言之，互联网上也需要打造知名品牌。高价值品牌的知名度和美誉度，有助于企业赢得成功。因此，数字时代的品牌传播，重塑消费者—品牌关系会变得越来越重要。未来企业的成功，某种意义上，将取决于它们如何处理与客户、合作者、供应商及其它互联网公司之间的关系。

新消费群体品牌意识的增强，推动企业重视品牌传播

平价智能手机和网络的普及，使得几乎人人都时刻与网络联接。人们随时随地查看和接收信息，浏览、挑选、下单、签收自己购买的商品或服务，这种消费行为日渐变得全天候、全渠道和个性化。以新中产、"90后"、"00后"为代表的新消费群体，更加注重产品和服务的品质，讲究品牌消费。在满足了对商品的功能性需求之外，他们把目光更多地转向感知生活、探索世界以及提升自我，注重消费行为的精神和情感价值，那些能够给予消费者便捷和极致消费体验的品牌将获得顾客的青睐。从品牌标识论、品牌形象论，到品牌认知论、品牌管理论，再到流行的品牌资产论，有一条不变的主线，那便是消费者对品牌的体验、互动以及双方之间的关系。做好数字时代的品牌传播，构建消费者品牌体验和互动的无缝隙传播系统，搭建更多符合消费者心智的体验互动场景，对建立合作、互惠、双向的消费者—品牌关系至关重要。

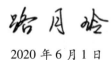

2020年6月1日

目　录

第一章　品牌、品牌战略与品牌传播 … 1
第一节　品牌概述 … 2
一、品牌的渊源 … 2
二、品牌的定义 … 3
三、品牌的要素 … 5
四、品牌的类型 … 20
第二节　品牌战略：企业制胜的利器 … 23
一、品牌战略与品牌传播的关系 … 23
二、基于创建品牌资产的品牌战略 … 24
第三节　品牌传播：激活品牌战略的关键环节 … 33
一、品牌传播的定义 … 33
二、品牌传播的发展历程 … 34

第二章　数字时代的品牌传播生态 … 37
第一节　传播媒介生态概述 … 38
一、传播媒介生态的意蕴 … 38
二、传播媒介内部生态的特征 … 39
第二节　数字时代的消费者 … 44
一、鲍德里亚的消费社会理论 … 44
二、消费社会的特征 … 45
三、大众传媒对消费社会的推动 … 46
四、基于消费者核心的品牌传播策略 … 48
第三节　全球市场竞争新态势 … 50
一、从企业研发投入透视全球产业竞争焦点 … 51
二、无形资产价值成为全球价值链竞争焦点 … 52
三、人工智能的全球竞争早已开始 … 53

四、区块链技术的开发和应用备受关注 …… 54

第三章　数字时代的品牌传播流程与策划 …… 56
　第一节　品牌传播流程 …… 57
　　一、成立跨职能策划小组 …… 57
　　二、开展品牌形象调研 …… 57
　　三、确立品牌形象定位 …… 60
　　四、提升品牌形象表现力 …… 60
　　五、开展品牌整合传播 …… 62
　第二节　品牌形象策划 …… 63
　　一、品牌形象策划的内容 …… 63
　　二、数字时代品牌形象策划的策略 …… 64
　第三节　事件策划 …… 67
　　一、事件策划的含义 …… 67
　　二、事件策划对品牌传播的作用 …… 68
　　三、事件策划中的品牌传播原则 …… 69
　　四、事件策划中的品牌传播策略 …… 70
　第四节　公益营销 …… 72
　　一、公益营销的含义和作用 …… 72
　　二、避开公益营销的常见误区 …… 73
　　三、数字时代品牌公益营销的策略 …… 74
　第五节　品牌代言人传播 …… 77
　　一、品牌代言人作用机制的原理 …… 77
　　二、品牌代言人传播的利弊分析 …… 79
　　三、如何选对品牌代言人 …… 81
　　四、品牌代言人趋向多元化：数字时代品牌代言新动向 …… 82

第四章　数字时代的消费者洞察 …… 85
　第一节　SIVA系统：一种以消费者为中心的工具 …… 86
　　一、SIVA系统简介 …… 86
　　二、SIVA系统的内容 …… 87
　第二节　数字时代下的消费者决策过程 …… 92
　　一、传统的消费者决策漏斗模型 …… 92

二、数字时代的消费者决策流程模型 ·················· 93
第三节　影响消费者决策的因素 ························ 95
　　一、影响消费者决策的内部因素 ···················· 95
　　二、影响消费者决策的外部因素 ···················· 99
第四节　消费者调查 ································ 102
　　一、消费者调查设计 ··························· 102
　　二、消费者样本选择 ··························· 103
　　三、消费者调查方法 ··························· 104
　　四、消费者调查数据与结果分析 ··················· 108

第五章　数字时代的品牌传播媒介 109

第一节　传播媒介的历史与进展 ······················· 110
　　一、报纸：最早的大众传播媒介 ··················· 110
　　二、广播：开创了伴听媒介新纪元 ·················· 111
　　三、电视：调动视听觉的富信息媒体 ················ 113
　　四、网络：媒介融合的助推器 ····················· 114
　　五、手机：兼容并包的超级媒介 ··················· 115
第二节　消费者的媒介使用特征 ······················· 118
　　一、消费者的媒介选择权和控制权变大 ············· 118
　　二、消费者的媒介多重任务处理能力增强 ··········· 119
　　三、满足消费者需求的精准传播受到欢迎 ··········· 119
第三节　从单向到互动再到智能：数字时代品牌传播媒介的
　　　　转向 ································· 122
　　一、传统外推式的单向品牌传播媒介系统 ··········· 123
　　二、新兴内拉式的互动品牌传播媒介系统 ··········· 124
　　三、方兴未艾的智能品牌传播媒介系统 ············· 125
　　四、数字时代品牌传播媒介的展望与趋势 ··········· 126
第四节　数字时代的品牌传播渠道 ···················· 129
　　一、数字广告 ······························· 129
　　二、电商平台 ······························· 134
　　三、社交媒体 ······························· 136

第六章　数字时代的品牌传播内容 …………………………… 139
第一节　优质内容是品牌传播的根本 …………………………… 140
一、品牌传播的内容 …………………………………………… 140
二、用优质内容连接目标人群 ………………………………… 141
三、数字时代品牌传播内容的生产机制变化 ………………… 143
四、数字时代品牌传播内容的创作原则 ……………………… 145
第二节　发展和坚持价值主张 …………………………………… 148
一、价值主张是品牌传播的核心内容 ………………………… 148
二、发展价值主张 ……………………………………………… 149
三、坚持价值主张 ……………………………………………… 150

第七章　数字时代的品牌传播效果 …………………………… 153
第一节　品牌传播效果的指标 …………………………………… 154
一、传播学的传播效果分析 …………………………………… 154
二、品牌传播效果的指标分解 ………………………………… 155
第二节　数字时代的品牌传播效果测量 ………………………… 160
一、品牌传播效果测量的类型 ………………………………… 160
二、计算传播学范式对传播效果研究数据获取的影响 ……… 163
三、数字品牌价值：数字时代品牌传播效果测量的新尝试 …… 164

第八章　数字时代的品牌危机管理 …………………………… 166
第一节　品牌危机管理 …………………………………………… 167
一、品牌危机的内涵 …………………………………………… 167
二、品牌危机的类型 …………………………………………… 168
三、品牌危机的成因 …………………………………………… 169
四、品牌危机管理的理论基础 ………………………………… 173
第二节　数字时代品牌危机的特点与管理的策略 ……………… 177
一、品牌危机的特点 …………………………………………… 177
二、品牌危机管理的策略 ……………………………………… 180

附　　录 ………………………………………………………… 184

参考文献 ………………………………………………………… 191

后　　记 ………………………………………………………… 204

第一章
品牌、品牌战略与品牌传播

▶ **本章提要**

　　品牌现象源远流长。品牌的定义先后经历了从品牌标识论到重视消费者对品牌的认知，再到重视品牌与消费者及各方的关系的发展历程。品牌要素是指那些用以识别和区分品牌的商标设计，主要包括：品牌名称、URL（也叫域名）、标识、符号、形象代表、品牌口号、广告曲、包装等。

　　基于创建品牌资产的品牌战略，对品牌及品牌资产创建和管理活动做出了长期计划和安排，主要内容包括：品牌定位、品牌价值、品牌形象、品牌传播、品牌营销、品牌延伸和品牌更新。

　　从组织战略的高度看，品牌传播是品牌所有者与特定目标消费群体和利益相关者之间传播沟通的各种形式和活动，是激活品牌战略的关键环节。纵观品牌传播的发展历程，其先后经历了为产品注册商标的试水阶段、利用广告传播创名牌的勃兴阶段、整合传播提升品牌资产的深化阶段。

▶ **本章学习要点**

- 品牌的渊源
- 品牌的定义
- 品牌的要素
- 品牌的类型
- 品牌战略与品牌传播
- 品牌战略的内涵
- 品牌资产的定义
- 品牌定位的含义和策略
- 品牌价值和品牌价值发展理论
- 品牌形象的含义和类型
- 品牌营销
- 品牌延伸
- 品牌更新
- 品牌传播

从最初的商品标识性符号到品牌资产概念的出现，品牌都与市场经济的发展和经济全球化进程紧密相连。从国家到企业层面，"企业兴国、品牌兴企"成为共识，品牌战略计划开始推行，品牌战略成为企业制胜的利器。随着生产规模的扩大、大众传播媒介的革新，品牌传播作为激活品牌战略的关键环节，其广度和深度也得到了拓展。建立在整合营销传播学和品牌战略性管理理论基础上的整合品牌传播理论，也进入真正的深化和提升阶段。

第一节 品牌概述

一、品牌的渊源

品牌现象源远流长。"品牌"（brand）这个词语最早来源于古斯堪的纳维亚语 brand，意思是"燃烧"，它是牲畜所有者用以识别其动物的工具。到了中世纪的欧洲，手工艺匠人用这种烙印的方法在自己的手工艺品上做标记，以便消费者识别产品的产地和制作者。在中国古代的陶器上，也发现有类似的标记。品牌作为标记不同生产商产品的工具已有几个世纪，这是其最为基础的功能。

1777 年成立于英格兰的贝斯·布莱威尔（Bass Brewery）公司，是世界上首先宣称其红色三角形作为公司商标的企业。[①] 商标是品牌的直观呈现。从此，品牌作为商品的标识性符号开始被广泛应用，可以帮助消费者从视觉上判断产品的品质，品牌与产品紧密联系在一起，没有形成自身独特的价值。

20 世纪 80 年代，品牌资产（brand equity）这一概念开始出现，主要动因在于规避大打价格战对品牌资产造成的负面影响。另外，企业之间的兼并、收购等行为客观上要求对品牌资产加以确认，重视品牌资产积累开始成为品牌传播的核心目标。

---

① 罗子明：《品牌传播研究》，企业管理出版社2015年版，第3页。

二、品牌的定义

关于品牌,目前并没有一个统一的定义。人们最常使用的是品牌的狭义观点,即品牌标识论,认为品牌是一个名称、标识或商标,应用在产品、组织、区域或个人方面。被广泛引用的是美国市场营销协会(AMA)关于品牌的定义,具体为"一种名称、术语、标志、符号或设计,或它们的组合,用于识别一个销售者或一个销售机构的商品和服务,以便与他们的竞争对手进行区分"[1]。企业创建品牌的初始目标是区隔竞争对手,标识商品和服务的符号,在帮助消费者进行品牌识别和形成品牌认同方面起着关键作用。

麦克唐纳(McDonald)等人指出,"品牌,是为消费者(以及有关各方)提供的一个在功能和性能之上的附加价值的实体。这些附加价值或品牌价值使得产品的报价不同,也为消费者的偏好与忠诚度提供了基础"[2]。品牌附加值成为消费者决策时的一个考量因素,对消费者的选择偏好产生影响。

大卫·奥格威(David Ogilvy)认为:"品牌是一种错综复杂的象征,它是品牌属性、名称、包装、价格、历史声誉、广告方式的无形总和。品牌同时也因消费者对其使用的印象,以及自身的经验而有所界定。"[3] 这说明消费者对品牌的认知,品牌形象受到消费者的态度、性格、行为等主观因素的影响。

大卫·艾克(David Aaker)认为:"品牌就是产品、符号、人、企业与消费者之间的联结和沟通。也就是说,品牌是一个全方位的架构,牵涉到消费者与品牌沟通的方方面面,并且品牌更多地被视为一种'体验',一种消费者能亲身参与的更深层次的关系,一种与消费者进行理性和感性互动的总和。若不能与消费者结成亲密关系,产品就从根本上丧失了被称为品牌的资格。"[4] 在品牌创建过程中,以消费者为中心的品牌沟通、品牌

---

[1] P. Kotler and K. Lane Keller, *Marketing Management*, 12th ed. (Upper Saddle River, NJ: Pearson, Prentice Hall, 2006), p. 274.

[2] M. McDonald, M. Christopher, S. Knox and A. Payne, *Creating a Company for Customers* (London: Pearson Education, 2001), p. 171.

[3] 王海涛、王润涛、李天祥:《品牌竞争时代:开放市场下政府与企业的品牌营运》,中国言实出版社1999年版,第36页。

[4] 余明阳、朱纪达、肖俊崧:《品牌传播学》,上海交通大学出版社2005年版,第4页。

体验、品牌关系变得极为重要。

乔瑞·范·登·伯格（Joeri Van den Bergh）和马蒂亚斯·波赫尔（Mattias Behrer）创建的 CRUSH 模式指出，为了赢得青少年的喜爱和忠诚，"品牌年轻化的五个关键属性分别是：品牌酷感（coolness）、品牌真实性（realness）、品牌独特性（uniqueness）、品牌认同感（self-identification with the brand）和品牌幸福感（happiness）。他们将净推荐值（NPS）追加为一个关键的品牌度量标准，这是人们会向他人推荐某个品牌的可能程度。另外，他们和休斯敦大学还开发了品牌影响力模型。品牌影响力是指品牌满意度、推荐度和近乎完美的程度形成的一个综合体。品牌形象和品牌评论是决定品牌影响力的中间力量"①。他们创建了一个影响新生代消费者的模型，为我们打造数字时代的知名品牌提供了借鉴。

艾丰认为："品牌的直接解释就是商品的牌子。但是在实际运用中，品牌的内涵和外延都远远超过了这个字面解释的范围。品牌包括三种牌子：第一种是商品的牌子，就是平常说的'商标'。第二种是企业的名字，也就是'商号'。第三种是可以作为商品的牌子。这三种就是人们所说的品牌。"② 该定义指出了品牌与商标、商号、商品的联系。商标是一个法律术语，用来支持和保护品牌；商号代表了企业的整体信誉和口碑，伴随企业存续的始终；商品是品牌的传播介质之一，知名品牌通常拥有一系列为消费者所熟知的产品。

卢泰宏认为："品牌不仅仅是一个区分的名称，更是一个综合的象征；品牌不仅仅掌握在企业手中，更取决于消费者的认同和接受；品牌不仅仅是符号，更要赋予形象、个性和生命；品牌不仅仅是短期营销工具，更是长远的竞争优势和具有潜在价值的无形资产。"③ 该定义对我国市场环境下的品牌，从品牌区分功能、品牌建设过程以及长远价值方面做出了较为全面的概括。

张平淡等人构建了一个品牌建设的三维模型，从产品、传播和口碑方面进行了界定，主要观点有："品牌最终是消费者之间的一种口碑相传"，

---

① [荷]乔瑞·范·登·伯格、[荷]马蒂亚斯·波赫尔：《品牌年轻化：抓住年轻用户的5大逻辑》，王琼、朱敏、汪雅文译，中信出版集团2019年版，第63页。
② 余明阳、朱纪达、肖俊崧：《品牌传播学》，上海交通大学出版社2005年版，第5页。
③ 庞守林：《品牌管理》，清华大学出版社2011年版，第3页。

"'产品'品质不错,会得到消费者的认同,这种认同一经'传播',就对别的消费者产生影响,就会形成良好的'口碑',进而扩大销售","企业名义上拥有品牌的所有权,实质上却是由消费者决定品牌。如果消费者认可,你就是品牌,就是知名品牌;如果失去了消费者的认可,你就不是品牌,更不是知名品牌。可见,品牌建设的出发点应该是消费者,应该是消费者的需求。换言之,品牌建设的一切工作都应该从消费者出发,都应该围绕消费者而展开"[1]。该定义强调了消费者在品牌形成中的重要性,消费者的主观认知对品牌形象有着能动的影响。其中,产品品质是品牌建设的基础,传播是品牌建设的媒介,良好的口碑是品牌建设的最终目标。

综上所述,人们对品牌的认识和理解,从最初的品牌标识到消费者对品牌的认知,再到品牌与消费者及各方的关系,每个品牌概念的提出都与所处时代商品经济的发展密不可分,镌刻着时代的印记。当企业从区域市场转向全国市场,再到瞄准全球市场,人们对品牌的认识也从最初的产品附着物,到承认消费者对品牌的巨大影响,最后发展到对品牌价值的认可和关注上来。

三、品牌的要素

品牌是企业的一项价值巨大的无形资产,是企业参与市场竞争的利器。在现实生活中,品牌既与企业推出的产品或服务相关,又与品牌的文化理念、商标声誉以及品牌对应的消费者群体相联系。

是什么使我国的主要电商平台在目标人群中形成了差异,并能够与其他平台有效区别开来?答案是:品牌要素(brand elements)。这是指"形成品牌识别并使之差异化的这些不同部分",有时也称为品牌特征,指的是那些用以识别和区分品牌的商标设计。主要的品牌元素有:品牌名称、URL(也叫域名)、标识、符号、形象代表、品牌口号、广告曲、包装等。[2] 下面以我国的主要电商平台为例,说明品牌的构成要素。

---

[1] 张平淡主编:《品牌管理》,中国人民大学出版社2015年版,第9页。
[2] [美] 凯文·莱恩·凯勒:《战略品牌管理(第4版)》,吴水龙、何云译,中国人民大学出版社2014年版,第113页。

品牌案例 1—1

我国的主要电商平台

电商平台是网络购物的助推器。各大电商平台的经营理念各具特色，都吸引了大批消费者，拥有稳定的忠诚消费人群，品牌影响力不可小觑。

淘宝就像一个大集市，各种商品应有尽有，是我国电商领域的开拓者和领导者。

京东以其高效的物流配送体系而闻名，现如今也发展成一家综合电商平台。

唯品会从创立之初就以品牌特卖作为自身定位，高度聚焦核心特卖业务。近期又与顺丰达成业务合作，委托顺丰提供配送服务，一方面是为了提高物流效率，另一方面也与持续提升用户的消费体验紧密相联。

当当以销售图书、音像制品起家，现今发展为一家全品类的综合电商平台。消费者在多数情况下，购买图书时会想到当当。

网易严选作为网易旗下的原创生活类电商品牌，以"好的生活，没那么贵"为品牌理念，自 2016 年 4 月上线以来，成为电商界横空出世的一匹黑马。

网易考拉海购是网易自营、以跨境业务为主的综合性电商平台。

寺库是亚洲最大的奢侈品电商，致力于打造全球奢侈品服务平台。

拼多多将自身定位为新电商开创者，致力于将娱乐社交的元素融入电商运营中，通过"社交+电商"的模式，让更多的用户带着乐趣分享实惠，享受全新的共享式购物体验。

（一）品牌名称

你能随口说出哪些品牌？全球最大的综合性品牌咨询公司 Interbrand 发布的"2019 全球最佳品牌排行榜"中，排名前十的分别是：苹果、谷歌、亚马逊、微软、可口可乐、三星、丰田、奔驰、麦当劳、迪士尼。[①]全球最大的广告传播集团 WPP 携手咨询公司凯度共同推出的"BrandZ™ 2019 最具价值中国品牌 100 强"中，品牌十强分别是：阿里巴巴、腾讯、中国工商银行、中国移动、茅台、华为、中国平安、百度、中国建设银

---

① 王新文：《Interbrand 发布 2019 全球最佳品牌排行榜》，见中国网（http://zjnews.china.com.cn/yuanchuan/2019-10-22/193296.html），2019 年 10 月 22 日。

行、京东。① 这些名字大多简单易记、朗朗上口，给人以亲切熟悉之感。

品牌名称是品牌传播和延续中最基本的部分，最好能让人联想到品牌背后的产品和服务。认识到品牌名称背后蕴含的巨大能量，并为品牌精心设计一个令人称赞的名称，确实是一个充满艰辛的过程。原名"皇茶"的茶饮料品牌首创中西合璧奶盖茶，由于一开始没有注意对品牌的保护，各种模仿其产品、口味、风格的山寨皇茶店铺遍布各地。"皇茶"后更名为"喜茶"（HEYTEA），并申请了品牌保护，为品牌扩张扫清了障碍。

企业应在品牌创立的第一时间注册商标，当品牌遭遇侵权，即可申请司法保护。陶华碧女士一手创造的"老干妈"已经成为海内外华人中有口皆碑的辣椒调味品品牌。其与华越公司的"湖南老干妈"、福建省阿庆嫂食品公司的"老大妈"、贵州永红食品公司的"老干妈"之间的商标权属纷争，为企业保护商标合法权益上了生动的一课。

为品牌命名，可以考虑以下三条准则。

（1）容易发音和记忆。你的品牌名是否能做到一听，二看，三记得？一听：你的品牌名是不是一听就能懂？二看：你的品牌名是不是让消费者联想到了某些形象？三记得：你的品牌名能否让消费者一下子就记得？我们来看看下面这些品牌名：阿里巴巴——源自一个全世界都知道的故事；亚马逊——世界上面积最大的河；苹果——伊甸园的苹果第一次改变了世界，乔布斯的苹果则再一次改变了世界；NIKE——希腊胜利女神的名字；星巴克——源自赫尔曼·梅尔维尔的著名小说《白鲸》；红牛——古希腊生命力最旺盛的灵兽。② 这些品牌的名字令具有相关文化背景的消费者感到亲切而又熟悉，消费者很容易就可以准确地读出来，为品牌节省了一大笔宣传费用。

（2）富有吸引力和意义。品牌名称作为品牌恒久不变的第一要素，在让消费者快速接受并记住时，最好能与企业战略结合，赋予品牌名称以深意，以文字或者口头的方式展现出来。华为寓意"中华有为"，体现了企业的责任与担当。这个品牌名，在企业内部，对激发管理人员和员工的奋斗激情有无形的作用；在外部，也容易建立一般民众对企业的好感。

---

① 《2019最具价值中国品牌100强榜单》，见搜狐网（http://www.sohu.com/a/312373759_441449），2019年5月7日。

② 叶茂中：《让消费者一见如故的品牌名》，载《销售与市场（管理版）》2019年第12期，第20页。

(3) 与众不同且独一无二。① 初创企业要做的第一件事就是为品牌取一个形象好记的名字,最好品牌名和企业产品之间有着天然的关联。2017年创立的时尚美妆品牌完美日记(Perfect Diary),其品牌名称赢得了新一代中国年轻女性的青睐,消费者很容易识别出它是一个提供护肤及彩妆产品的品牌,为品牌命名提供了一个较好范例。

(二) 品牌域名

随着互联网在各个领域的渗透以及影响力的与日俱增,企业开始意识到在网络空间传播信息的重要性。网站域名是企业在网络空间的形象名片,如何建立自身专有的网络名片,开始得到越来越多企业的高度重视。

知名教育机构新东方于 2011 年启用新域名 xdf.cn,原域名 neworiental.org 仍可登录。xdf 作为"新东方"汉语拼音的首字母缩写,具有简洁、便利、易于记忆的功效,同时辅以具有明显国别意义的 CN 域名,整个网址一目了然,让人一看便知这是新东方融合在线教学资源、线下教育活动的官方网站。因此,就域名形式而言,xdf.cn 域名客观条件上存在的易于传播等特色,无疑将为新东方教育集团在互联网上的品牌影响力提供良好的传播基础,进一步扩大其在互联网上的品牌影响力。②

我国知名电商平台唯品会收购了域名 vip.com,并于 2013 年 11 月 25 日在 vip.com 域名网站上挂出倒计时页面,显示"世界上有太多的 VIP,11 月 30 日有且只有一个"③,正式宣布启用新域名 vip.com,原 vipshop.com 域名用作跳转。此外,京东、易迅、一号店等知名电商都曾更改过域名,掀起了一股电商网站更换域名的风潮。

(三) 品牌标识

在品牌名称之外,品牌标识是企业视觉形象识别系统的重要构成,可以在有限的时间和空间内将品牌形象快速地传播给消费者,建立起消费者对品牌的第一印象,在建立品牌认知和塑造品牌形象上起着关键作用。品牌 LOGO、品牌图形符号、品牌标识颜色都是品牌视觉识别的关键因素,体现了品牌个性,丰富了品牌联想,传递了品牌理念。

---

① [美] 凯文·莱恩·凯勒:《战略品牌管理(第4版)》,吴水龙、何云译,中国人民大学出版社 2014 年版,第 120 页。

② 朱翊:《新东方启用新域名 互联网价值渗入行业成趋势》,见速途网(http://www.sootoo.com/content/107769.shtml),2011 年 4 月 7 日。

③ 《电商集体更换域名:唯品会正式启用 vip.com》,见腾讯科技(https://tech.qq.com/a/20131201/002320.htm),2013 年 12 月 1 日。

品牌案例 1-2

2019年今日头条、百果园和 Realme 换 LOGO[①]

1. 今日头条换 LOGO

今日头条的原 LOGO 除了红底白字之外,在后面背景加入了象征报纸头条版面的灰色条纹,并在左上角报纸名称的位置标注了母公司"字节跳动"的英文名,非常巧妙。

而新 LOGO 似乎是为了呈现更简洁的视觉效果,将代表了纸媒传统的"头条"元素去除,真正变成了一个"纯色块+文字"的 LOGO,原来的品牌色选用的是最纯正的大红色,而新 LOGO 中的红色降低了饱和度,视觉上更为柔和。

LOGO 字体也进行了调整,原来的字体竖向笔画比横向要粗,而新的字体依旧保持斜角向上的态势,横向笔画比竖向粗,线条流畅,笔画以较尖锐的斜角收尾,将之前的力量感变得更温和、亲近。

2. 百果园换 LOGO

从整体来看,百果园的 LOGO 从原本比较老旧的画风,变成更有年轻气息的扁平风格。原本 LOGO 的字形趋向于圆角矩形,笔画较粗;同时提取每个字中的一个笔画,以类似于逗号的形状取代,来增添设计感;并且在白色字体周围包裹上绿色和黄色的阴影。而新 LOGO 的笔画减轻了原本厚重的感觉,字形更圆润;图形方面的改变也相当明显,偏向于更扁平的矢量图形风格。

3. Realme 换 LOGO

新 LOGO 最显著的变化是增添了图形化元素,从字体的层面上来看,新 LOGO 将字体部分的颜色统一,更具有空间感,给人新锐、活力的感觉。

图形的灵感来源于设计师对人类日常使用手机行为动作的观察,并将人体剪影与 Realme 首字母 R 有机结合,传递出以人为本的理念。

[①] 《2019年各大品牌 LOGO 升级汇总!》,见数英网(https://www.digitaling.com/articles/244194.html),2019年12月23日,有改动。

（四）品牌形象代表

为品牌创作和选择一个合适的形象代表，有助于品牌的塑造和传播，更能在情感上引起消费者的共鸣，培养消费者对品牌的认同感和忠诚度。品牌人格化是品牌形象代表的另外一种表述。人格是一个人所具有的显著性格、态度、习惯等特征的总和，而品牌人格化是指"把品牌拟人化、拟物化、情感化，以实现与消费者进行包括品牌拥有的价值观、格调以及情怀等一切能彰显品牌差异化元素在内的有效交流"①。通过品牌人格化，品牌变得有个性、有温度、有内涵，逐渐拥有竞争者不具备的影响力和魅力。品牌人格化的常见表现形式有：

（1）将创始人的形象和品牌标识融为一体。这是一种有效的方式，如在众多农产品中脱颖而出的"褚橙"，人们选择购买和品尝它，一部分原因是受到品牌创始人褚时健坚忍不拔精神的感召，是对他人生阅历的欣赏和肯定。

（2）选择与品牌精神契合度高的明星代言。这也不失为一种省力的传播方式，借助明星的高人气可以实现品牌曝光量的爆发级增长。在2019年中国广告影片金狮奖颁奖典礼上，六小龄童凭借广告影片《人生有迹》获得最佳男主角和最佳代言人两项大奖。获奖广告影片《人生有迹》是洗护品牌翰皇成立20余年来的第一部品牌形象片。从品牌成立至今，翰皇在不断的行走中逐步成长。

品牌案例 1-3

品牌与代言讲求精神的契合②

2019年是中国广告业全面恢复的40周年，回看这段发展历程，六小龄童也有着自己的看法。他说："中国早期的广告比较直白，创意相对简单粗暴，直接告诉消费者商品的信息。虽然现在这样的广告依然存在，但一定会随着社会的发展和广告业的进步逐渐被淘汰。现在的广告更注重品牌与消费者、品牌与代言人之间精神的契合。"

---

① 李志军：《品牌人格化》，载《中国服饰》2018年第11期，第76页。
② 李煜冰：《人生有迹，每个人都应该是生活的行者——专访2019中国广告影片金狮奖最佳男主角、最佳代言人六小龄童》，载《中国广告》2019年第5期，第66-67页，有改动。

六小龄童扮演孙悟空 30 多年，不论是个人成长还是《西游记》中所传达的历经磨难、求取真经的精神，都与翰皇品牌想要传达的从无到有、坚持前行的理念有着高度的精神契合。孙悟空也叫孙行者。六小龄童表示，所谓"行者无疆"，每一个人都是生活的行者，这与影片主题"人生有迹"是一种精神上的契合，更能让每一个生活中的行者找到共鸣。虽然孙悟空可以一个筋斗云直达西天，但那就失去了行走过程的价值。就像人生一样，每一天都是精彩，而不在于人生最终落幕的那一天。广告通过这样的创意手法，将名著故事和品牌精神相联结，更能让观众在影片情节中，感受到翰皇品牌传承的内涵。犹如影片中所说，行走对每一个人都是公平的，它能把今天的一切都留在你的身后，也能把属于你的带到眼前，行走就是为了让每一段平凡人生都有迹可循。

(3) 设计动画人物，寻找一些具有代表性的要素，与人格化的形象相联系。台湾品牌"张君雅小妹妹"成功的案例进一步佐证了消费者更愿意接受品牌人格化的传播语境，其能拉近与消费者的距离，获得用户好感，最终促成产品的购买。再例如"三只松鼠"的 IP 塑造，松鼠便是人格化的形象展现，而选择松鼠这一 IP 最重要的原因是"三只松鼠"的商品为坚果系列，坚果与松鼠之间有着密不可分的关系。①统一集团推出的"认真搞笑，低调冷泡"的"小茗同学"茶饮料品牌一炮走红，充分说明具有鲜明人性化的品牌更容易赢得目标消费群体的喜爱。

无论选择哪一种方式，创作合适的品牌形象代表，或者将品牌人格化，都是为了更好地与消费者沟通和互动，改善消费者的情感体验，构建良好的品牌—消费者关系。

（五）品牌口号

口号常常被叫作宣传语，是用来传递品牌差异化信息的短语或短句，被用在各种场合的品牌宣传活动中。就像阿里巴巴的口号"让天下没有难做的生意"，它形象地阐释了阿里巴巴的核心业务，也向人们传播了阿里巴巴的责任和使命。

简洁有力、直抵人心的品牌口号是品牌传播的锐利武器。品牌口号可以起到"挂钩"或"把手"的作用，能帮助消费者抓住品牌的含义，了解

---

① 丁太岩、王子铭：《基于社会化品牌环境下的人格化研究》，载《国际公关》2019 年第 12 期，第 240 页。

该品牌是什么,有哪些特别之处。① 好的品牌口号通常简单直白,易于传播,凝练了自身的核心优势,能够有效地与竞争者相区别。如华为的"构建万物互联的智能世界",格力的"让世界爱上中国造",鲁花的"5S压榨一级花生油",西贝的"闭着眼睛点,道道都好吃",一人食的"一个人也要好好吃饭",等等。随着这些口号的广泛传播和分享,口号与品牌之间建立了很强的关联性,成为品牌资产的一部分。

创作一个独特、易读、易记的品牌口号并非易事。2019年5月6日,马化腾在福州数字中国建设峰会上提到,希望"科技向善"成为未来腾讯愿景与使命的一部分。学者胡泳对腾讯提出的新口号"科技向善"进行了详解,认为有点冒险。② 京东的品牌口号是"多快好省",其在冠名综艺节目《奇葩说》时使用了"多快好爽",现仍沿用之前的"多快好省"。脱口秀节目《吐槽大会》第一季的口号是"吐槽是门手艺,笑对需要勇气",第二季延续之前的口号,第三季改成了"吐槽是一种年轻的沟通方式",第四季变成了"吐槽,我们来真的!"。由此看出,品牌口号需要不断更新,以适应品牌更新的整体要求,来与目标人群更好地进行情感和心理上的沟通,强化品牌与消费者之间的联系。

品牌案例 1-4

创作"战斗口号"的五大技巧③

当一个 slogan(广告语)能够做到有效传达这个品牌的定位信息,而且让人们愿意口口相传的时候,这就是一个 battlecry(战斗口号)。

劳拉·里斯在接受《中外管理》杂志采访时,提到五个提升广告用语效果的技巧,分别是:押韵、头韵、重复、反差和双关。

1. 押韵

在美国市场上,Maxwell House(麦斯威尔)曾经是领先的咖啡品牌。这个品牌有一个非常聪明的口号:"Good to the last drop."(滴滴香浓,意

---

① M. Urde,"Brand Orientation: A Mindset for Building Brands into Strategic Resources," *Journal of Marketing Management* 15, No. 1–3 (1999): 117–133.
② 胡泳:《科技可否和怎样向善》,载《新闻战线》2019年第21期,第90页。
③ 李靖:《劳拉·里斯:你的品牌有 Battlecry(战斗口号)吗?》,载《中外管理》2017年第6期,第104–107页,有改动。

犹未尽）。1999 年，《广告时代》将其评选为 20 世纪排名第六的最佳广告口号。

1920 年，一家伦敦的广告代理商 Mather & Crowther 被聘用来推销苹果。这家广告公司就是今天的奥美广告，而他们为苹果创造的广告语早已如他们自身一样出名："An apple a day keeps the doctor away."（注：day 与 away 押韵）。

2. 头韵

M&M's（M&M 豆）成为美国领先的糖果品牌，在某种程度上归功于其传递了重要特性并且押头韵的广告口号："Melt in your mouth, not in your hands."（只融于口，不融于手）。

有很多著名的品牌名要把成功部分归功于头韵：Coca-Cola、Dirt Devil、Dunkin' Donuts、Mickey Mouse、PayPal、Range Rover 等。

3. 重复

联邦快递（FedEx）为了有效参与竞争，通过缩小业务焦点，聚焦于"隔夜达"服务。他们用了一句对 FedEx 成为市场领导者有重要帮助的口号："When it absolutely, positively has to be there overnight."（绝对、必须隔日送达）。

4. 反差

1952 年，弗兰克·珀杜（Frank Perdue）成为鸡肉养殖加工公司 Perdue Farms 的总裁。他在任期间，一直做品牌的代言人。他的大光头和大鼻子让人觉得他本人看起来很像一只鸡。珀杜的口号是："It takes a tough man to make a tender chicken."（硬汉才能做嫩鸡）。有意制造"硬汉"和"嫩鸡"的反差突出效果。

5. 双关

《广告时代》评选的 20 世纪最佳广告口号是戴比尔斯集团在 1938 年投放的广告语："A diamond is forever."（钻石恒久远）。钻石是地球上最坚硬的物质，它会永存。一枚钻戒是一段爱情永续的象征，这句双关的广告语创造了品牌与顾客之间的情感关联。

（六）品牌广告音乐

品牌广告音乐包括广告背景音乐和广告歌曲，是广告的有机组成部分，是影响受众品牌认知的听觉元素。当音乐与广告结合，音乐以其特有的旋律渲染气氛，带动情绪，影响受众对品牌的态度，加深受众的品牌记忆，塑造个性化的品牌形象。

20世纪80年代中期风靡全国的歌曲"燕舞，燕舞，一曲歌来一片情……"带红了燕舞牌收录机，21世纪00年代的威驰广告片插入了朴树演唱的 *Colorful Days*，10年代乐坛教父李宗盛在苹果新年电视广告中演唱了《送你一首过年歌》……品牌广告音乐以当下的流行文化为切入点，以间接、隐蔽的方式传递品牌的内涵，使人们生发出更多的品牌联想，激起人们对品牌的共鸣，长久占据消费者的心智，建立其对品牌持久的记忆。

那些能够为品牌加分的广告歌曲，一方面要与品牌的调性相一致，契合目标群体的心理诉求；另一方面，歌曲要简单易记，朗朗上口，便于传颂。如蒙牛的广告片中使用了经过改编的《美丽的草原我的家》作为广告曲，"骏马好似彩云朵，蒙牛好似珍珠撒。营养健康幸福路，蒙牛奶香满天涯"，巧妙地将一首广为传唱的草原歌曲与蒙牛品牌进行了嫁接，用广告音乐恰如其分地诠释了品牌形象。

品牌案例1-5

用音乐占领消费者的心智①

音乐已经成为各行各业商家促销、活跃门店气氛、提升企业形象而采用的手段之一。无论企业属于传统行业还是新兴领域，音乐设置的重要性都不容忽视。音乐营销技巧早已是区分同类企业形象和品牌的魔术棒。

如何借助大数据整合消费者的真实需求，利用音乐技术、新零售等多元手段，打破传统零售业线下困境，跳脱出快时尚产业价格战的死结，这是很多快消品牌如今都在思考的问题。

美国运动品牌耐克在QQ音乐平台上设立的耐克跑步电台在场景音乐领域曾大获成功。很多场景具有独占性，耐克利用广告学中的占位法（own location），用音乐把"跑步"这一场景独占后，就等于占据了人们在跑步时的心智和大脑，使得同类品牌再难进入。

2017年8月，日本快消品牌优衣库与腾讯QQ音乐合作，推出了很多

---

① 钱丽娜：《音乐，品牌营销的魔术棒》，见瞭望智库（http://www.lfxybwcl.com/cjgjzk201811/6917.htm），2018年5月25日，有改动。

跨界音乐营销项目。通过网络电台，优衣库促使音乐和服装强关联，为六种生活场景（旅行、校园、商务、娱乐、宅家、运动）设计了六种不同的歌单和宣传语，让消费者无论在什么场景，总能找到一款适合他们的服装和歌曲。优衣库认为，服装和快消品对消费者而言只是消费中的一环，人们真正想做的是穿着喜爱的服装在明媚的阳光下做喜欢的事，服装只是为生活中的不同场景服务。音乐能够串接起服装和场景，唤起人们在不同场景下的体验和想象。

众所周知，英特尔的品牌总是与一段强有力的音乐配合出现。那么，一个品牌怎样做出有关这个品牌的音乐呢？英特尔当初研究了人们对其品牌的一种触觉，让音乐融合在品牌中。品牌一旦拥有了标志性的音乐，那么，音乐出现，品牌也会随即呈现，消费者听到音乐的同时也能感触到品牌，所以品牌和音乐的结合对品牌有非常大的提升作用。此外，像娃哈哈、百事可乐等都做了很多和音乐有关的营销，也是面对年轻人的，成功让音乐和品牌融为一体，让音乐中有品牌精神，品牌中有音乐元素。

然而，广告的本质在于重复。如何让消费者愿意重复听、重复看可是个学问。耐克与跑步场景建立起关联是因为借用了音乐中的节拍特色；英特尔的广告被人记住是因为其短小且有特色的旋律符合人的记忆特征。每个场景下用户的需求不同，而在这些场景下，消费者的很多选择习惯是由各品牌营销打造出来的。

（七）品牌包装

产品包装历史久远，与人们的生活息息相关。包装指产品的容器或包裹物，其最基本的功能是保存和保护商品，方便运输和销售。狭义上讲，包装是指为了在商品流通中保护商品、方便运输、促进销售，按一定技术方法而采用的容器、材料及辅助物的总体名称。包装的职责就是将商品送达指定的商场，最终送到使用者手中，并保证消费者便捷安全地使用。[①] 这是包装最基本的形态和功能。

随着商品经济的发展、人们生活水平的极大改善，包装成为市场营销的重要策略之一，能够影响消费者决策，树立品牌形象。包装演变成一个

---

① ［英］安妮·恩布勒姆、［英］亨利·恩布勒姆：《密封包装设计》，王可译，上海人民美术出版社2004年版，第14页。

综合性的概念，包含品牌形象、产品特性、消费者情感等各类信息因素，被形象地称为"无声的推销员""免费的广告""强大的媒介"。各种具有主题性、概念性、个性化的包装形式，成为与消费者建立亲密关系的纽带。如各种节日礼盒大受欢迎，这对提升产品销量和顾客好感度有很大的帮助。

实用美观、富有吸引力的包装在传递企业产品信息、建立消费者品牌认知、形成品牌认同方面作用显著。心理学家瓦尔特·斯特曾指出：消费者常常不懂得将商品与包装分开，许多商品就是包装，而许多包装就是商品。① 在零售环境下，包装始终是影响消费者是否购买的必要条件。当消费者逛超市时，在商品品质和价格相差不大的情形下，很容易因为喜欢某款包装而选购商品，这种情形在儿童身上更为普遍，他们仅仅由于某商品的包装盒或瓶身上印制有他/她喜欢的卡通形象就选购该商品。以近年来的超级 IP"小猪佩奇"为例，2017 年，它在全球范围内创造了 80 亿元人民币的零售额，通过了 800 个 IP 授权。小猪佩奇品牌方 eOne 预计，2020 年"小猪佩奇"的零售额将达 120 亿人民币，平均年复合增长率为 15%。②

包装设计是一种讲述品牌故事的重要工具，能够起到告知和取悦消费者的作用。在设计包装时，品牌相关度是首要考量的因素。对包装进行创意设计，使其与商品、品牌相契合，准确传递商品的价值，显然能够增强消费者对品牌的记忆。全球首个也是唯一一个专注于各种包装设计的国际包装设计大赛 Pentawards 的三大评奖标准分别是：强有力的品牌塑造（impact-branding）、创新性（creativity）以及工匠技艺（quality of workmanship）。③ 包装广告创意应该力图做到品牌相关度、创新与工艺美学的有机统一。③ 一个好的包装设计，能够使产品从众多品牌中脱颖而出，塑造个性鲜明的品牌形象。

---

① 姚斯亮：《广告与包装匹配对品牌认知的影响》（硕士学位论文），西北师范大学 2007 年，第 19 页。
② 沈国梁：《品牌跨界 IP，需要开哪些脑洞？》，载《中国广告》2019 年第 9 期，第 108 页。
③ 朱佳莉：《网络时代品牌包装的广告创意探析——以"小茗同学"冷泡茶包装广告为例》，载《中国广告》2018 年第 11 期，第 124 页。

品牌案例 1-6

萃雅水润拾光礼盒包装背后的故事①

2018年，由萃雅品牌包装开发团队和中国工艺美术大师牵头，传统工艺协同创新刺绣项目组用时6个月设计制作出了一幅全新题材的双面异绣手绣海报。该作品风格突破传统湘绣花卉题材的艳丽繁复，冷色主调凸显清雅隽永；8种不同针法、72色丝线将花丛的明暗、虚实表现得淋漓尽致。湘绣精致细腻、针法多变的工艺特点在小小的篇幅里见真章。

2019年6月，项目组以"拾光点萃·星靥映月、纤手织奇·国色生香、十年礼赞·不负芳华"为策划思路，拟于9月正式发布萃雅水润拾光礼盒。将中国传统刺绣审美与现代表现手法及高科技相结合，打造极具东方美的化妆品。

此次，萃雅将传统手绣工艺与品牌策划、包装设计、机绣生产相结合，通过文化赋能和设计转化，提升化妆品产业。这是传统工艺美术产业与现代时尚产业新的跨界尝试，也是品牌帮助传统工艺进行协同创新的深入实践，更是中国传统文化通过设计转化赋能传统消费品牌的一次有益探索。

为了设计出别具一格的包装，可以从包装造型、包装材料、包装色彩、包装图案等方面入手。

1. 品牌包装的造型设计

新颖别致的包装造型，能够快速吸引消费者的视线，避免本企业产品湮没于众多同类产品中。独具匠心的包装造型，是对品牌文化的再现和立体展示，能丰富消费者关于品牌的联想，激起消费者的品牌认同感，带动产品的销量提升。

2. 品牌包装的材料选用

新型包装材料的研制和制作工艺的不断提升，满足了不断变化的市场需求，顺应了社会潮流的更新变化，帮助企业打造出了体现品牌内涵和时代特点的品牌包装。如汤臣倍健控股的子公司六角兽饮料于2018年推出的新品F6。在外包装设计上，针对年轻人追求个性化、炫酷等的诉求，F6采用小瓶铝罐，以潮流、时尚为主调性，共设计了六款不同的主题。②

---

① 王素娟：《刺绣工艺在美妆产品上的创新应用——萃雅水润拾光礼盒包装背后的故事》，载《中国包装》2019年第9期，第62页，有改动。
② 叶碧华：《汤臣倍健搅局功能饮料 年内覆盖3万个终端》，见新浪网（http://finance.sina.com.cn/roll/2018-07-11/doc-ihfefkqp8804868.shtml），2018年7月11日。

3. 品牌包装设计的色彩

"色彩是包装设计中塑造品牌的重中之重"①，能够给予受众直接的视觉刺激，间接或直接地传达产品的功能和品牌的理念。从心理学的角度看，消费者对某类产品的外观存在一定的期望。例如，多数牛奶制品的企业都使用白色作为包装的基色，这和牛奶天然的颜色相契合；洗护品牌蓝月亮的主打产品外包装都使用蓝色作为基色，与蓝月亮的品牌标识和品牌名称保持一致，帮助品牌形成强烈的辨识度，成为竞争激烈的洗衣液市场中的佼佼者。

4. 品牌包装设计的图形

包装设计中的图形元素包括品牌标识图形、产品形象辅助图形、装饰图形三种。② 品牌标识图形的设计和使用，应当有利于维护品牌的整体形象。产品形象辅助图形、装饰图形，与品牌标识图形相辅相成，都是为了展示产品特性，体现品牌文化。如农夫山泉推出的插画版系列产品在女性消费者中大受欢迎，凸显了个性化包装的价值。

品牌案例 1-7

精品品牌包装的发展趋势③

1. 个性化、定制化和限量版包装

品牌包装设计专家 Vicki Strull 指出，很多品牌商正在推出个性化、定制化和限量版的包装，以满足特定客户群体的需求。

"对于小品牌来说，目前最热的发展趋势是定制化包装。"她说，这些品牌商正在花费时间培养与特定客户群的关系，因此需求能够反映这一举措的包装。例如，面向特定客户群提供限量版的包装产品及订购服务，其中包括通过包装提供与品牌或其季节性产品互动的新方式。

Lisa Gregor 是位于伊利诺伊州伊塔斯卡芝加哥郊区的 Church Street Brewing 啤酒厂的所有人之一。她指出，该啤酒厂可以提供不同季节性口味的啤酒，且每年只在很短的时间内供应。每一种口味的啤酒都有自己独

---

① 《色彩设计为品牌包装调制个性配方》，载《中国包装》2018 年第 3 期，第 63 页。
② 宋文靓：《包装设计中的品牌形象与传承》，载《中国包装》2018 年第 8 期，第 30 页。
③ Toni McQuilken：《精品品牌包装的发展趋势》，刘锨镐编译，载《今日印刷》2019 年第 7 期，第 41-42 页，有改动。

特的包装，但生产这些包装的最大痛点就是需要协调一系列生产流程。

2. 增加装饰的包装

Ben Levitz 是总部位于明尼苏达州圣保罗的专业印刷设计工作室 Studio On Fire 的负责人，该工作室为许多小型精品品牌提供高端包装业务。他发现，现在很多小型精品品牌更青睐于采用触觉包装。

"人们更愿意为那些包装上增加了点缀的商品买单，不仅仅是视觉上，特别是触觉上的。"如将铝箔冲压和压花作为包装的一部分。Levitz 补充说，客户认为其额外的成本是在营销上花费的额外费用，而不是更昂贵的包装。他说，特别是对于高档巧克力等产品来说，好的包装是从竞争对手中脱颖而出的方法。

3. 提升消费者体验的包装

如今各个品牌所谈论的热门话题都是消费者的体验。Strull 指出，自己正在关注零售品牌的工艺品展示，在很多情况下，包装本身是吸引消费者非常关键的部分。另外，这种体验还有一种方式是，品牌及产品如何通过网络与电商领域的消费者进行互动。她说："许多产品的首次使用是被消费者在家中体验，而不是在零售的货架上。因此，应该把消费者体验变得更好。"

Strull 认为，让消费者体验变得更好的一种非常重要的方法是采用"智能包装"。品牌商可以通过移动设备将其产品连接到公司，或者给包装赋予增强现实功能，如通过扫描瓶子上的代码来查阅医疗保健产品的说明书或更详细的产品介绍。她说："品牌商希望与自己的客户建立联系，并告诉他们更多的相关产品信息，而智能包装恰好能做到这一点。"

4. 解决痛点

Gregor 指出，她对包装印刷商提出的要求之一就是找到合适的方法，在提高包装品质的同时，为小型品牌降低成本。

Levitz 指出，他的公司早就参与到了这种帮助品牌商的活动中，不仅帮助他们设计标签和包装，还确保生产所需的成本在计划之内，以及如何有效地使用 Studio On Fire 的设备。他说："我们与很多设计师进行合作，创造了特定的包装结构，也了解各种印刷材料的相关知识。我们为客户提供的解决方案不仅仅是包装设计，还有生产方面的各种服务。"

四、品牌的类型

当代社会，品牌数量不断增加，品牌类型愈益复杂。根据不同的分类标准，品牌类型有多种划分方法。

（一）根据业务领域/品类的不同

很长时间以来，人们习惯于依据企业提供的产品或服务形态来划分品牌类型。企业提供的产品或服务形态各异，品牌类型也丰富多样。全球最大的广告集团 WPP 携手凯度发布的"BrandZ™ 2019 最具价值中国品牌 100 强"排行榜中，根据企业从事的业务领域，将品牌的品类划分为：零售、科技、银行、电信服务、酒类、保险、出行服务、生活服务平台、家电/物联网、物流、石油和天然气、食品和乳品、房地产、消费金融、文化娱乐、航空等。这种分类方法相对简单，可以反映出哪些领域集中了优势品牌，如该排行榜中排名前 10 的企业中有 3 家是科技类企业。

（二）根据市场效用的差异[①]

林恩品牌咨询协会的林·阿普萧从市场效用的角度，提出了品牌的六种类型：

（1）产品品牌。它们是最原始和最普通的品牌产品，如梅德赛斯轿车、玛斯糖果和百事可乐。

（2）服务品牌。这是通过比品牌符号所关联的实际物质联系更密切的服务而获得突出感觉的品牌，如联邦快递、维萨、花旗银行。

（3）个人品牌。这或许起始于好莱坞的标志性人物——克拉克·盖伯、玛丽莲·梦露，甚至更久远的卓别林。今天，个人品牌涵盖了从体育明星迈克尔·乔丹、齐达内，到流行音乐歌手布兰妮·斯皮尔斯，再到商业大师托尼·洛宾斯和汤姆·彼德斯。

（4）组织品牌。品牌日益超越了产品/服务并且归于组织品牌。组织就是品牌成为战略计划过程的不可分割的一个部分。比如，微软、维珍和索尼。

（5）事件品牌。通常是体育和艺术，它们拥有自己的生命并被提升为卓越品牌，如奥林匹克、三大男高音。

---

① 刘强：《论品牌类型及其建构动因》，载《现代营销（学苑版）》2010 年第 12 期，第 10–12 页。

（6）地理品牌。旅游业和休闲业的增长以及全球旅游促使为地域进行品牌宣传。

（三）根据品牌发展的不同阶段

（1）孕育期。品牌孕育的主要特征有：品牌尚处于构思阶段，企业对市场尚未被开发和满足的需求开展充分调研，做好产品及品牌的差异化定位，为品牌传播和品牌发展做好前期准备。

（2）培育期。这是介于孕育期和成长期之间的一个阶段，主要特征是：品牌处于初创阶段，知名度不高，需要加大各方面的投入来提高消费者的认知，为品牌成长积蓄力量，尽快帮助品牌进入成长期，赢得消费者的认可。

（3）成长期。随着消费者的认可和销量的提升，品牌知名度初步树立，品牌影响力逐渐增强，同一品类品牌之间的竞争日趋激烈。品牌在保持自身特色的基础上，加大研发投入，努力创造出新优势，强化品牌的美誉度，稳固品牌的市场地位和消费者的选择偏好。

（4）成熟期。当品牌进入成熟期，品牌便具备了一定的辨识度、知名度和美誉度，产品销路好，拥有了一定的市场竞争优势。企业应高度重视品牌资产的维护，通过加强商标注册保护、运用法律武器维权等手段减少仿冒品牌的伤害。如知名品牌鹿角巷被山寨品围攻，导致直营店被假冒的加盟店打败，教训惨痛而又令人印象深刻。

（5）衰退期。有些品牌经久不衰，历久弥新，如张小泉、同仁堂、茅台等。有些品牌则非常短命，刚刚进入快速成长阶段，就受限于资金不足、经营不善等因素，结束了品牌生命。为了使品牌永葆生机，保持年轻化，企业应密切跟踪消费者的需求变化，运用新技术和营销理念，通过科学管理实现永续经营。

（四）根据品牌相关性

（1）核心品牌。它既是母品牌，也是企业品牌。知名的跨国公司通常都拥有一个强大的企业品牌。如全球知名的旅游娱乐集团迪士尼，从早期的娱乐影视到后期的迪士尼日用消费品、迪士尼公园、迪士尼媒体网络、迪士尼软件游戏，由迪士尼延伸出的子品牌大都受到了消费者的喜爱。企业母品牌（或者称为家族品牌）成功孕育出一个个子品牌，子品牌反哺并助力母品牌，增加了企业品牌总资产。

（2）延伸品牌。它既是子品牌，也是产品或服务品牌。子品牌一般由企业品牌延伸出来，可以扩展企业经营范围，壮大品牌的影响力。

品牌案例 1-8

华特·迪士尼家庭博物馆：品牌延伸的新形式[①]

位于美国加利福尼亚州旧金山市的华特·迪士尼家庭博物馆，是由华特·迪士尼的女儿戴安娜创建的，集多媒体艺术展馆、现代化办公区、影院、餐饮、商店、艺术创作设计室为一体的复合化艺术博物馆。该博物馆以叙事为主，解说迪士尼如何从工作室发展为今天享誉全球的迪士尼品牌。华特·迪士尼家庭博物馆传达的不仅仅是信息，人们可以从中感受到迪士尼品牌的正能量，这种精神上的影响使得迪士尼品牌更具有热度。在博物馆行业日益受到欢迎的今天，华特·迪士尼家庭博物馆有着值得借鉴的品牌延伸策略。

（五）依据品牌营销模式

（1）互联网新兴品牌。随着移动互联网和智能手机的普及、年轻消费群体信息获取渠道的改变、新的消费场景和行为的不断涌现，一批互联网品牌被创建，如喜茶、完美日记、元气森林等。与传统品牌不同的地方在于，这些品牌以线上销售为主，不依赖传统的分销渠道；同时深谙社交媒体营销之道，通过微博、B站、抖音、小红书、朋友圈等途径，在目标人群中增强品牌好感度，达到品牌口碑口口相传的目的。

（2）传统的强势品牌。与风生水起的互联网品牌形成鲜明对比的是依靠传统方式运营的强势品牌。如宝洁旗下的系列品牌，在以电视媒体为中心的时代，依靠黄金时段强烈的广告攻势和有效的分销渠道，曾大获成功，目前却遭遇了衰退的挑战。未来，那些更懂年轻消费者的需求、更懂与他们如何沟通的品牌将深受人们喜爱，也将获得更可观的财务回报。

[①] 郝京石：《品牌延伸在扩大品牌生命周期中的作用——以旧金山华特·迪士尼家庭博物馆为例》，载《科技传播》2019年第14期，第168页，有改动。

第二节　品牌战略：企业制胜的利器

一、品牌战略与品牌传播的关系

2016年6月20日，国务院办公厅发布的《国务院办公厅关于发挥品牌引领作用推动供需结构升级的意见》①，标志着国家层面的品牌战略计划开始实施。其核心要求是以发挥品牌引领作用为切入点，大力提升产品品质，推动供给结构和需求结构优化升级，实现经济转型，塑造良好的国家品牌形象。

企业是市场经济的主体，是国家品牌战略计划的主要实施者。各类企业如何做好品牌战略规划工作，完善品牌建设工作体系，优化品牌运营模式，创新品牌传播方式，对打造具有国际影响力的中国品牌至关重要。如格力致力于满足用户的高品质家居需求，为用户打造智能、健康、舒适的生活方式，正凭借着核心科技与多元化布局打造"品质至上"的品牌内核，实现品牌战略的多维升级。② 在国内、国际享有知名度的品牌，是企业匠心独具的品牌战略实施的结果，是对企业发展战略的检验，反映了市场和消费者对品牌的信任。

自20世纪90年代以来，创建和提升品牌价值成为品牌传播的核心目标，以品牌为基础的企业经营战略开始形成。企业发展战略建立在对组织资源和内外部环境全面把握的基础上，是对企业发展方向和市场地位的谋划与安排。它决定着品牌战略的方向和内容，为品牌战略实施指明方向。而品牌传播策略又是品牌战略的重要组成部分，受到品牌战略的统领和支配，决定着品牌战略实施的效果。三者的关系如图1-1所示。

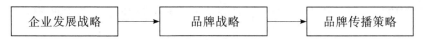

图1-1　企业发展战略、品牌战略、品牌传播策略关系示意

---

① 《国务院办公厅关于发挥品牌引领作用推动供需结构升级的意见》，见中国政府网（http://www.gov.cn/zhengce/content/2016-06/20/content_5083778.htm），2016年6月20日。
② 苏亮：《2019AWE盛大开幕　"硬·核"格力品牌战略多维升级》，载《家用电器》2019年第4期，第75页。

二、基于创建品牌资产的品牌战略

品牌战略是企业基于对品牌及品牌资产重要性的认识，是对品牌及品牌资产创建和管理活动的长期计划和安排。优质有效的品牌战略规划是企业制胜的利器，关系着品牌的生死兴衰。

早在 1994 年，Urde 提出了品牌导向的说法，暗示一家公司应该系统地将品牌建设与企业整体愿景相结合。① 直到 1999 年，Urde 提出了品牌导向的定义：企业在与目标顾客持续互动的过程中，围绕品牌识别的建立、发展与保护来开展管理活动，最终帮助企业以品牌的形式实现竞争优势的一种发展模式。② 在组织管理层面，高层管理者开始重视创造品牌差异化，构建区别于竞争者的优势。为了适应激烈的市场竞争，构建长期竞争优势，企业开始实施品牌战略，将打造强势品牌上升至公司核心决策层面，研发、生产、营销、公关等都是为了改善顾客体验，重建品牌与消费者之间的关系，追求品牌资产的保值和增值。

20 世纪 80 年代，品牌资产的概念出现，提升了人们对品牌在营销管理中的重要性的认识。目前，学界和业界对品牌资产的定义和评估还没有形成较为一致的观点。多数研究者都认为"品牌资产应该是品牌所具有的独特的市场影响力"③。这在很大程度上可以解释人们醉心于创建和维护一个品牌的原因。被消费者认可的具有品牌的产品和服务会获得更大的收益，取得较佳的市场业绩。

品牌案例 1-9

星巴克的猫爪杯

2019 年春，星巴克的一款猫爪杯从线上销售火爆到线下讨论激烈，价格从 199 元炒到 1000 元以上。如果去掉星巴克的 LOGO，仅仅突出产品的

---

① 袁少锋：《质量强国战略下的企业品牌导向发展模式研究——内涵、逻辑与未来展望》，载《辽宁大学学报（哲学社会科学版）》2019 年第 1 期，第 55 页。
② Claudiu V. Dimotfe, Richard F. Yalch, "Consumer Response to Polysemous Brand Slogans," *Journal of Consumer Research* 33（March 2007）：515 – 522.
③ [美] 凯文·莱恩·凯勒：《战略品牌管理（第 4 版）》，吴水龙、何云译，中国人民大学出版社 2014 年版，第 29 页。

功能性价值，这款杯子还能这么火爆和引发话题吗？答案是否定的。根本原因是星巴克的品牌赋予了这款杯子较高的溢价，是星巴克对消费者的长期培养使得消费者心理上认定这是一个有价值的品牌，给这款杯子标定了较高的情感价值。

以创建品牌和品牌资产为中心，品牌战略的内容包括：品牌定位、品牌价值、品牌形象、品牌传播、品牌营销、品牌延伸和品牌更新。

（一）品牌定位

品牌定位包含两层意思，一是指品牌、企业、产品或服务在市场上所处的位置，与企业瞄准的目标市场密切相关；二是指占据消费者心智的位置。形象地说，消费者选择 A 品牌而不选择 B、C 品牌，一个充分的理由是 A 品牌能够提供 B、C 品牌所不具备的独特价值，这种独特价值是 A 品牌发现并坚持传播的，使消费者能将某种价值直接和 A 品牌画等号。当品牌定位帮助企业占据在消费者印象中的有利位置时，就能帮助公司实现营业回报的最大化。苹果品牌在 Interbrand 发布的"2019 全球最佳品牌排行榜"中，以 2342.41 亿美元名列第一。一提到苹果品牌，人们就会想到创始人乔布斯推崇的极简主义、时尚的产品设计、卓越的产品品质，差异化的品牌定位为苹果在全球培养了一批忠实的"果粉"。

品牌案例 1-10

长期的性价比策略，降低品牌溢价[①]

性价比对于国产手机品牌来说非常重要，小米、荣耀等手机品牌，都是凭借性价比获得了较好的市场份额；只是性价比的产品策略如果一直做下去，那么手机品牌的产品溢价水平将大大降低。

近日，华为消费者业务 CEO 余承东透露：华为手机 2019 年全球出货量将在 2.3 亿部左右。这个数字完成了此前定下的全年目标，并远超苹果的全年销量。但在利润上，华为却不到苹果的一半。

知名市场研究机构 Counterpoint Research 发布的数据显示：2019 年第三季度，全球手机整体利润同比下降 11%，至 120 亿美元。苹果占据了全

---

① 宋谊青：《"低价快出"走不通了》，载《中国品牌》2020 年第 1 期，第 51 页，有改动。

球手机行业66%的利润和32%的手机总收入，苹果拥有忠实的高端用户群，这也是苹果能以其竞争对手所羡慕的利润水平运营的原因之一；三星排在手机行业利润榜的第二位，占整个手机行业利润的17%；华为在利润榜中排名第三，达到了12%。

任正非曾经说过，"华为是世界上最穷的科技公司，一部手机只挣30块钱算什么高科技"。由于大量资金投入技术研发，公司成本过高。尽管凭借多年的技术积累，华为手机已经在高端市场占据一席之地，但是在上游产业链以及软件系统方面，国产手机与苹果、三星的差距依旧明显。公开资料显示，华为已经要求华为手机业务尤其是电商手机产品，不再强调销售额，而要以利润说话。

一个好的品牌可以带来溢价，而且这个溢价带来的利润是很高的。苹果多年来，从电脑到音乐播放器，通过其时尚的设计和优质的产品，已经获得了极大的品牌影响力。广大女性用户更是把苹果捧起来了，即使价格贵也纷纷买单。所以直到现在，包括苹果手机在内的所有苹果产品都会比其他厂商贵很多。

任何品牌都会有降价的策略存在，目的是在一定程度上挽回损失的销量。可对于手机品牌来说，降价这个口子一开，就很难止住，而给企业带来的后果更是难以逆转的品牌价值的损失。

开展差异化的品牌定位，具体的实施策略如下。
1. 功效定位策略
消费者购买产品或服务，首要考虑的因素是它们能带来的基本效用和利益。每个品类都包含与产品或服务密切相关的功效属性，以洗衣产品为例，肥皂、皂粉、洗衣粉、洗衣液、洗衣片、护理剂、除菌液，产品的迭代更新，始终围绕人们对洗衣产品的基本诉求——洁净、护衣、不伤手、不污染水源。

企业在进行品牌定位之前，开展广泛的市场调查，找出与竞争对手的异同点，针对自身产品的优势属性进行定位，突出产品的优势功效，方便消费者比较、选择和购买。例如，洗衣液领导品牌蓝月亮以常见的两种洗衣方式进行产品研发和营销推广，推出了手洗专用、机洗专用两大系列。手洗系列突出干衣预涂、去除污渍的产品特点，机洗系列突出浓缩、洁净力强、低泡易漂的产品特点，市场反响良好。

2. 精神定位策略

随着科技的进步、时代的发展，消费者在满足基本的功能性需求之外，对产品或服务的精神性、情感性、体验性、娱乐性提出了更高的要求。企业在进行品牌定位时，应当考虑到消费者的精神性需求，找准品牌定位与消费者心理情感的契合点，如健身、旅游、奢侈品、酒店住宿等都要传达出品牌精神。

品牌案例 1-11

新锐健身连锁品牌超级猩猩①

新锐健身连锁品牌超级猩猩，以"按次付费，不办年卡；专业教练，没有推销"的品牌定位，成功突破国内健身俱乐部同质化的发展瓶颈。旗下超猩学院研发的课程以燃脂塑形、体能开发、放松理疗等为卖点，直击消费者痛点，从消费者对健身的需求角度开发课程。在超级猩猩的课程设计中增加了进阶以及课后虚拟奖励与回馈，让健身目标与行为控制在可见的范围内，激发会员不断挑战新目标，通过健身行动和课后反馈形成即时而明确的互动鼓励。

3. 价格定位策略

为商品或服务制定合理可行的价格，是企业重要的经营决策。价格定得过高，面向的消费者群体数量过少，直接影响销量；价格定得过低，难以弥补生产经营的成本，会损害品牌形象。选择走高端品牌路线，还是中低端，抑或是无品牌路线，核心的判断标准就是价格。在销量和品牌形象之间，企业要找准平衡点，关注短期降价刺激带来的销量增长是否会冒着使中高端品牌沦为中低端品牌的风险，最终减少品牌资产。例如，法国奢侈品品牌圣罗兰（Yves Saint Laurent，简称 YSL）用高价吸引高端消费者；我国新创品牌完美日记则采用低价策略吸引年轻消费者。差异化的价格定位树立了风格迥异的品牌形象。

---

① 韩冬：《"互联网+健身"环境下健身俱乐部的品牌研究》，载《艺术与设计（理论）》2019 年第 8 期，第 33 页。

（二）品牌价值

从消费者的角度看，品牌价值是指购买和使用品牌产品或服务给他们带来的功能上、情感上以及心理上的价值和利益。对于品牌拥有者而言，品牌价值与品牌资产基本等义，品牌对企业的定价、分销和扩张产生有利影响，为企业创造经济价值。目前，国际、国内有影响力的品牌价值评价都是根据一系列的指标，将品牌这种无形资产以货币化的形式加以评估和量化。

目前，全世界公认的品牌价值发展理论的内容包括：质量、服务、技术创新、无形资产和有形资产。2013年，我国联合美国、德国提出了"品牌价值发展理论"。中国的贡献是率先提出了质量和服务两个指标，德国补充了技术创新，美国补充了无形资产，加上原来的有形资产，形成了"五要素"品牌价值发展理论，得到了全世界各个国家的支持。[①] 该理论为品牌创造主体提供了一个参考框架。

（三）品牌形象

品牌形象是从消费者角度出发的一个概念，可以定义为"顾客对品牌的感知，它反映为顾客记忆中关于该品牌的联想"[②]。塑造积极的、正面的、差异化的品牌形象，需要将强有力的、偏好的、独特的品牌联想植入消费者的心智，当消费者购买时，才有可能考虑某品牌；反之，该品牌有可能成为消费者心目中无个性的品牌，不会被想起。

从不同角度分析可以对品牌形象有不同的划分：从品牌战略管理角度看，品牌形象分为功能性、经验性及象征性品牌概念三个方面；从品牌联想来看，品牌形象可以分为公司形象、消费者形象以及产品自身形象等；从消费者对品牌形象的态度来看，可以将品牌形象分为品牌个性、品牌社会价值及品牌地位三个方面。[③] 大量的实践经验表明，品牌形象是在组织与消费者的长期互动中形成的，既受品牌拥有方、消费者主观能动性的影响，也是对组织战略、经营、管理等多方面因素的综合评价。

---

① 刘平均：《实现品牌强农 推动农村经济高质量发展》，载《中国品牌》2020年第1期，第32页。
② [美] 凯文·莱恩·凯勒：《战略品牌管理（第4版）》，吴水龙、何云译，中国人民大学出版社2014年版，第46页。
③ 理迁：《微电影广告对品牌形象的影响研究》，载《现代营销（下旬刊）》2020年第1期，第96页。

品牌案例1-12

顺丰速运的品牌形象

我国快递行业竞争激烈。邮政EMS、顺丰速运、中通快递、韵达速递、圆通速递、申通快递、百世快递、京东物流、德邦快递和优速快递,这十家快递企业中,您能描述出哪家企业的典型特征或服务优势?

国家邮政局委托专业第三方于2019年对快递服务满意度的调查显示,顺丰速运的总体满意度再次名列第一。① 这是否恰好与您的心理预期和生活体验相一致?我们来看看顺丰速运官网(www.sf-express.com)上的公司介绍:以红色字体介绍顺丰是一家"国内领先的快递物流综合服务商","具有网络规模优势的智能物流运营商"。鲜明的形象定位、正确的战略选择、成熟的运营模式,帮助顺丰奠定了国内快递行业领先的地位,在消费者心目中成功塑造了优质的高端快递品牌形象。

(四) 品牌传播

品牌传播是企业提高竞争力的重要环节,也是树立品牌形象的重要途径。品牌传播是品牌拥有者和品牌购买者之间交流的任何意义,这个意义可以是基于物质、情绪或者是感知上的价值,这种交流可以以任何方式存在,在任何时间内发生。总之,品牌传播是连接品牌和消费者的一切。② 根据这个定义,品牌传播的内容既包括像标识、图像、包装、品牌形象代表等有形的品牌要素,也包括为消费者提供的像情感、娱乐、体验等精神的形式。

数字时代,品牌传播的媒介和内容发生了很大的变化。比如,越来越多的健身俱乐部企业开始借助互联网实施品牌化发展战略。当健身人群通过微博、微信、朋友圈、抖音、App等方式传播与健身相关的信息、技巧与心得时,健身俱乐部主动探索与健身人群之间的互动方式,尝试与用户建立更为亲密的关系,传播企业品牌已成为当务之急。

---

① 《国家邮政局关于2019年快递服务满意度调查结果的通告》,见中国物流与采购网(http://www.chinawuliu.com.cn/zixun/202001/21/489685.shtml),2020年1月21日。
② [美] 唐·E. 舒尔茨等:《重塑消费者—品牌关系》,沈虹等译,机械工业出版社2015年版,第16页。

（五）品牌营销

品牌营销是指企业运用各种合适的营销手段，包括产品、价格、渠道、促销、包装等，使消费者建立对品牌的良好印象，达到提高销量和提升品牌价值的目标。品牌营销以传递品牌价值和提升品牌形象为导向，在为企业创造经济价值方面发挥着关键影响。品牌营销关注品牌价值的创造，更关注销量和利润的增长。

提升品牌营销效果的第一步是开发一款满足消费者需求的优质产品，运用各种传播媒介将有关产品的信息传播出去，加上合理的价格体系，线上、线下全通道的分销渠道，符合品牌长远目标的促销活动，为企业创造品牌价值和利润回报。

云南白药品牌营销，助力品牌价值增长

药企云南白药推出的跨界产品牙膏是市场需求空白点和企业自身优势结合的产物。独特的产品功能诉求止血、活血、修复等，中高端的价格定位，医药和日化的双渠道，为企业创造了新的利润增长点。

2004年云南白药牙膏上市后，仅用3年时间销售额就攀升至5亿元，2012年达到12亿元，位居本土牙膏品牌第一名。2017年更达到40亿元，占整个云南白药集团全年销售额的五分之一，创造了民族药企进军日化领域的神话。在此背景下，云南白药今年拟继续加大对云南白药牙膏生产线的投入，由原预计总资金金额9.78亿元，拟增加至11.58亿元，以满足未来产能增长的需求。①

云南白药在"BrandZ™ 2019最具价值中国品牌100强"排行榜医疗保健品类位列第一，品牌价值28.97亿美元。

（六）品牌延伸

在前述品牌的类型内容中，根据品牌相关性将品牌划分为核心品牌和延伸品牌。企业为了寻求新的增长机会，开拓新兴市场，将一个相对成熟的核心品牌进行品牌延伸是一种常用的策略。方式之一是推出的新产品或

---

① 杨峋：《2018三季报数据解析 中药上市企业忙跨界》，载《医药经济报》2018年11月15日第7版。

新品类仍然使用现有品牌来推广和销售。比如，云南白药将品牌名用在日化类产品——牙膏上面，利用消费者对云南白药的已有认知，扩展了品牌联想，节省了宣传费用，树立了中高端的牙膏品牌形象。还有一种方式是将新品牌与现有品牌结合使用。比如，华为在智能手机业务领域，将华为这一核心品牌与主打高端旗舰的新品牌P和Mate系列结合使用，成为继苹果和三星之后的全球第三大手机厂商。

（七）品牌更新

品牌生命周期理论指出，品牌发展会经历孕育、成长、成熟和衰退四个阶段。为了避免品牌老化和衰退带来的品牌价值磨损问题，品牌更新成为很多品牌面临的一个重要而现实的课题。品牌更新的另外一种提法是品牌年轻化。为了使原有品牌焕发新的生机和活力，品牌更新不仅意指品牌要关注消费能力极强的新生代年轻消费群体，更意味着品牌要有自我革命的勇气和能力，保持品牌活力以适应市场环境发生的变化。举个例子，诺基亚曾是世界上极具价值的品牌之一，却因错失了智能手机快速占领消费者市场的先机，在一段时间内成为老人机、低价机的代名词。总之，品牌唯有引领时代，与消费者同步更新，才能留住消费者的心。

品牌案例 1-14

新媒体时代北京故宫博物院的品牌更新之道①

1. 故宫新貌

北京故宫能成为"网红店"，是意料之外，情理之中。如今，这座有着600年积淀的帝王宫廷和博物馆，正展现着它巨大的商业价值，成为真正的"古董级"老字号。长期以来，故宫对开放时间和接纳人次有着严格的限制，这说明了故宫的特殊地位。但从商业的视角看，也暗示着故宫品牌未得到充分的开发。为充分开发品牌潜能，故宫于2006年成立故宫文化服务中心，以独立法人运作，开始了产业化之路。2012年单霁翔任院长后，更是准确把握时代特征，转变发展理念和传播方式，让故宫旧貌换新颜。至今，故宫共投资了包括北京故宫文化创意有限公司在内的12家企业，已开放对外授权，与优秀创意公司共同开发周边产品，内容涉及影

---

① 冯炫淇：《新媒体时代老字号品牌更新的成功之道——以北京故宫博物院为例》，载《现代营销（经营版）》2019年第11期，第80-81页，有改动。

视、文创、美妆、餐饮等。故宫产品主要通过新媒体传播,在电商平台销售。截至2018年12月,"故宫淘宝"的新浪微博账号已累积超过百万关注,这与故宫管理者的品牌再定位密不可分。

2. 故宫品牌的再定位

(1) 新的目标市场。

曾将目标受众定为35～50岁男性的故宫,自2018年起,将文创产品的用户锁定在35岁以下的女性,而"90后"又是其中的消费主力。有此转变,一方面是因为故宫打破思维定式,意识到年轻女性市场的价值;另一方面是故宫对自身价值认识的增强。故宫掌握着丰富的文化资源,潜在的"超级IP"众多,具备开发年轻受众的潜力。

根据艾瑞网2018年的调查,20～29岁的"90后"人群占互联网用户总数的27.9%,排名第一。比起直接接受商家的广告,他们更喜欢在社交媒体上跟随朋友或者是大V的脚步,一起"买买买"。

(2) 品类延伸。

在新的市场需求引领下,在故宫长期处于幕后的文创产品跃上了台前。故宫采用"内容+电商"的形式,在官网设有"文化创意馆";在社交和电商平台通用"故宫淘宝"等账号,相继推出包括文具、彩妆、饰品、玩偶和服饰等文创产品。据新华网2018年12月的报道,故宫推出的仙鹤款口红上线一小时即卖出了3000支,成为爆款。今年8月底故宫文具店即将上线的消息,再度成为讨论热潮。故宫文创的成功在于其吃准了市场:①开发热门品类(如口红),且价格适中。据中国报告网数据,唇膏类产品在化妆品中购买率最高,其中"90后"女性占比62%,是消费主力。②形象大于功能:故宫的热卖产品,卖点都不在产品本身,而在其文化附加值。

文物展览依然是故宫的本行。只是要利用新媒体传播,展览必须数字化。故宫在官网陆续上线"数字多宝阁""数字文物库""V故宫""全景故宫"等基于VR/AR技术的数字展厅,先后推出移动端App共11款,从多个角度,最大限度地触及年轻观众。

(3) 品牌元素设计。

在产品功能日趋同质化的今天,尤其对于文创产品而言,品牌元素的设计就代表着竞争力。"萌"是如今的故宫脱不掉的标签。而"故宫淘宝"账号是故宫萌文化的源头。其账号头像的设计便是一款Q版的小皇帝。当你关注该账号，会得到自动回复"关注了，就是本宫的人了"。这样的沟通方式，符合新媒体的语境。

具体到文创产品，故宫的设计本身是谨慎的，但思路是大胆的。它严格遵循"旧物新感"的定位，精选故宫特色，赋予现代产品功能。比如朝珠耳机，它形象上与朝珠无异，但功能上却与朝珠迥异。这是一种后现代主义设计，新老之间，产生了奇妙的对立统一，深得年轻人喜爱。

故宫官网的UI设计遵循了大气简约的原则，菜单栏透明，以展品图为主视觉，主题突出；宫墙的红和屋顶的瓦黄为网页主色，体现了故宫的特色，但没有喧宾夺主。

第三节 品牌传播：激活品牌战略的关键环节

品牌研究者和实践者在对品牌认识的基础上，运用传播学、营销学、广告学等相关理论，开始了对品牌传播的研究。品牌传播成为整合营销传播的重要内容和目标，强调通过一系列活动实现品牌传播差异化。

一、品牌传播的定义

余明阳和舒咏平指出，品牌传播首先应该是一种操作性的实务，即通过广告、公共关系、新闻报道、人际交往、产品或服务销售等传播手段，最优化地提高品牌在目标受众心目中的认知度、美誉度、和谐度；而对品牌传播的基础、规律、方式方法的探讨总结，则构成品牌传播"学"的内容。① 该定义以传播的要素为分析框架，指出品牌传播主体是品牌拥有者，传播客体是消费者，传播媒介是各种形式的传播活动，传播目标是提升品牌的认知度、美誉度和和谐度。

品牌传播是指品牌所有者通过各种传播手段持续地与目标受众交流，最优化地增加品牌资产的过程。② 该定义继续沿用传播要素的分析框架，将品牌传播的核心目标上升为增加品牌资产。

---

① 余明阳、舒咏平：《论"品牌传播"》，载《国际新闻界》2002年第3期，第64页。
② 余明阳、朱纪达、肖俊崧：《品牌传播学》，上海交通大学出版社2005年版，第13页。

凯文·莱恩·凯勒认为，品牌传播是企业通过各种直接和间接的方式，告知消费者品牌信息，说服他们购买品牌，维护品牌记忆。① 该定义带有明显的营销学色彩，强调品牌传播要注重实效，争取能实现销售转化，赚取利润回报。

品牌传播，就是企业以品牌的核心价值为最高原则，在品牌识别要素系统的整体框架下，选择广告、公关、销售等多种传播方式，将特定品牌推广出去，不断累积品牌资产，从而达到建立品牌人格形象，并促进市场销售的目的。② 该定义将品牌传播视为塑造品牌的一个过程，着重于解决品牌与消费者的沟通问题。

综上所述，目前对品牌传播的界定大多从对品牌的理解出发，运用信息传播模式，从企业和消费者双方的角度探讨品牌传播的策略和手段。本书认为，从组织战略的高度看，品牌传播是品牌所有者与特定目标消费群体和利益相关者之间沟通的桥梁，包括连接双方的各种传播形式和活动；通过与消费者的互动交流，增进消费者对品牌的信任，致力于品牌资产的创建和提升。

二、品牌传播的发展历程

品牌是商品经济发展的产物，其兴起与商品经济的发展和科技革命的推动息息相关。随着生产规模的扩大、大众传播媒介的革新，品牌传播的广度和深度也得到了拓展。

（一）试水阶段：为产品注册商标

在品牌发展早期，品牌与产品是合二为一、如影随形的关系，多数创建的品牌都依附于产品，脱离了产品的品牌空洞无物，不知所指。当商品经济发展初具规模，企业和手工作坊萌生了传播产品差异的需求，人们对品牌的探索和认识开始起步，将品牌视为商品标识、注册商标等形式，作为产品的差异化特点传达给消费者，帮助消费者识别和选购。

20世纪80年代，随着我国从计划经济转向市场经济，一系列家电、棉纺、化妆品和食品工业的品牌发展迅速，海尔、华为、健力宝、长虹、TCL、永久、大宝、美的、隆力奇、霞飞、万家乐、北冰洋等成为代表。

---

① 韦泓:《从"传递观"到"仪式观"："互联网+"时代品牌传播转型研究》（硕士学位论文），华中农业大学2017年，第11页。
② 林升梁:《整合品牌传播：战略与方法》，中央编译出版社2017年版，第12页。

1982年,《中华人民共和国商标法》的颁布,"标志着我国开始了以注册商标为标志的品牌发展历程"①。

(二) 蓬勃发展阶段:广告传播创名牌

随着市场经济的发展,国与国之间的产品竞争日益激烈。一些企业通过引入CI战略,通过广告传播推销产品,创立了知名品牌,销售势头良好。罗塞·瑞夫斯于20世纪50年代初提出了广告创意策略,即USP(unique selling proposition)理论,意为"独特的销售主张"。这个独特的主张必须能够打动成千上万的消费者,使他们对产品产生印象深刻的记忆。时任美国Ted Bates广告公司董事长罗塞·瑞夫斯意识到广告必须引发消费者的认同,他根据其公司的多年广告实践,通过对广告的运作规律进行科学的总结,系统地提出了USP理论。他认为,USP是消费者从广告中得到的东西,而不是广告人员硬性赋予广告的东西,每一个广告商品都应有自己的独特消费主张。他在1961年出版的《广告的现实》(Reality in Advertising)一书中对此进行了系统的阐述。②

随着消费需求的进一步升级,中国品牌开始蓬勃发展,民族品牌创新速度加快,覆盖的行业范围也越来越广。1992年,中国新闻界和国家主管部门联合评选出中国十大驰名商标,引发了社会舆论的广泛关注。1996年,国务院颁布《质量振兴纲要(1996—2010年)》,扶持名牌产品成为政府重要的经济战略,《关于推动企业创名牌产品的若干意见》《中国名牌产品管理办法》《驰名商标认定和管理暂行规定》和《产品免于质量监督检查管理办法》等相关政策法规相继出台。涌现出一大批民族企业及其品牌,如乐百氏、娃哈哈、南方黑芝麻糊、农夫山泉、恒源祥、三枪、波导、雕牌、太阳神、秦池、飞龙、三株等;老字号品牌借助现代营销理论重新打造,如同仁堂、全聚德等。③

(三) 深化阶段:整合传播增加品牌资产

随着买方市场的形成、媒介技术的革新,品牌传播方式日益增多,由单向的灌输转向双向的交流,更加注重与消费者和其他利益相关者的互

---

① 许正林:《中国品牌70年发展历程与主要成就》,载《中国社会科学报》2020年1月13日第7版。
② 李志英:《USP理论在现今广告环境下的应用探讨》,载《现代商业》2018年第13期,第26页。
③ 许正林:《中国品牌70年发展历程与主要成就》,载《中国社会科学报》2020年1月13日第7版。

动。整合营销传播学和品牌战略性管理理论形成，品牌传播理论进入真正的深化阶段。

整合营销传播被定义为用于长期规划、发展、执行并用于评估那些协调一致的、可衡量的、有说服力的品牌传播计划。① 凯文·莱恩·凯勒创造性地把品牌资产理论和整合营销传播理论相结合，试图"为如何通过对营销传播的整合来提升品牌资产而提供概念框架和管理指南"②。汤姆·邓肯指出，"整合营销传播是一个运用品牌价值管理客户关系的交叉过程，既通过互动和对话来影响关系利益人，同时也创造可获利的关系"③。品牌资产在品牌传播中受到高度重视，对品牌传播的跨界研究成为风气。

1999年，唐·E.舒尔茨与贝斯·E.巴恩斯合作出版的《战略性品牌传播运动》指出，"21世纪将是品牌驱动市场"的时代，而"所有的传播（活动）都必须与品牌相关联，并且还要和卖方与买方之间的品牌关系相关联"。基于对营销传播理论发展的这一认识，他们出版这本专著的目的，就是要实现"从传统广告向整合营销传播，再到品牌传播的转变"。④

21世纪初，我国融入世界经济格局的大势已定，从国家到企业先后经历了创名牌—培育自主品牌—培育国际知名品牌的道路。我国企业各出奇招，广告传播、事件营销、活动展览、促销技巧、公共关系与社会责任等各种手段综合运用，培育出了一批国际知名自主品牌。2019年，世界品牌实验室发布的2019年度"世界品牌500强"排行榜，中国入选的品牌有40个，其中表现亮眼的品牌有国家电网、腾讯、中国人寿、华润、长虹、青岛啤酒、中化、五粮液、国航、中国航天科工、恒力、中国光大集团、徐工。⑤

---

① [美]唐·舒尔茨、[美]海蒂·舒尔茨：《整合营销传播：创造企业价值的五大关键步骤》，何西军等译，中国财政经济出版社2005年版，第34页。
② 星亮：《营销传播理论演进研究》（博士学位论文），暨南大学2013年，第128页。
③ [美]汤姆·邓肯：《整合营销传播：利用广告和促销建树品牌》，周洁如译，中国财政经济出版社2004年版，第57页。
④ 星亮：《营销传播理论演进研究》（博士学位论文），暨南大学2013年，第14页。
⑤ 《世界品牌实验室发布2019年世界品牌500强》，见环球网（http://www.c-gbi.com/v3/7601.html），2019年12月13日。

第二章
数字时代的品牌传播生态

▶ **本章提要**

从生态学的视角出发，着眼数字时代全球市场环境的新变化，以消费者为中心，探析数字时代品牌传播生态的要素构成。从传播主体看，媒介信息生产生态有：专业内容生产模式、用户内容生产模式和机器内容生产模式。从媒介技术发展生态看，媒介技术与传媒产业全方位深度融合，从技术到内容，从渠道到终端，台网联动加速，给品牌传播带来新的机遇和挑战。从受众信息接收生态看，受传双方关系被重构，受众的自主性和互动性得到极大的增强。

在全球化的竞争环境下，企业通过多样化的媒介，将有关品牌的信息传播给消费者。面对市场竞争的加剧和消费者力量的崛起，企业通过塑造品牌文化、加强精准传播、推动品牌联动等策略和活动，在企业、消费者、竞争者与其他利益相关者、各种传播媒介以及市场环境之间建立一种系统、动态和平衡的品牌传播生态，帮助企业创造和提升品牌价值。

▶ **本章学习要点**

- 传播媒介生态
- 传播媒介内部生态
  媒介信息生产生态
  媒介技术发展生态
  受众信息接收生态
- 消费社会理论
- 大众传媒对消费社会的推动
- 基于消费者核心的品牌传播策略
- 全球市场竞争新态势

新一轮的科技革命，开启了全新的数字时代。全球市场竞争呈现出新态势，从全球竞争产业焦点的变化，到无形资产价值成为全球价值链竞争的焦点，以及人工智能和区块链技术的广泛开发与应用，在改变产业格局和经济业态的同时，对企业的经营战略、品牌战略和品牌传播也将产生持续的影响。

第一节 传播媒介生态概述

一、传播媒介生态的意蕴

媒介技术学派的学者麦克卢汉说过：媒介即讯息，人类有了某种媒介才有可能从事与之相适应的传播和其他社会活动。当今社会，传播媒介已经成为人们生活的重要部分。传播媒介生态是指以系统的、联系的和发展的观点来看待媒介形态的演进和融合。麦克卢汉在与他人合著的《媒介即是讯息：效果一览》中，首创了"媒介生态"（media ecology）这个词。尼尔·波茨曼将"媒介生态"定义为："将媒介作为环境的研究"[1]。传播媒介生态指媒介自身、媒介与媒介之间、媒介与外部环境之间相互作用和相互制约从而形成的一个体系。媒介外部生态包括政治生态、经济生态和文化生态；媒介内部生态包括媒介信息生产生态、媒介技术发展生态和受众信息接收生态。媒介生态系统内的各个子系统都是相互影响、相互制约的（图2-1）。[2] 本书主要从微观视角探讨互联网时代的媒介内部生态改变以及给品牌传播带来的机遇和挑战。

---

[1] 覃哲：《范式理论视野下的中国、北美媒介生态学研究比较》，载《广西大学学报（哲学社会科学版）》2014年第1期，第117页。
[2] 冯莉：《新媒体语境下广播电视媒介生态研究》，载《西南民族大学学报（人文社会科学版）》2015年第3期，第178页。

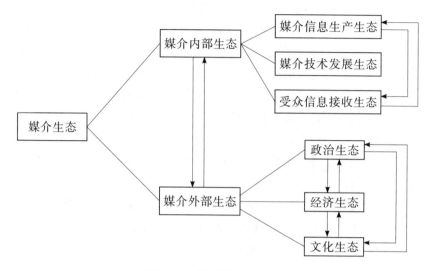

图2-1 传播媒介生态构成

二、传播媒介内部生态的特征

（一）媒介信息生产生态

1. 专业内容生产模式

过去，传统媒体组织作为专业化的信息采集、生产和分发机构，通过对大量信息的筛选、过滤和把关，将信息大量复制并借由大众媒体进行广泛传播，这种模式被称为专业内容生产模式（PGC，professionally-generated content）。充当信息生产者角色的人员，从记者到编辑，从导演到编剧，从一般作者到出版发行商，依据一定的价值标准和生产流程，经过采访、写稿、审核、出版和发行，实现了对信息的生产和分发。

2. 用户内容生产模式

互联网的迅速发展，特别是移动互联网和智能手机的联盟，用户生产内容（UGC，user-generated content）开始成为数字时代信息生产机制的重要组成部分。论坛、博客、微博、微信、弹幕、短视频、各类App等都开始成为新的信息源，颠覆了传统媒体的信息生产模式。大数据、物联网、区块链和人工智能等新技术，在被应用于媒介信息生产之后，不断衍生出新的信息生产机制。

不断涌现的数据分析公司和信息聚合平台加入了信息生产者的队伍。

2010年国务院下发的《国务院关于加快培育和发展战略性新兴产业的决定》确定新一代信息技术产业为战略性新兴产业之一，信息作为经济发展和社会进步的重要推动力之一，"催生以信息分类、选择、加工、储存、传播为主营内容的现代信息业"①。如搜索引擎、平台媒体、社交媒体等，它们依托对用户和自身特性的优势，实现了对各路媒体信息的把关，将那些经过审核的内容置于头条或显著位置进行大面积分发。

3. 机器内容生产模式

随着社会的发展，智能机器人加入了信息生产者的队伍，出现了机器生产内容（MGC，machine-generated content）。人工智能技术"可以在没有人工介入的情况下，依照既有的内部程序和最新采集的数据自主生成新闻内容"②。媒体信息生产开始进入智能时代，人工智能通过赋能记者和编辑，帮助他们更快、更准确、更智能地生产新闻。

新华社发布国内首条MGC视频新闻，媒体大脑来了！③

2017年12月26日，中国第一个媒体人工智能平台"媒体大脑"由新华社正式发布上线。"媒体大脑"平台以"凭计算之力、求数据洞察、赋万物为媒、迎智能时代"为使命，向海内外媒体提供服务，探索大数据时代媒介形态和传播方式的未来。

"媒体大脑"由新华智云科技有限公司自主研发。成立于2017年6月的新华智云，旨在通过大数据和人工智能技术赋能媒体，促进媒体的深度融合、跨界融合。

2017年12月26日上午，中国第一条MGC（机器生产内容）视频新闻产生，由"媒体大脑"中的2410（智能媒体生产平台）系统制作，机器仅耗时10.3秒，就生产出了一条2分8秒的视频新闻，这意味着人工智能技术在媒体领域取得了重大突破。

---

① 陆小华：《新媒体观：信息化生存时代的思维方式》，清华大学出版社2008年版，第3页。
② 王月、张心志：《从"成为"到"生成"：移动传播情境下信息生产实践变革与省思》，载《中国出版》2019年第24期，第41页。
③ 《新华社发布国内首条MGC视频新闻，媒体大脑来了!》，见新华网（http://www.xinhuanet.com/politics/2017-12/26/c_1122170364.htm），2017年12月26日，有改动。

MGC新闻，即运用人工智能技术，由机器智能生产的新闻。其生产过程是：首先通过摄像头、传感器、无人机等方式获取新的视频、数据信息，然后经由图像识别、视频识别等技术让机器进行内容理解和新闻价值判断。依托于大数据的"媒体大脑"会将新理解的内容与已有数据进行关联，对语义进行检索和重排，智能生产新闻稿件。同时，人工智能还将基于文字稿件和采集的多媒体素材，经过视频编辑、语音合成、数据可视化等一系列过程，最终生成一条富媒体新闻。

据了解，"媒体大脑"的八大功能包括：2410（智能媒体生产平台）、新闻分发、采蜜、版权监测、人脸核查、用户画像、智能会话、语音合成。国内各媒体机构均可在认证后使用"媒体大脑"的各项功能和产品。

（二）媒介技术发展生态

随着数字技术在传播领域应用的拓宽，媒体融合发展和全媒体建设是时代发展的趋势和选择。关于媒介融合的认识，一般都认为是指媒介技术和内容的融合，即将互联网技术和思维运用在传统媒体领域，把报刊、广播、电视与互联网有效结合，实现资源共享，创作出更多正面优质的内容，通过不同的平台传播给受众。

媒介融合的深度发展，模糊了传统媒体和网络媒体的界限，网络媒体的流量优势加上传统媒体的内容生产优势，媒介技术融合的成果运用在我们生活的方方面面。最初的"三网融合"（电信网、广播电视网和互联网），其核心基础是互联网，目的是实现三网互联互通、资源共享。通过"三网融合"，能使相同的服务和内容既可在广播电视网又可在电信网上被提供；能够在更深层次上实现业务的融合，接打电话、收看电视、网上冲浪的"三网融合"已变成现实。

媒介融合，说到底都是要以技术融合为前提，并在此基础上开展相关工作。通过媒介间的技术融合，可以在新媒体直播现场只用一名记者、一台智能通信设备就能够快速实现新闻播报，甚至可以借助各类新媒体、智媒体平台进行视频、全景、VR等内容的同步直播、录制和存储，然后通过设备后台中的云控制、云存储和大数据服务系统，将新闻内容上传至各自的媒介当中。在此过程中，记者能够同步实现PC端的跨平台视频内容分发和适配，能够将多种媒体产品集中在同一媒体平台进行快速生产、聚合和创造。①

未来,大数据、云计算、人工智能等新科技的广泛应用,各类媒介技术之间互学互鉴和不断创新,推动媒介技术与传媒产业的深度融合,从技术到内容,从渠道到终端,台网联动加速,以满足人们较高层次的精神文化需求,这些都会给品牌传播带来新的机会和挑战。

(三) 受众信息接收生态

随着移动互联网和智能手机的普及,人类进入一个移动化、社交化、智能化的传播时空。受众信息接收的生态发生了显著变化,受众主动性显著增强,接收方式个性化成为趋势,双向互动的传播成为日常。

1. 受者与传者的关系被重构

互联网改变了受众在信息传受过程中被动接收信息的地位,受众可以生产信息并进行传播,"搜、转、赞、评"唾手可得,传者与受众由过去单向传播的关系变成双向互动关系。下面简单介绍一下国外简报 Nuzzle 允许用户自主创建 DIY 简报和评论的经验。

品牌案例 2-2

国外简报 Nuzzle 允许用户自主创建 DIY 简报②

Nuzzle 是来自美国旧金山的一款允许用户自主创建新闻简报的产品,它没有铺天盖地地转载新闻,而是让受众拥有编辑和评论新闻的主导权。Nuzzle 致力于为公关专业人士、投资者、研究人员、营销人员、销售人员、律师和企业主们提供新闻监控和研究的工具,持续跟踪全面、重要的新闻来源,并通过平台各类大数据工具整合信息。根据 Nuzzle 平台的反馈,媒体、技术和金融界大咖都在使用 Nuzzle 以节省时间并保持高效的信息跟进。

Nuzzle 能从众多的国外简报类产品中杀出重围,除了其专业性和时效性外,还有很重要的一点就是它允许用户创建属于自己的个性化新闻,这一功能也是 Nuzzle 的独门秘籍。某种程度上,Nuzzle 更像一款订阅工具。它会在特定时间内,将用户所关心的相关领域文章按照被转发的次数进行

---

① 陈硕、李昭语:《媒介跨界融合的现实瓶颈与"智慧"转型研究》,载《新闻爱好者》2019 年第 7 期,第 91 页。

② 蒋框:《信息时代国外简报新闻如何"迷住用户"》,载《传媒》2019 年第 15 期,第 56-57 页,有改动。

排序，分享越多的文章越靠前。同时，用户可以通过 Nuzzle 剪辑自己认为重要的新闻内容，并附上犀利的点评与独到的见解，将这份独一无二的简报进行分享，与好友一同探讨对该新闻的看法。授权后，Nuzzle 也会优先向用户展示其好友的社交动态，包括他们分享的新闻内容、评论等。虽然许多报刊类产品早已推出收藏新闻的功能，但是 Nuzzle 更加注重用户在新闻阅读过程中的参与感与简报产品功能的多样性。不同于其他掌握新闻话语权的媒体，Nuzzle 选择倾听用户的意见，了解用户的看法。

2. 增强了受众信息接收方式的自主性

移动互联网时代，受众接收信息方式的自主性和个性化增强，这体现在可供选择的传播载体以及内容等方面，例如：对于某一节目，受者可以选择使用电脑（台式机、笔记本、平板）、电视、智能手机等各种不同的传播载体来阅听自己喜欢的内容，在阅听时可以根据自己的心理需要跳过某一段、回放或者暂停，而不必像以前那样要守在电视机前静候某档自己喜爱的节目。

此外，便于人们携带和使用的微型设备，使得接收地点移动化。你只需要一部微型电脑或手机，附近有可加入的网络或可使用移动网络服务，无论是在上下班的路途中，还是在欣赏美景的旅途中，都能便捷地获取和分享信息。移动互联网连接将比标准的电脑连接使用更广泛，"在移动中"已成为并将继续成为人们接收信息的重要方式之一。

3. 激发了受众反馈的互动特性

反馈是信息传播过程中不可缺少的一环。信息时代，反映受众主动性的反馈体现在点赞、转发、评论上。以弹幕为例，作为一种新兴的意义表达方式，它是观众边观看视频边发送的内容。弹幕评论是以视频为依托展开的及时交流和互动。弹幕给人一种"实时互动"的错觉，每个接受者发送弹幕的时间并不相同，但都会在视频框的一个特定时间点出现，而同一时刻出现的弹幕内容基本上都是相同主题的话语呈现，因此，用户在使用弹幕时就会出现和其他受众同时评论的错觉。这是因为弹幕打破了时间、空间上的限制，消除了地域性的差别，让人与人之间可以随时随地地交流互动，产生一种交互性的实时传播感。[1] 由此，受众参与的互动性得到极大的释放，因参与而获得的表达满足感在一条条弹幕信息中得以实现。

---

[1] 关峥、陈丹玲：《社会化传播背景下弹幕的传播模式形塑》，载《科技传播》2019 年第 2 期，第 61 页。

第二节　数字时代的消费者

随着改革开放的深入发展和全球化进程影响的加深,以及市场经济体制的逐步确立,我国开始迅速进入消费社会。消费主导生产,是消费社会的显著特征。而移动互联网、人工智能与传播媒介的紧密结合,影响和改变了人们的消费行为和消费习惯,构筑了消费社会的新形态。互联网被认为是一种顾客赋权技术,它通过重构个体身份及提升自我效能与技能两种方式增强个体赋权。[①] 为了了解消费者消费行为背后的动因及影响因素,找准数字时代品牌传播的着力点,本节内容首先介绍鲍德里亚的消费社会理论,描述消费社会的特征,分析大众传媒对消费社会的推动,指出数字时代消费社会的新挑战。

一、鲍德里亚的消费社会理论

20 世纪中期,"消费社会"的概念被提出。经济学家们用"消费社会"来指称转型的社会形态,用"消费"来表征资本主义社会的中心活动。随着全球化的发展,"消费社会"也普遍传开,尤其是在法国,"二战"后的快速发展为其带来了丰富的物质财富,法国人的生活方式快速转变到以"消费"为表征的境遇中。[②]

消费社会理论是由当代法国学者鲍德里亚提出的,该理论充分揭示了消费已经成为消费社会的主导性逻辑。他针对消费的研究着眼于"物",其研究的核心问题即"物品有何意义"。而这里所述及的"物"主要是指人们日常生活中与商品相关的物品。自《物体系》开始,鲍德里亚针对西方哲学传统上的"物"的理论进行革新,由对消费过程中的"物"的关注转向对人与人的行为关系的关注。鲍德里亚《物体系》的研究中心是为了引导"物"的概念向"符号"的概念转变;到了《消费社会》中,他进一步研究了物的消费理论,将物与人的关系拓展为物—人—符号三者的

[①] Y. Amichai-Hamburger, K. Y. McKenna and S. A. Tal, "E-empowerment: Empowerment by the Internet," *Computers in Human Behavior* 24, No. 5 (2008): 1776–1789.
[②] 张当:《消费社会视域中的贫困问题》,载《浙江社会科学》2020 年第 1 期,第 102 页。

关系。在传统语境下，消费即是对物的使用、占有和消耗。而"符号"概念的引入则带来了"消费"这一概念的革新。①

在这一革新后的消费理论中，"消费"作为一个存在论概念，用来表征人的存在方式。鲍德里亚想要借助"消费"这一概念来揭示人们处于符号意义链编码下的存在样态。② 鲍德里亚明确表示，消费的实质是"一种符号的系统化操控活动"，"要成为消费的对象，物品必须成为符号"。③ 在消费社会里，物品不再是普通的消费品，而是符号化的物，人与人的关系也掩藏在符号化的物与物的关系之中，因此，"消费社会"的言说对象是"人"。此外，鲍德里亚指出，如今人们的需求得不到满足并不是由于商品的绝对数量不足，实际上，人们也根本不是按照使用价值的满足量来计算商品数量的，因为我们需求的并不是"物品"而是"差异"，因而这种不具有确定性的需求"永远都不会有圆满的满足"。④ 消费现象是社会经济发展水平的一面镜子，也是人类对自我本质和力量探索的过程。

二、消费社会的特征

第一，拥有数量庞大的、有消费能力的消费者，是消费社会存在的首要条件。改革开放至今，我国居民可支配收入有了巨大的增长，从初期的年收入400元增长到今天的年收入近3万元。恩格尔系数显示，1978年，中国城镇居民家庭的人均生活消费支出为311元，恩格尔系数为57.5%（农村为67.7%），到了2018年，全国居民恩格尔系数为28.4%。⑤ 我国有着14亿人口的庞大市场，加之居民可支配收入的增加、大众消费观念的更新和生活方式的转变，这些为我国消费社会的发展创造了有利条件。

第二，消费社会的全球化。跨境电商、网络支付、全球化的物流配送体系，加速了商品在全球范围内的流动，消费社会必将伴随全球化进程的推进而加深。

---

① 王怡然、刘英：《〈夜色温柔〉：消费主义的悲剧寓言》，载《内蒙古大学学报（哲学社会科学版）》2019年第2期，第104页。
② 张健丰、徐示真：《消费的符号之网的洞悉与拆解——鲍德里亚消费社会理论的剖析与启示》，载《西南石油大学学报（社会科学版）》2019年第6期，第48页。
③ [法] 尚·布希亚：《物体系》，林志明译，上海人民出版社2001年版，第223页。
④ [法] 让·波德里亚：《消费社会》，刘成富、全志钢译，南京大学出版社2000年版，第59页。
⑤ 盘和林：《消费拉动型经济增强了发展的底气》，载《中国青年报》2019年6月4日第2版。

第三，消费者的消费需求趋向多元。从满足基本的功能性需求，到注重品质和服务的全方位体验，再到满足人情感或精神层面的需求，一种创新求变、多元融合的消费文化正在形成。

三、大众传媒对消费社会的推动

消费社会是人类社会发展到一定历史阶段的产物，既是生产社会的延续，又是社会发展的新阶段。大众传媒以其独特的示范性作用，体现为大量的包括广告在内的"生活方式"的报道以及娱乐新闻、娱乐节目的播出。[①] 大众传媒通过传播消费文化，为消费社会提供越来越多的内生性动力。

大众传媒是依托现代媒介，面向社会大众进行公开信息传播的组织机构，包括报纸、杂志、书籍等纸质媒介以及广播、电视、网络等电子媒介。为了传播和推广健康积极的生活方式，以央视财经为代表的主流媒体，开创了系列"生活方式报道"，"这种'生活方式报道'的核心乃是社会的消费行为，包括休闲娱乐、购物旅游、居室装修、卫生保健、服饰化妆、烹饪美食等内容，同时还包括大量的生活消费的行情、趋势、热点、时尚与流行，等等"[②]。大众传媒的报道和传播，客观上诱导并开发了人们对物质享乐的欲望，使人在享受物质的同时增添了对人生意义和价值的新理解，这是大众传媒对消费文化的传播、渗透和塑造。

广告传播通过各种途径影响和改变着人们的消费习惯和日常生活，其发展过程经历了从注重产品的信息介绍，到产品形象的塑造，再到将产品和服务作为生活方式的载体。广告的作用，在于发掘人们内心对美好的事物、生活和理想的热爱与憧憬，以生活向导的角色影响人们，建立起商品与美好生活的联系，促使人们做出购买决定。

大众传媒对消费社会的推动，除广告之外，还体现在对娱乐新闻和综艺节目的播报上。在新闻和节目的播报里，商品获得了一个特定的展示空间和意义空间，展示出潮流、环保和健康的生活方式，传递出商品的使用价值信息和情感价值信息，目的就是制造更多的需求，从而创造更多的消费，刺激经济增长，推动消费社会的进程。五花八门的娱乐新闻、综艺节

---

① 罗小东：《试析大众传媒对消费社会的推动》，载《新闻界》2010年第6期，第75页。
② 秦志希、刘敏：《新闻传媒的消费主义倾向》，载《现代传播》2002年第1期，第42页。

目的播出，制造出了一个又一个"×××同款""×××爆款"，明星效应引发大众购买、模仿和追捧，除了物品确实好用之外，也让消费者找到了自己独特的身份地位，收获心理上的满足感和愉悦感。

品牌案例 2-3

唯品会冠名的综艺节目《我家那闺女》，实现全方位营销布局①

2019 年，唯品会冠名的《我家那闺女》，是湖南卫视推出的一档中国亲情观察成长励志节目。该节目收视 12 连冠，领跑 2019 年 Q1 综艺。

节目植入情节播出后，唯品会站内自然流量增长高达 73%；唯品会 App"我家那闺女"关键词搜索飙升至搜索榜 TOP1；爆款单品销量环比增长 450%，肩颈按摩器环比增长 2369%……这样的营销效果着实让人惊讶，足以证明湖南卫视超强的带货能力。

在《我家那闺女》这档讲述独居女艺人日常生活的节目中，经常看到有带货气质的"精品梗"。比如"养生专家"吴昕，泡脚、按摩、保健品每天齐上阵；"傻大姐"袁姗姗的各种美妆；等等。

为了更好地实现品效合一，湖南卫视精心为唯品会设置了大量内容创新合作点。

品牌曝光：结合唯品会不同阶段的营销诉求，高内容张力保障信息传达。如新年购物、年货节、春装上新等重要营销节点运营活动关键词。

花式引流：关注以及植入内容结合热搜话题，增强观众对品牌的兴趣。如后期花字设计结合情节及时下热门话题，以趣味的形式增加观众对品牌的兴趣。

销量转化：节目配合运营提升销售转化。如节目内结合明星同款好物，预埋爆款单品，吸引观众购买同款商品，为唯品会直接带来流量转化。

唯品会冠名湖南卫视《我家那闺女》，全方位配合，节目情节融合度高，植入效果得到保证，一路流量涨涨涨，带火明星同款好物！在人气口碑双丰收下，《我家那闺女》毋庸置疑是一档叫好又叫座的节目。

---

① 王晓辉：《唯品会〈我家那闺女〉Q1 成功破壁，湖南卫视何以突围？》，载《声屏世界·广告人》2019 年第 5 期，第 108-109 页，有改动。

四、基于消费者核心的品牌传播策略

数字时代，新兴的科学技术催生了新的商业模式和业务形态，消费者的消费理念和消费行为在更新和变化，朝着"线上+线下"、全渠道的趋势发展。许多以消费命名的节日从无到有，最引人注目的莫过于"双11购物狂欢节""6·18年中购物节""年货节"等。网络购物App、网络直播带货、社群营销、朋友圈广告、微商等，都在竭尽所能地让消费者狂剁手，不加思考地买单。各种媒介合力创造出一个数字化的幻象世界，消费乱象以更加多样的形式存在于当今社会，影响着社会中的每一个消费者。

"网络是一把双刃剑"，充分认识网络传播的双面性，做好数字时代的品牌传播工作，有以下三点策略可供参考。

（一）塑造独特的品牌文化

数字时代，为了使品牌脱颖而出，在以匠人精神做好产品和服务的同时，更要凝练企业文化，以独特的品牌文化为消费者带来卓越的消费体验，让消费者产生深刻记忆，乐于分享和再次购买。比如国内水果零售品牌百果园，它在"百果园人的奋斗宣言"中提到，"以水果为载体，肩负起促进人类文明进步的重任"。百果园在做好门店经营的同时，努力把微信社群、小程序、App，以及2019年发布的线上生鲜食材平台——"百果心享"做好，争取做到线上线下全渠道为顾客提供水果消费服务。2009年，百果园首创并践行"不好吃三无退货"服务，即消费者如果对水果口感或品质不满意，可无小票、无实物、无理由退货。2016年，百果园也在App上推出了"不好吃瞬间退款"服务，顾客可在App上进行退款操作。这些行动和举措彰显了百果园独特的品牌魅力，使其成为水果行业乃至零售业的成功典范。

（二）加强品牌的精准传播

数字时代，企业针对消费者的不同需求，提供更具针对性的个性化信息、商品和服务，是品牌传播和市场营销的关键环节。在商业上应用最多的大数据技术，通过记录、分析客户在交易平台的相关数据，做出预测和推断，将每位顾客的需求和相关信息进行匹配，提升对用户定向投放广告和开展精准营销的效果，助力企业摆脱过去漫天撒网式推广的劣势。借助大数据技术的精准信息推送，能够使消费者在某个细分领域形成对某品牌的认可，帮助企业在细分市场领域获得竞争优势，提高营销效率和销售额。

(三) 构造品牌的联动体系

数字时代，消费者的消费习惯逐渐由传统消费转变为可预期的持续性消费和智能联网型消费。当消费者基于某种产品或服务进行持续性消费时，会对该产品或服务及其关联的产品或品牌产生认可，这将直接影响到消费者后续的消费行为。[1] 对于智能联网型消费而言，实力相当的品牌合作有望实现"1+1>2"的合力效果。如2017年开始，九牧与美的、方太等家电品牌开展品牌联盟合作，通过找到双方的共同点和内容，将自身植入活动中，从过去品牌间的"硬合作"转变为做品牌的"软渗透"，效果更为显著。因此，构建数字时代的品牌联动体系，抢占消费者心智，对形成具有竞争力的品牌至关重要。

品牌案例 2-4

国内卫浴品牌九牧，品牌联动提升品牌力[2]

国内卫浴品牌的杰出代表九牧，在目前国内卫浴洁具市场上的份额占比有着绝对优势。九牧电商部经理杨雅丹告诉记者，从今年开始，九牧与美的、方太等家电品牌开展的品牌联盟合作，从销售单品到推广品牌、讲故事，营销化推广让合作各方取得了理想的市场回报，强强联合的共享让双方品牌合力得以最大化。

1. 从产品合作到品牌合作

九牧的发展也遵循了这一规律。九牧实际上很早就在线上推出"异业合作"。只是过去九牧把精力着重放在产品之间的合作，通过卫浴、厨电的整合，从产品角度吸引更多流量。但是从2016年开始，产品合作的模式被改变，转而更关注品牌合作。

这也与近两年的品牌定位相关。因为从品牌角度出发，购买或者有体验的用户半径将更为扩大。例如与美的的合作，美的是一个综合性很强的品牌，我们从热水器品类合作开始，将其作为切入点，在强调产品的同时，强调品牌调性。

---

[1] 崔光野、马龙龙：《数字时代新型商业模式和消费行为下的品牌建设》，载《商业经济研究》2020年第2期，第8页。

[2] 杨雅丹：《线上运营向品牌联动和营销化发展》，载《现代家电》2017年第22期，第54-55页，有改动。

在天猫提供的消费行为数据中，有超过70%的用户在购买了家电产品之后会购买卫浴和洁具相关品类，用户重叠度非常高，需求的重合必然导致销售的重叠，所以，在这方面我们将做整个品牌的粘合。

之后，在苏宁"8·18"活动中，九牧与苏宁易购、美的再次进行了深度的合作。制作三个网上视频，从烹饪和彩绘的角度传递一种生活态度的概念，不再是单纯的产品组合和品牌宣传。如果说产品联合是为了解决用户痛点问题，那品牌营销则是从更深层次着手，从改变对生活的认知开始。

2. 合作讲究"门当户对"和调性一致

品牌联盟或者合作一定是要实现"1+1>2"的合力才有价值。

在国内发展的十几年历程中，中国的卫浴洁具市场有很多优秀的品牌从福建走向全国，甚至全球，九牧也不例外。但有了一定的品牌影响力和品质保障之后，九牧在选择合作品牌上讲究"门当户对"。有两个可参照的标准：第一是选择国内行业的一线品牌，除了品牌合力之外，还要综合衡量产品品质的可靠性和稳定性。因为品牌形象的建设或者成功一定是建立在品质的积累之上，品质的不稳定无疑是对合作双方品牌的负影响。另外一个标准就是品牌调性统一，即"道同相为谋"，对于我们和选择的合作伙伴来讲就是年轻化。年轻化不意味着品牌历程短，发展时间短，而是品牌粘合年轻人群的能力以及所焕发出的活力。

3. 寻找品牌互动新形式

推广上，九牧也不仅仅停留在促销，而是做更多贴近年轻消费者的、更多人参与的活动。过去消费者是观众，现在消费者是参与者，是主角。例如我们正在做的"运动"主题，就是围绕目前年轻消费者的健身潮流，由年轻人喜欢的年轻奥运冠军引领，与用户互动，让产品不再泛着清冷的工业气息，让品牌充满趣味和温度。

第三节 全球市场竞争新态势

新一轮的信息技术革命，开启了全新的数字时代，全球竞争格局正在被重塑。面对百年未有之大变局的世界，来自全球各地的智库、研究机构高度重视研判全球市场竞争新态势，分析各国传统产业和前沿产业的发展现状及趋势，帮助政府、企业与社会各界认清现实，抓住这千载难逢的历史大机遇，在新一轮的产业竞争中不被落下，掌握竞争主动权，赢得竞争优势。

一、从企业研发投入透视全球产业竞争焦点

欧盟发布的年度报告《2018年度产业研发投入记分牌》，以2017年全球研发投入前2500强公司为观测对象，剖析不同地区与重点行业的研发投入变化趋势。从整体上看，近年来，中国公司研发强度与欧盟差距逐渐缩小，但与美国差距仍然较大，尤其是缺乏创新型龙头企业。

研发投入美、欧、日、中四强格局稳定，但欧盟、日本领先优势逐步缩小。从全球研发2500强公司分布来看，2017年，美国、欧盟、中国、日本四大经济体共有2132家，占比达到85%。从研发投资总额来看，四大经济体的公司研发投入占总量的88%。其中，美国公司始终保持领先，2017年全球研发投入占比为37%。欧盟公司在近10年中全球研发投入占比几乎保持不变，维持在27%左右。日本公司的全球研发占比在过去10年中则明显下降，2017年该比例为14%，比2008年下降约8%。中国公司近10年一直保持研发投入的较高增长，尤其是2017年实现研发投入同比增长20%，全球研发占比为10%。具体见表2-1。

表2-1 2017年美、欧、日、中
2500强公司全球研发投入所占比例

国家/区域	在全球研发投入中占比/%
美国	37
欧盟	27
日本	14
中国	10

从全球研发投入2500强公司排名可知，美国公司在信息通信技术行业（服务+制造）和生物医药行业保持了绝对领先的地位，这些公司以高额研发投入保障产品创新，以占据市场垄断份额来反哺创新投入，形成创新发展的正向促进闭环。其中，以人工智能、5G、高端芯片、基因疗法、细胞疗法等为代表的前沿产业是美国公司逐步增强研发力度的领域。为更好地应对世界产业竞争，我国须在上述领域加大科研投入力度，通过围绕

产业关键技术设立科技专项等形式,以政府投入为引导,鼓励企业、科研院所、高校等加强联合研发,培育更多华为式创新型龙头企业,增强未来产业竞争的支配权。① 新一轮的科技和产业竞争的号角已经吹响,"马太效应"在发达国家与后发国家之间的竞争中仍持续发挥影响。企业作为国家参与国际竞争的重要主体,在战略定位正确的前提下,唯有脚踏实地,沉潜数年,才有可能跻身全球龙头企业,成为民族的骄傲。

二、无形资产价值成为全球价值链竞争焦点

1. 无形资产的积累和投入决定企业财富和全球产业地位

世界知识产权组织发布的《2017年世界知识产权报告:全球价值链中的无形资本》报告,分析了43个经济体、119个制造业数据。2000年至2014年,全球无形资产总收入增长75%,达到5.9万亿美元。2014年,全球价值链中有形资产和无形资产占制造业价值的份额分别为18.0%和31.9%,无形资产的价值创造是有形资产的近2倍。特别是在汽车、拖车、计算机、电子信息以及光学产品行业中,研发、软件、数据库、艺术创作、设计、品牌建设和业务流程等无形资产比重上升较为明显。

2. 数字技术渗透与新技术迭代使得跨国公司数字化、智能化特征日益明显,无形价值创造更加重要

(1)端对端的数字化集成增强要素的"全球流动"和"全球连接"。互联网、物联网等技术缩减基于用户需求的研发成本、跨境合作研发成本,数字技术赋能跨国公司提升研发能力和效率。例如,制药企业通过可穿戴设备、医疗器械装备、传感器和移动应用,远程收集临床数据、活动数据以及关键生物指标。

(2)消费品和服务、设备和工业流程通过物联网等技术实现万物互联,有形价值创造向无形价值创造扩散。产品高附加值集中在数据管理、分析应用软件等数字化资产上,如CarPlay车载系统提升雷诺科雷傲汽车的功能价值。

(3)为适应消费者倾向于差异化商品和品牌体验的需求,以及二者在

---

① 王昊、张凯、秦海林:《从2018年度全球研发记分牌看各国产业竞争焦点》,载《中国经济时报》2019年11月18日第5版。

价值链上作用的日益强大，企业非生产性活动会日益增加。①

企业必须以品牌战略指导品牌传播，以品牌传播引领品牌发展，使品牌在企业价值创造中发挥实质性的影响和作用。

三、人工智能的全球竞争早已开始

人工智能不再仅仅是一个流行词，而已逐渐变成一大趋势。该技术正在进入产业化阶段，人工智能的全球竞争早已开始。为有效利用人工智能，企业必须现在就做好准备。

大约在2016年，微软公司宣布，2016年将成为人工智能之年。此后，对人工智能的狂热开始蔓延。2017年，AlphaGo Zero无须学习棋谱，就可以在对战中表现极为出色。

与其他技术共同发展可以帮助人工智能进入产业化阶段。在企业中，我们可以观察到人工智能成熟度的三个水平阶段。第一阶段是适应阶段，企业对人工智能所带来的机遇、成本及其对未来盈亏的影响进行了解。企业对人工智能的准备情况进行自我评估，了解如何防止其成为注定失败的"下一个大型IT项目"。第二阶段是将人工智能集成到企业流程中，这不是仅限于概念上的一次性活动，而是在如今人工智能能够真正创造价值的领域中进行协同的整体性努力。企业将人工智能的能力纳入现有业务中，开展人工智能的机器人流程自动化项目，聘用合适的人才，分析利用人工智能进行管理、员工激励、计算关键绩效指标的影响。在第三阶段中，企业需要以人工智能为基础，开发新型商业模式。人工智能建立价值网络，企业无须再"单打独斗"。改进后的自动化客户前端将客户关系提高到新的水平。重构创新流程，开发人机交互的新形式。在此阶段，企业也要预见到从弱人工智能（机器学习）到强人工智能（像人类一样独立思考与执行任务的系统）的转变。

全球人工智能领先地位的竞争早已开始，由此可见，人们对人工智能的期待极高。目前，美国在人工智能生态系统中处于领先地位，拥有1393家初创企业，占全球人工智能初创企业总数的40%。欧洲整体位居第二，拥有769家人工智能初创企业，占全球总量的22%。中国排名第三，有初

---

① 冉美丽、陈志：《全球价值链竞争的新态势分析与应对建议》，载《科技中国》2019年第9期，第1-3页。

创企业 383 家，占全球总数的 11%。得益于领先数字化企业的资源，尤其是谷歌、苹果、脸书与亚马逊在 2010 年到 2018 年间累计收购了近 40 家人工智能初创公司，以及一流的高校资源，美国拥有完善的人工智能应用程序开发与实施基础。美国发表人工智能相关的论文数量和在此领域工作的人员数量（约为 85 万人）均为全球最多。2017 年，美国人工智能初创企业股权交易数量占全球总数的 50%。

中国也在人工智能领域大举投资。2016 年，中国人工智能初创企业募资额仅占全球总额的 11%。一年后，这一数字上升至 48%，全球股权融资比例首次超过美国。人工智能是中国政府的战略重点。中国希望在 2020 年比肩美国的人工智能能力，到 2025 年取得领先优势，到 2030 年引领全球人工智能市场。

为有效利用人工智能，企业需要做好一些基本但至关重要的准备工作，例如确保为人工智能系统提供的数据质量等。企业还需要提出正确的问题，引导人工智能做出有意义的回答。尽管这些工作可能非常普通，但有一点非常重要：人们普遍相信，在可预见的未来，人工智能还不会取代人类；相反，人工智能将更加需要人类的判断与引导。人类将再次站到舞台中心，成为人工智能环境的导演。①

为了顺应人工智能开启的新潮流，企业需要更新观念，由被动适应转为主动迎接，寻找新时期品牌建设和发展的新路径。

四、区块链技术的开发和应用备受关注

区块链作为提供数字化、网络化、智能化的关键技术之一，其社会价值已经引起了各国政府、金融机构、科研单位、开源社区的广泛关注，其应用开发也涉及物联网、供应链管理、金融交易、数字征信、智能制造等多个领域。目前，以美、英、日等为代表的发达国家都在积极探索区块链技术的多元化应用，发布相关政策，扶持区块链技术发展，试图占领技术战略制高点。如美国特朗普政府重申将区块链作为改善美国政府运作的技术；英国政府在其《分布式账本技术：超越区块链》报告中指出，区块链能为多种形式的服务提供新型的信任机制；日本政府发布区块链平台评估

---

① 罗兰贝格研究院：《从企业的角度看人工智能》，载《机器人产业》2019 年第 2 期，第 106-109 页。

细则，并成立区块链创业公司加速器。中国在2016年《"十三五"国家信息化规划》中首次提出区块链技术，并将其与量子通信、人工智能、虚拟现实等技术共同列入重大任务和重点工程。当前，世界各国都在积极布局区块链技术产业，并且已经形成了由开源社区、初创公司、骨干企业、产业联盟、金融机构、投资机构、监管机构等参与者构建的区块链技术开发环境。①

全球市场竞争呈现出的新态势，从全球竞争产业焦点的变化，到无形资产价值成为全球价值链竞争的焦点，以及人工智能和区块链技术的广泛开发和应用，在改变产业格局和经济业态的同时，对企业的经营战略、品牌战略和品牌传播也将产生持续的影响，必须引起企业的高度重视。

---

① 苑朋彬、佟贺丰、赵蕴华：《基于专利分析的全球区块链技术竞争态势研究》，载《全球科技经济瞭望》2018年第3期，第69页。

第三章
数字时代的品牌传播流程与策划

▶ **本章提要**

  品牌传播的流程包括成立跨职能策划小组、开展品牌形象调研、确立品牌形象定位、提升品牌形象表现力和开展品牌整合传播五个步骤。

  精心有效的品牌形象策划,能为后续的品牌形象传播打下良好基础。在传统 CIS 原理的基础上,从深挖品牌的独特性、注重与消费者的情感沟通、汲取优秀的民族文化营养和不断探索策划新形式四个方面提出数字时代品牌形象策划的策略。

  事件策划是企业品牌传播的有效武器,具有成本低、速度快和效果好的优点。

  公益营销能为品牌传播起到锦上添花的作用,在赢得消费者的认可、增强企业盈利能力和提升品牌形象方面具有显著作用。企业可以从精选公益主题、找准消费者兴趣点和整合传播提升公益营销的影响力等方面,制定出适应数字时代的品牌公益营销策略。

  品牌代言人作为消费时代的意见领袖,是品牌与消费者之间沟通的一座桥梁。随着数字技术赋权消费者,品牌代言人趋向多元化正成为数字时代品牌代言的新动向,值得研究和关注。

▶ **本章学习要点**

- 品牌传播流程
- 品牌形象策划
- 事件策划
- 公益营销
- 品牌代言人传播
- 两级传播模式
- 草根代言

品牌传播是激活品牌战略的关键环节，服务于企业战略和品牌战略的实施。在开始执行品牌传播方案之前，需要做好一系列的准备工作。

品牌传播的流程包括：成立跨职能策划小组、开展品牌形象调研、确立品牌形象定位、提升品牌形象表现力和开展品牌整合传播。

第一节　品牌传播流程

一、成立跨职能策划小组

一般情况下，企业根据工作专门化的原则，按照研发部、生产部、市场部、财务部、人事部等职能部门来设置组织机构。品牌策划和传播的系列工作是由以市场部为主的部门来实施和推动的。即便是与营销相关的职能或活动，诸如负责广告、促销和事件营销的人员也都是相对独立的，这导致企业的品牌传播活动碎片化，难以在公众心目中建立一个整体的有效形象。

为了克服品牌传播碎片化的不足，成立一个由企业高层统筹的跨职能策划小组就非常有必要。来自研发、生产、市场、财务、人事等部门的工作人员为了改善消费者体验、构建卓越的品牌，出谋划策，制订一个整体的品牌策划案。

品牌策划，是企业在一定时期内为了推广和塑造品牌形象而制定的决策和计划，最终是为了实现品牌的长远发展。简单来说，品牌策划和品牌战略是战术与战略的关系。品牌策略是针对短期内面临的问题的策略和方法，其本身缺乏系统性，是品牌战略执行过程中的主要策略库。品牌策划的功能，还体现在为短期的市场扩张行动提供科学的建议和方法，为企业短期市场目标的实现提供支持。

二、开展品牌形象调研

品牌形象建设是一项长期的系统工程。在品牌孕育初期，就应"为之计深远"，一种行之有效的方法就是做好充分的市场调研。基于企业提供的产品或服务的品质与品牌之间的紧密联系，品牌形象调研的范围应当涵盖消费者对企业产品或服务的认知以及与品牌形象相关的信息。在调研阶段，可以采取委托专业调研公司和企业内部调研相结合的方式。对调研的总体要求是：既要能比较全面地反映企业产品或服务在市场上的评价，又能突出品牌形象的相关信息。

在调研过程中，企业站在受众的立场上，从消费者的角度出发思考改进自身的工作。从品牌创立、形象设计到材料使用以及成本控制等，以最佳的方式完成调研。通过全面深入的调研，企业能够为后续的品牌形象定位、品牌形象表现和品牌整合传播打下坚实的基础。以我国的科技时尚内衣品牌 BerryMelon 为例，来说明调研对凝练品牌理念、找准品牌定位和进行品牌传播的重要性。

品牌案例 3-1

科技时尚内衣品牌 BerryMelon①

BerryMelon 成立于 2017 年，主打以胸型和数据为内衣研发基础，线上匹配算法与线下深度服务相结合，为用户提供一站式的内衣及贴身衣物解决方案。基于用户及内衣行业对 fit（合身）的关注，BerryMelon 提出"按胸型买内衣"的理念，将内衣版型与胸部形态相匹配，为不同胸型用户打造专属的内衣。

BerryMelon 基于深度访谈与数据挖掘，首次发布《中国女性胸部认知报告》，深度分析中国女性在胸部认知上的特点与趋势。

1. 按胸型买内衣，不为单一审美买单

在 BerryMelon 团队看来，每位女性的身体和个性都是独一无二的，她们绝不是统一而呆板的模型。berry 和 melon 分别是各种"莓果"和"瓜"的英文后缀，也可以指代不同胸型，组合在一起就是一个代表多元、开放的价值观的品牌名称。

据了解，BerryMelon 的创建植根于"不同形态"的观念，为女性在人生不同阶段和场景展现她们的美。女性穿戴内衣的区间为 12～64 岁，内衣陪伴女性的少女、成年、婚礼、孕产等成长时期，职场、运动健身、旅游、聚会等多种场景。内衣作为每天穿着的亲密衣物，是与女性沟通的最好媒介。

"研究数据表明，76% 的用户依然会选择线下购买内衣，是因为人们

---

① 《科技时尚内衣品牌 BerryMelon 获千万元级别 Pre-A 轮融资，富士康投资》，见搜狐网（http://www.sohu.com/a/357899105_144325），有改动。

认为内衣是否 fit 是选择与否的最重要的衡量标准。在 BerryMelon 内衣体验馆，用户会享受到专业的量体和试穿，省心省时地购买到适合自己胸型的内衣。正是因为这样完全不同的购买内衣的体验，才让 BerryMelon 内衣体验馆成为了大众点评上北京市场线下排名第一名。"BerryMelon 的 CEO Ella 介绍说。而通过线上匹配算法推荐与线下深度服务结合，BerryMelon 可以让不同身形的女性把"好看与舒服"穿回家。

此外，其官网 berrymelon.com 也在近日正式上线。值得一提的是，网站上首次推出尺度匹配测试，60 秒让用户高效了解自己的胸型与尺寸。"有很多用户喜欢我们，但是他们可能在其他城市或者不方便来到线下店，因此我们希望用户在家就可以找到适合她们的内衣。"Ella 称。

BerryMelon 品牌发展 4 年以来，依据其数据库中总结出的中国女性胸型特点，打造出很多受用户喜欢且经过实穿验证的王牌产品。胸型分类如圆盘型、小圆锥、大圆锥、水滴、木瓜等，实现真正的内衣版型匹配。而且面料采用的是高级真丝与蕾丝，性价比很高。

2. 超 2000 亿元内衣市场，新品牌的机会在哪里？

数据显示，2018 年，中国内衣市场超过 1600 亿元，到 2022 年，市场将达到 2000 亿元，而且人均年支出仅为 30 美元左右，远低于发达国家（美国这一数字超过 90 美元），还有很大提升空间。

"中国内衣市场是一个千亿元级的行业，玩家众多，竞争激烈，但排名前十的品牌加起来占据市场份额 10% 多一点，市场集中度低，也没有行业领导品牌。"BerryMelon 合伙人赵欣悦对投资界表示。

事实上，女性内衣产品体积小，用料多样，组成部分多，对生产工艺精准度要求高，属于女装集中度最高的细分品类。

但在国内，很少有企业直接研究中国女性的胸型特征，包括都市丽人在内的众多企业，通常直接从外部引进款式和尺寸，并将生产外包，仅自主生产少量样本。结果就是品类单一，设计单调，消费体验差。

如今伴随消费升级，传统制造业的成本优势不复存在，很多新品牌在面料开发、产品设计上全面升级，走舒适化、高端化、细分化、个性化、定制化的路线。

BerryMelon 团队认为，从深耕线下到发力线上，在内衣行业原创品牌本身就稀少的今天，只有以用户为核心，实现真正的线上与线下联动，才有可能突围成功。

三、确立品牌形象定位

企业对调研获得的信息进行分析，找出尚未被满足的市场细分领域，确立自身的品牌形象定位。品牌形象定位追求差异化，提高辨识度，确立品牌在目标人群中的不可替代的地位和形象。比如上述案例中提到的BerryMelon，它基于用户及内衣行业对"合身"的关注，提出"按胸型买内衣"的理念，将内衣版型与胸部形态相匹配，这应当成为BerryMelon后续制作品牌传播信息的核心传播点。

应当注意的是，品牌形象定位的特点不宜过多。传播点过多，反而容易失去特色，也容易造成公众认知层面的混乱。巴黎是世界闻名的"浪漫之都"，新加坡是世界公认的"花园城市"，我国的成都就是"巴适之都"。这些世人眼中的城市品牌，经历了岁月和时间的打磨，成就了自身独特的城市气质和文化影响力。

四、提升品牌形象表现力

差异化的品牌形象定位，必须通过有效的传播和沟通手段，为消费者所感知，才能建立差异化的竞争优势。品牌形象建设重要的不是品牌主所宣称的，而是消费者真真切切感受到的。从人类五感的角度出发，提升品牌形象表现力是一种有效的方式。

人类的信息感知能力是由五官的共同配合来发挥作用的，其中视觉是人最为重要的感觉，视觉在人类对外界环境的感知和信息获取上扮演着重要角色。在传统媒体主导的时代，品牌视觉形象识别理论已经发展得较为成熟。

数字时代的品牌形象识别有了更多的内涵和意蕴。品牌视觉识别的内容包括：基础元素（如标准字或标志、标准色和企业吉祥物），实体元素（如产品包装、店面展示、员工着装等），网络空间的品牌形象展示（如网店形象设计等）。在精心设计品牌基础元素的基础上，保持线上线下品牌形象的一贯性至关重要，让消费者不论通过哪种渠道接触到品牌，都能形成一个稳定一致的印象。

此外，听觉、嗅觉、味觉与触觉等感官在品牌形象塑造中的作用也要引起重视。善用各种感官，考虑每一个可能的接触点，影像、声音、触感、质感必须成为整合品牌的元素。从五感设计的观点出发，探讨有高度沟通力的品牌形象构面，寻找品牌本身的定位与价值，再往下延伸至所有的品牌形象构面，使得品牌形象可以永续发展与成长。① 具体而言，从产品、服务到推广在内的方方面面，无论是品牌标准字或标志以及吉祥物的应用，还是现实空间或虚拟空间里涉及品牌形象表现的地方，都要保持连续性和稳定性。随着品牌形象的传播和推广，品牌形象深刻地印入消费者的心中，区别于其他同类品牌。例如，靠售卖气味和情怀取胜的香水品牌"气味图书馆"，就将人类对气味的追寻和记忆运用到了极致。

品牌案例 3-2

气味图书馆的"气味营销"②

2008年，娄楠石从新西兰回国后，和朋友合伙在香港创立了香水品牌"气味图书馆"。第二年，北京三里屯体验店正式挂牌营业。

因为主打时尚、情怀及其市场的独一性，气味图书馆迅速蹿红了。这款香水很快受到年轻人的喜爱，全国实体店铺数量从1家迅速开到40多家，香水售价从几十元到上百元不等。此外，还有香薰蜡烛、香薰精油、护手霜等衍生产品。

2014年年初，气味图书馆开始自主研发，成立了研发团队。2014年9月，气味图书馆进入电商领域。同年"双十一"，仅3个月的时间就排进了香水品牌排行的前十。目前店铺内一件热销的产品总销量能够达到15万件。

如今，气味图书馆在天猫店铺香水品牌排行前三，粉丝数量达到50多万，同时代理部分国外产品，包括 Olfactive Studio、The Different Company、Histoires De Parfums、Escentric Molecules 等。

娄楠石的香水属于文艺小清新。作为本土品牌，气味图书馆还推出了颇具中国特色的香气，比如竹子香、茶香等充满中国色彩的香水。

---

① 谢佩芯、林昆范：《以五感设计建构品牌形象之研究》，载《南京工程学院学报（社会科学版）》2018年第2期，第54页。
② 佘心谦：《气味图书馆 故事里卖情怀》，载《现代营销（创富信息版）》2018年第2期，第63页，有改动。

娄楠石也积极寻找商业合作，宣传自己的香水。

2015年，气味图书馆与BMW联合，在探索频道的探险家等专业人士的陪伴下，BMW车队开始漫长的跨越之旅，拍摄了大型纪录片《开创者X：丝绸崛起》。翻越历史、感受人文、享受自然，这是一次深度体验式的营销宣传活动。

同年，气味图书馆和雀巢跨界研发了一款纪念香水。

2016年，气味图书馆与电影《纽约纽约》联合推出了同名香水。

抓住名人效应，与李易峰一同推出"峰存9城"，受到不少粉丝的喜爱。

在节目《我们相爱吧》中，陈柏霖和宋智孝也体验过娄楠石的实体店。

现在市面上已经有多家香水店铺开始模仿气味图书馆，这足以说明，气味图书馆做得很成功。

2017年，娄楠石创立气味图书馆的第8年，她的品牌已经估值3亿元，全国店铺超过100家。

五、开展品牌整合传播

在确立了品牌形象的定位，完成了基于人类五感的品牌形象体系设计后，开展品牌整合传播就被提上了日程。品牌整合传播将"整合"作为一种思考方式，需要对品牌传播的内容和品牌传播媒介进行优化组合，以达到提升传播效率和效果的目的。

一是通过整合使品牌传播的信息内容体系化。在精准把握目标受众人群诉求的前提下，通过生产原创性的内容，激发消费者的情感共鸣，强化互动，与消费者共同创建品牌的信息内容。

二是通过整合使品牌传播媒介运用实现最优化。报刊、广电、网络、VR/AR、户外媒体，以及文字、图片、音视频等，附着在新旧媒体上的各种信息相互融合，优势互补，形成联动的信息传播机制。

第二节　品牌形象策划

品牌形象策划建立在品牌形象调研和定位工作的基础上，通过全面而有针对性的调研和差异化的形象定位，要求策划者付出高智性的创意劳动，结合公司经营理念和品牌文化，推出富有美感和个性的设计。精心有效的品牌形象策划，能为后续的品牌形象传播打下良好的基础。

品牌形象是指消费者对品牌的感知和偏好，由消费者记忆中品牌联想的不同类型来衡量。尽管品牌联想具有多种形式，但总体上可以分为与性能相关（或与产品相关）及与形象相关（或与非产品相关）的利益和属性两大方面。一种针对利益的、有用的区分方式是将其分为功能性的（产品内在优势）、象征性的（产品外在优势）和体验性的（产品的消费优势）利益。这些属性和利益关系有的较为理性而易于认知，有的则更为情绪化。① 因而，品牌形象策划将企业无形的文化和有形的产品连接起来，以企业的经营理念、愿景使命、社会责任为指针，认真打磨品牌的构成元素，为品牌对内、对外的形象展示建立统一的规范和标准。品牌的构成元素请阅读本书第一章相关内容。

本节主要从 CIS 原理的视角，探讨品牌形象策划的内容，提出品牌形象策划的策略。

一、品牌形象策划的内容

CIS 原理是广大企业管理组织形象和产品形象的有效工具，在帮助企业打开产品市场，赢得市场竞争有利位置方面成效卓著。CIS（corporate identity system，企业识别系统）是企业等组织通过统一的视觉识别设计，将组织的存在宗旨、精神文化和行为规范等信息传播给内部员工和社会公众，期待获得公众认可的一种战略性活动和形象管理方法。CIS 由下列三个子系统构成。

---

① ［美］凯文·莱恩·凯勒：《战略品牌管理（第 4 版）》，吴水龙、何云译，中国人民大学出版社 2014 年版，第 510 页。

(一) 理念识别系统

理念识别系统（mind identity，简称 MI），是指企业确立的经营宗旨、价值观和企业文化等深层次的企业经营哲学和思想价值观体系，代表着企业的头脑和心脏。在实践中，它包括企业精神、价值观、经营理念、管理之道、人才理念、环保理念、企业的形象定位、品牌理念、品牌宣传口号等。

(二) 行为识别系统

行为识别系统（behavior identity，简称 BI），是指在核心经营理念指导下的企业的日常管理制度、对外交往活动以及全体员工的一言一行，展示了企业的管理质量和员工整体素质，代表着企业的肢体。具体内容有：员工行为规范、服务准则、市场表现、员工关系、公众关系等对内、对外行为模式。

(三) 视觉识别系统

视觉识别系统（visual identity，简称 VI），是指企业为组织及其产品所命名的独特名称、设计的独特标志、色彩搭配等的组合运用，是企业理念呈现的重要媒介。企业在将其视觉要素标准化、规范化处理之后，可以借助企业办公建筑、员工着装、企业产品及其在大众媒介上的广告宣传等载体进行视觉化呈现与表达，使其犹如企业的面部，目的是给社会各界留下统一、鲜明的企业形象。

二、数字时代品牌形象策划的策略

品牌形象策划是一项高智性的创意劳动，成功的品牌各有独到之处。深受人们喜爱的品牌经历了岁月的打磨和时间的淬炼，是品牌主和消费者合力创造的结果。一般情况下，品牌形象策划的策略有以下四个方面。

(一) 深挖品牌的独特性

品牌形象策划之初，就要结合品牌形象的调研和定位，深度挖掘企业制度与文化的独特之处，为品牌找到最具代表性的识别元素。从企业创始人的理念、风格及独特个性，以及所从事产业和行业的特性，找到差异点，先确定品牌名称、标识、品牌口号等关键性的信息，再从域名、形象代表、广告曲、包装等方面加以完善。比如，2018 年，在线旅游品牌"蚂蜂窝"听取了叶茂中营销策划公司的建议，将品牌名更改为"马蜂窝"，签约知名演员黄轩，确定广告宣传语为"旅游之前，要先上马蜂窝"。

2018年世界杯期间，由黄轩代言的马蜂窝广告，为企业带来了实实在在的业务量增长。

（二）注重与消费者的情感沟通

随着技术的发展，企业提供的产品和服务趋于同质化，在产品性能上的区别逐渐缩小，品牌形象策划从功能诉求转向情感诉求，引起消费者心理层面的认同，激发消费者的情感共鸣。例如，台湾琉璃品牌琉园（http://www.tittot.com/）一直都很注重提升琉璃的工艺造诣：2018年，以大匠轮抛的极光工艺解放琉璃透光的特性；2019年，更推出全球首创的四层次无缝景深、一体成型的作品。在聘请了张庭庭的品牌沟通团队之后，提出："工艺的本质不是造物，而是以物传情；工艺的价值不在技法，而在抚慰人心。"琉园的品牌精神标语为"精艺求晶，剔透世情"，该标语既是琉园品牌价值的自我表彰，也是与顾客、藏家共勉的生命追求、人情观照及处世态度。①

（三）汲取优秀的民族文化营养

从事品牌形象策划的机构和人员，可以从优秀的民族文化中汲取营养，在对传统民族文化深刻理解的基础上，提炼、改造并加以运用，保留传统文化中的底蕴和质感，赋予时代特色，为塑造差异化的品牌形象独辟蹊径，彰显品牌特色和价值。如我国中高端女装品牌"例外"，其设计的核心思想是创造和传播基于东方哲学的当代生活艺术，本源、自由、纯净是"例外"多年来的执着追求。所以，知性、独立并且含蓄的女性是"例外"品牌的目标消费人群，自然、生态的新东方美学是"例外"成衣品牌的产品定位。②当今社会，随着消费者眼界的开阔和经济的全球化，我国企业更加需要从民族文化中汲取营养，沉淀品牌的文化内涵，领悟新时代的精神，赋予品牌形象旺盛的生命力，做个长盛不衰的经典品牌。

（四）不断探索策划新形式

数字时代，社交媒体在人们的生活中广泛渗透，各种虚拟现实技术被推广，机器人在一些场合被使用，等等。媒介技术的革新，改变了消费者与品牌互动的方式，对品牌形象策划也提出了新要求。如可口可乐对VR

---

① 张庭庭：《精艺求晶，剔透世情——25年琉园如何抛光品牌形象？》，载《中华手工》2019年第6期，第120－121页。
② 李婧：《浅谈成衣品牌的个性化发展——以"例外"和"odbo"品牌为例》，载《轻纺工业与技术》2019年第11期，第56页。

技术在广告中的创新性运用。2015年圣诞节，可口可乐在童话王国波兰开启了一场别致的虚拟雪橇之旅，利用VR技术将圣诞老人重现，让人们沉浸在虚拟的冰天雪地中。在这次别致的雪橇之旅中，有成百上千个家庭参与进来，为可口可乐公司赚足了眼球。这种沉浸式体验不仅增强了受众的参与度，更使广告产品深入人心。① VR技术通过模拟产生三维的虚拟世界，能够为使用者提供视觉、听觉、触觉等多重感官的体验，让使用者产生一种沉浸式的体验，加深对广告的记忆。

品牌案例 3-3

民族特色文化独异性与民族地区旅游品牌策划②

世界上每个民族，由于不同的自然条件和社会条件的制约，形成了自己独特的语言、习惯、道德、思维、价值和审美观念，因而形成民族特有的文化。在民族地区旅游品牌塑造中，充分重视并着重发掘民族文化的差异性，是民族品牌融入市场并得到消费者认同的基础。

在2007年评出的中国十大民族文化旅游品牌，包括云南丽江古城、湖南张家界土家风情园、四川九寨沟风景名胜区、湖北神农架天然原始生态旅游区、广西百色通灵大峡谷、内蒙古正蓝旗风景区（元上都遗址）、内蒙古查干苏鲁德旅游区等地，多为少数民族聚居区域，经济社会发展相对滞后，但历史文化特别是少数民族文化传承积淀深厚。这十大民族文化旅游品牌，都是借自然风光、凭文化遗产而得名。

列入世界文化遗产的滇西北古城丽江，集中体现了纳西族悠久的历史文化和古朴的民风民俗，是研究纳西族城市发展史、民族发展史的标准样本。丽江古城的城楼、街道、广场、牌坊、水系、桥梁及民居雕刻、庭院装饰、槛联匾额、碑刻条石，充分体现了东巴文化的审美内涵和地方民族风情的浓郁色彩，成为吸引四方关注并创造民族品牌最重要的内涵。

广西壮族自治区积极打造旅游品牌，使旅游业在扩大内需、发展绿色

---

① 江瑜：《新消费主义视阈下VR广告的传达与接受》，载《今传媒》2020年第1期，第57页。
② 何德珍：《论民族地区旅游品牌策划的差异性策略》，载《社会科学家》2010年第10期，第90页，有改动。

经济、加快少数民族地区基础设施建设方面发挥重要作用。广西大力推出的东巴凤旅游，包括"世界铜鼓之乡""中国将军之乡"的东兰，"世界长寿之乡"的巴马等地，已经成为广西桂林、北海、德天瀑布之后的第四热门旅游目的地。广西继续加强投入，营造有"世界民俗活化石"之称的南丹县白裤瑶风情，吸引了中国乃至世界上越来越多人们的关注。如今，广西科学整合文化旅游资源，开始打造以桂林山水、德天瀑布、百色天坑为代表的山水文化旅游品牌，以北海银滩为代表的滨海休闲度假文化旅游品牌，以"刘三姐文化""宁明花山""世界瑶都"为代表的壮、瑶、侗等少数民族文化旅游品牌，以"邓小平足迹之旅"为代表的红色文化旅游品牌，重点建设桂林《印象·刘三姐》、桂林乐满地休闲世界等15个文化旅游项目，以及与文化、民族部门配合建设一批展示壮、侗、瑶、苗等少数民族生产、生活、历史和文化的民族生态博物馆。这些文化旅游品牌的打造，将成为带动广西民族地区经济发展的又一增长极。

越来越多的少数民族地区，认识到要把旅游业与文化产业结合起来，注重并发掘当地少数民族文化的独特性和差异性，并以此为基础积极打造少数民族地区文化旅游品牌。

第三节　事件策划

事件策划，也叫事件营销，在我国企业的营销实践中发挥着越来越重要的作用，是企业品牌传播的有效武器。企业进行事件营销，可以扩大品牌知名度，提升品牌美誉度，培养品牌忠诚度，积累品牌无形资产。

一、事件策划的含义

"策划"一词，从字面意思上看，"策"含有"计谋""谋略"之意，"划"是指"计划""打算"。策划是指形成关于某项工作或事件执行方案的复杂思维过程，是建立在对相关情况全面把握基础上的整体谋划，并且要求对外部环境和突发情况保持一定的灵活适应性。

事件策划，是指企业通过策划、组织，利用富于新闻价值以及名人效应的人物或事件，吸引传媒、社会组织和消费者的兴趣与关注，以谋求提高企业或产品的知名度、美誉度，树立良好的品牌形象，并最终促成产品或服务销售的手段和方法。[①] 事件策划作为营销活动和品牌传播中的一个环节，具有很高的新闻价值和很强的公众话题性，蕴藏着巨大的传播势能，是流传甚广的一种市场推广手段，也是品牌传播的一种有效方式。

二、事件策划对品牌传播的作用

（一）宣传成本低

事件策划，除了主动创造事件外，常用的手法是借势和造势。通过找到品牌与热点事件的结合点，借助人们对社会事件的高度关注，巧借媒体之力，吸引公众对品牌的关注。例如，2019年庆祝中华人民共和国成立70周年前几天，一条"给我一面国旗@微信官方"的信息在朋友圈被接龙，人们的爱国情绪互相感染，助推了这一事件的广泛传播，后来才明白这是腾讯新闻成功策划的一次营销事件。这真可谓成本低又让人难忘的一次事件策划。

（二）传播速度快

数字时代，网络信息传播的即时性、互动性和草根性，为品牌传播提供了契机。由于新闻热点稍纵即逝，事件策划想要达到预期的传播效果，一定要找准人们的兴趣点，快速策划事件并传播，引发人们互动、评论和转发的热情，否则就会错失品牌传播的绝佳时机。例如，2019年8月7日，台湾财经"砖家"黄世聪在一档名为《关键时刻》的节目中，一本正经地称："由于经济不景气，大陆人连榨菜都吃不起了。"他在节目中错把"涪陵"的"涪（fú）"读成了"péi"。这番言论在网上引起热议后，黄世聪在社交平台上回应时笑称："请叫我：榨菜哥或榨菜聪。"他表示欢迎网友寄榨菜给他，并附上了地址。乌江涪陵榨菜于8月11日做出回应，通过官方微博贴出一张寄往台北的包裹照片，感谢黄世聪"推荐了中国已有1000年历史的榨菜""激发中国网友炫fu的聪明才智和热情"，因此安排寄送一箱榨菜至台北，告诉他"我们吃得起榨菜"。乌江涪陵榨菜的这波

---

① 宗振举：《以事件广告策划 行品牌广告传播》，载《声屏世界·广告人》2014年第10期，第202页。

操作引来了很多媒体的报道，实现了品牌的大范围曝光。

（三）营销效果好

事件营销具有深度传播的特点，可以由点及面，带动人们对事件中品牌的全方位关注。事件营销常常通过少量或较少的投入，达到快速制造热点、引发人们热议的目的。如果运用得当，常常会带来二次传播，在事件的发酵中扩大影响，加深人们关于品牌的记忆，对扩大品牌知名度、提升品牌美誉度、培养品牌忠诚度有很重要的影响。

三、事件策划中的品牌传播原则

随着传播媒介和内容的增多，受众常常在信息超载和注意力有限之间抉择或摇摆。而成功的事件策划深谙传播规律，常常能收到事半功倍的效果，引起越来越多国内外企业的重视。从那些成功或失败的事件策划案例中总结经验教训，规避其可能给品牌带来的风险，企业需要遵循的原则有以下三项。

（一）好的创意是第一要素

无论是主动策划还是借势营销，既好且巧的创意是事件策划成功的第一要素。新鲜、有趣、显著的事物总能引人关注，大众媒体也乐于报道。企业在进行事件策划时，想别人之从未想，做别人之从未做，靠新颖别致的创意巧夺眼球，才有望取得品牌传播的良好效果。

（二）找准关联点是关键

事件策划不是在富有新闻价值的事件或人物与品牌之间进行生硬嫁接，而是通过找准彼此之间的关联点，借助人们对热点事件或焦点人物的关注，实现品牌的大面积曝光。在进行事件策划时，要着重考虑找到品牌形象定位、事件核心点和公众兴趣点的交集部分，使品牌与事件自然连接，拉近品牌与受众的心理距离。

（三）遵守社会公序良俗是底线

对于品牌传播，事件策划的运用有着"成也萧何，败也萧何"的作用。有些事件中包含着另类、反常的因素，匪夷所思，即使能够引发人们的关注，却由于违背了社会公序良俗，容易招致法律的严惩和人们的反感。对于此类事件，企业要保持高度警惕，避免一着不慎，给品牌形象造成硬伤。

四、事件策划中的品牌传播策略

（一）研判局势，抢占先机

品牌主需要对社会事件进行研究和预判，找出那些可以与企业品牌建立关联的热点事件，进行筛选和策划。企业通过对目标人群的洞察，充分把握传播时机，让每次事件策划都有机会占据新闻头条，产生话题和讨论，自带能量引发口碑传播，提高消费者对品牌的认知度，进而带来销量转化。

（二）综合运用媒介，放大品牌传播效果

一次成功的事件策划，事中的执行和事前的研判一样重要。在执行阶段，企业综合运用各种媒介，在最短的时间内以最快的速度放大声量，影响更大范围内的人群。移动互联网时代，品牌主研究人们媒介使用习惯的改变，创新运用微博、微信、抖音、小红书 App、带货红人等传播形式，在较短的时间内实现对品牌的密集曝光，放大品牌传播效果。

（三）关注社会效益，强化执行和管理

从普通品牌到优秀品牌，再到卓越品牌，最终迈向伟大品牌，每个品牌都要经历一个漫长的成长过程。企业核心管理人员站位要高，格局要大，要为所处行业做些开创性的工作，代表公众利益发声，将追求社会效益放在显著位置，致力于让我们的社会更加进步，让公众的生活因为有了某品牌而增添一份美好。在今天，品牌不再仅仅是一个符号，企业应努力将品牌打造成一个有温度、有态度、有高度的 IP。

品牌建设不可能一蹴而就，企业在尝到事件策划给品牌曝光带来的甜头之后，还要加强品牌战略的执行和管理，通过系统有计划地塑造富有影响力的品牌。

例如，天与空广告公司为良品铺子策划的"一天就消失的大地沙画"，为银联手机闪付创作的"诗歌 POS 机"，两则案例都匠心独具，别出心裁，引发了主流媒体的竞相报道，在社交媒体上获得了人们的大量关注。

良品铺子 "一天就消失的大地沙画"[1]

2019年8月中秋前夕,良品铺子联合敦煌博物馆,推出了一系列敦煌定制款月饼礼盒。为此,天与空邀请十几位艺术家深入敦煌沙漠腹地,用彩沙精心绘制了一幅巨幅敦煌壁画,展示"一天就消失的大地沙画"。在大漠风沙的作用下,艺术家耗费十天十夜绘制的巨幅敦煌沙画,转瞬间消失于大漠,视频忠实地记录下这令人生憾的壮丽景象,极具禅意,寓意世间美好只在瞬间,正如限量款敦煌月饼礼盒。敦煌大地沙画获得《人民日报》、新华社、腾讯、搜狐、网易、今日头条等几十家权威媒体的报道,并在朋友圈刷屏。

银联手机闪付 "诗歌POS机"

2019年7月15日,在上海陆家嘴地铁站,天与空为银联设计了15台可以打印出诗歌的特殊POS机。城市白领们只需要激活银联手机闪付功能,不打开App就能支付,为山里的孩子捐赠一元钱,POS机里还会吐出一份山里孩子写的诗歌集,让大山里的才华被看见。该活动通过商业和公益的巧妙结合来实现品牌营销的最大化,进一步提升银联手机闪付的使用率。"诗歌POS机"共吸引国内外媒体报道超过300家,其中包括中央电视台,并吸引无数城里人前往地铁站"打卡",现场一度引发拥堵,不得不限时开放展览。接下来,全国200万家包括超市、便利店、餐厅在内的各大商户延伸开展"诗歌POS机"活动,让更多人在参与公益活动的同时实现银联的商业目标。

---

[1] 秦先普:《天与空2019创意案例集萃》,载《中国广告》2020年第1期,第69-70页,有改动。

第四节　公益营销

一、公益营销的含义和作用

(一) 公益营销的含义

关于公益营销，国内外比较一致的看法是，企业将自身经营和社会公益相结合，在承担社会责任的同时，也追求财务回报的增长。

美国营销专家乔·马尔科尼认为，公益营销是一种使公司、非营利机构或其他类似组织互惠互利，促进推销各自的形象、产品、服务或信息的活动。马尔科尼重点强调了公益营销的方式是"互惠互利的合作"，而目的是促进推销形象、服务和信息。

英国营销顾问苏·阿德金斯曾指出：一切与慈善和公益事业相关的广告、促销、公共关系、直销和赞助活动，都可以被称为公益营销。她为公益营销做出的定义得到了广泛的认同。[1]

刘勇、张虎将公益营销定义为企业的营利性目标和公益目标的融合，通过公益活动的有效宣传、执行和消费者的主动参与，为企业树立良好的形象，从而影响消费者的心理及行为，对企业的产品或者服务产生偏好，并优先选择购买该企业的产品或者服务的一种新型营销方式。[2]

综上所述，公益营销也叫慈善营销或社会化营销，指企业将自身的经营活动与某项公益事业（如环保、健康、教育、扶贫、关注弱势群体等）相联系，在承担社会责任的同时，借助新闻舆论的影响和广告攻势，达到推广产品或服务、提高企业形象、为企业带来利润的目的。

公益营销的构成要素有三个：一是企业以经营能力为基础，承担社会责任；二是企业在公益活动中，推广产品服务和品牌形象；三是有关企业公益营销的信息传播要能到达并影响消费者，在品牌和消费者之间建立信任关系，这是公益营销的最高境界，也是企业公共关系工作追求的最高目标。

---

[1] 齐爱荣、由佳卉：《论新形势下品牌公益营销的创新策略》，载《经济师》2016 年第 1 期，第 273 页。

[2] 张立、郑玲：《公益营销与企业盈利能力——基于策略性慈善捐赠的视角》，载《经济经纬》2013 年第 2 期，第 89 页。

(二) 公益营销的作用

公益营销是企业青睐的营销策略，能体现企业的社会责任感，提升品牌美誉度，从而提升企业竞争能力。越来越多的品牌重视结合企业的经营战略、品牌或产品特性，将公益的元素融入营销中，希望为品牌形象加分，起到锦上添花的作用。公益营销的作用主要有三点。

1. 赢得消费者的认可

关于人性假设的理论，如"经济人""社会人""复杂人"，从不同侧面揭示了人类需求的多样性和复杂性，这同样体现在消费活动中。消费者既渴望购买到物美价廉、功能齐全的物品，又希望在这个过程中收获善意，拥有一份温暖与纯真。如果品牌背后的企业主动承担社会责任，回馈社会，在提供优良商品和服务的同时，关心公益事业，就比较容易赢得消费者的认可。

2. 增强企业的盈利能力

除了极少数实力雄厚的公司公益营销横跨多个领域，大多数企业的公益营销活动都选择与品牌和产品高度契合的公益主题，在传播公益理念和践行公益行动的过程中，成功地将企业品牌和产品推广出去，吸引消费者关注，加强与消费者的互动，与他们建立可持续的、情感上的联系，培养顾客忠诚度，影响消费者的购买决策，帮助企业增加销售额，增强企业的盈利能力。

3. 提升品牌形象

企业通过参加和组织公益项目，满足了公众的期待，可以预防社会弊端的产生，营造良好的社会氛围，在解决一些社会问题的过程中，也提升了品牌形象和美誉度。

二、避开公益营销的常见误区

公益营销是品牌传播的有效方式，为了最大限度地发挥其对品牌塑造的正面影响，避免公益营销操作的失范行为，企业公益营销需要避开的常见误区有三个。

(一) 公益营销背离公益目标

一次好的公益营销追求"公益"和"营销"的双赢，而在现实中，有些企业只顾追求营销效果，置公益营销的初衷——为社会担责于一边，在博人眼球、吸引关注之后，却由于背离了公益目标而饱受指责。如肯德基的"Buckets for the Cure"（治愈之桶）活动，承诺消费者每购买1个5美元的粉色炸鸡桶，它就捐赠50美分给著名的乳腺癌防治组织基金会；同时，也推出了用2块炸鸡、培根和奶酪做成的双层三明治。有批评者指出，肯德基正在销售的这种食物充满了能够导致肥胖的高热量、脂肪和钠，而肥胖是乳腺癌的重要诱发因素。接受捐赠的基金会网站指出，超重会让女性绝经后罹患乳腺癌的风险增加30%～60%，该基金会也因与肯德基的关系而饱受批评。

（二）公益营销行为短视化

当前，一些企业热衷于将品牌与公益相结合，以此换取人们对品牌的喜爱，而对企业营销战略与公益事业的关联没有做深入研究，使得企业的公益营销行为呈现零散、断点的特征，难以向目标人群持续稳定地输出品牌形象，建立长久的品牌认知。企业应将践行社会责任纳入企业发展的整体框架，使公益理念成为企业精神文化的重要内核，避免营销行为的短视化。

（三）公益营销重策划、轻执行

企业对确定公益营销主题、制订营销计划等方面给予了较多关注，对执行中有可能遇到的困难估计不足，没有制订相应的应急预案，容易导致良好的公益营销计划落空，使公益营销的效果大打折扣。近年来，有人提出用商业模式来运作公益项目，可以大大提升公益项目的运作效率，这是一种值得借鉴的思路。

三、数字时代品牌公益营销的策略

数字时代的来临，以微博、微信和抖音等为代表的各类应用不断更新，受众面广泛，它们与公益的结合渐成趋势。科技的发展改变了企业的品牌传播环境，企业要制订出适应数字时代的品牌公益营销策略，为企业品牌发展保驾护航。

（一）精选公益主题，打造特色鲜明的公益模式

每个品牌背后的理念、故事以及产品服务千差万别，可供选择的公益营销形式也多种多样，既可以呼应时代的大主题，如环保、健康、教育、扶贫、权利平等，也可以是基于人性细微洞察的社会倡议，如少使用一次性物品，做好垃圾分类，关爱野生动植物，等等。企业受到各种限制条件的约束，只能将宝贵的营销资源投注到精选的公益主题上，通过连续多年的持续推行，打造特色鲜明的公益模式，树立良好的品牌形象。

（二）找准消费者的兴趣点，创新沟通和互动形式

时下，消费者面对纷繁复杂的信息海洋，在繁忙的学习和工作之余，

希望看到一些轻松诙谐的信息，舒缓一下紧张的神经。公益营销不应只是贩卖苦情，制造泪点，可以大胆尝试加入一些娱乐的互动元素，弘扬轻松活泼、乐观向上的正能量。企业通过充分的市场调研，找准消费者的兴趣点，在公益营销中融入沟通和互动的新形式，可以调动受众参与的积极性，增加对品牌的好感度。

（三）结合社交媒体的特点，整合传播以提升公益营销的影响力

社交媒体的强互动性为数字时代的品牌传播开启了广阔空间，消费者越来越渴望主动参与到平台和品牌的互动中，企业需要更加新颖有趣的公益营销方式，通过整合各种媒介来传播，提升公益营销的影响力。一种将公益与游戏相结合的方式，也被称为公益传播的游戏化现象，受到大众的欢迎。如2016年8月上线的蚂蚁森林，它是蚂蚁金服旗下支付宝平台上的一个小应用，是基于绿色金融概念衍生的公益产品。它将消费者的低碳行为在平台上设置为虚拟树的成长能量，虚拟树能量经过不断积累就可以养成虚拟大树，获得一个大树编号，联合阿拉善SEE等公益组织为用户在西部荒漠地区种下这个编号对应的真正的树。[1] 这是以互联网的方式，一端连接着城市低碳生活，一端连接着荒漠化地区的种树治沙，将人们对环境、对自然的关注，变成每日践行的绿色低碳生活。[2] 公益游戏化让公益插上互联网和科技的翅膀，让人们在养成健康生活习惯的同时，也为保护地球环境贡献绵薄之力，在深层次上，建立起了品牌和消费者的情感互动。

还有青梅零食的领导品牌溜溜梅赞助的2020年春运之际的"自取青梅防晕车"公益活动。这场活动一开始是由郑州、济南、西安、武汉、南宁等几个城市自媒体联合筹划的，溜溜梅作为品牌赞助商，洞察了消费者的真正需求，通过物资的调配和人员的配合，为大众归家旅途提供了力所能及的帮助，顺利完成了品牌的价值传递和情感关怀。

---

[1] 申笑梅、王荣华：《企业公益营销的可持续发展研究——以蚂蚁森林为例》，载《市场周刊》2018年第8期，第81页。

[2] 陈皓：《沈钧亮：玩转蚂蚁森林，荣获"地球卫士奖"》，载《金融经济》2019年第21期，第71页。

品牌案例 3-6

自取青梅防晕车　溜溜梅爱心公益给归乡人带来无限温暖[①]

新春佳节即将到来，春运的高峰期也紧随其后，这是各大车站最忙碌的一段时间，送走一批又一批的归乡人，也让我们看到一颗颗迫不及待归家的心。就在这些忙忙碌碌的人群之中，在火车站的一个角落却悄悄出现了醒目的翠绿色宣传海报，上边写着"'免费领取青梅防晕车'公益活动"，引来了许多行人的驻足。一时间，这个小角落变成火车站里最特别的存在。

图 3-1　火车站自取青梅活动图

（图片来源：搜狐网，https://www.sohu.com/a/368364237_100200679）

"自取青梅"活动到底是谁引发的？怎么会选择在火车站呢？

据了解，原来这是一场由城市自媒体机构自发组织的"免费领取青梅防晕车"公益活动。它由自媒体牵头，店家参与，更有青梅食品领军企业溜溜梅品牌方赞助 100 万颗溜溜梅，共同完成此次公益活动。

为什么要选择在火车站做此次的公益活动呢？因为在春节临近之际，游客们在回家旅途中奔忙劳苦，为了缓解人们的晕车之苦并抚慰他们的疲劳之心，活动方刻意提前准备一些清凉油和青梅，希望归乡的人们能舒心地踏上回家的旅途。

挑选青梅实际上也是有缘故的：青梅含有多种天然有机酸，其中氨基酸能防晕车、抗疲劳、解油腻等，这也是晕车之后吃点酸的会感觉到舒服的原因。

一颗小小的青梅变成了这个春节最温暖的存在。此次的公益活动一开始其实很小型，在刚放进火车站的那会儿，关注的人并不是很多，即便有人看到了青梅的摊位和海报，也出于各种原因而止步，并未去了解和参与活动。

[①]《自取青梅防晕车　溜溜梅爱心公益给归乡人带来无限温暖》，见益群网（http://www.cntvsp.cn/shipingnews/zh/2020/0121/zh010627619.html），2020 年 1 月 21 日，有改动。

当有人开始第一个尝试拿取之后，渐渐地便有了更多的人来领取，参与活动的人也随着时间的推移变得越来越多。当知道青梅可以缓解晕车的症状和缓解疲劳时，更多的人到青梅领取处去领取；发展到后面，甚至有许多人自发地把自身的零食或饮品放到桌子上，供归乡人领取。善心与真诚在这个小小的服务平台上被充分发挥出来，更坚定了各大自媒体将此次公益活动举办下去的信心。

自取青梅公益活动虽小，却造成了很大的反响。伴随着各大自媒体的积极参与，青梅公益活动被越来越多的人了解，有扩散至全国的趋势。

第五节　品牌代言人传播

从品牌元素的构成来看，品牌代言人是品牌形象代表的一种重要形式，也是品牌与消费者之间沟通的一座桥梁。企业聘请品牌代言人是全世界公认的一种品牌传播策略。在营销实践中，企业通过支付高额的代言费邀请高热度和高人气的名人来推广品牌和产品，将公众对明星的喜爱和关注投射到所代言的品牌上，建立消费者强烈的品牌认知，从而达到提升品牌影响力和积累品牌资产的目标。

一、品牌代言人作用机制的原理

（一）两级传播模式

传播学有限效果理论的代表人物拉扎斯菲尔德等人在实验和研究的基础上，提出了两级传播模式（图3-2）。该模式不同于早期的"魔弹说"或"注射说"：前者认为大众传播具有强大的威力，能产生子弹打靶那样的效果；后者认为受众是被动地接收信息的靶子或者是针剂注射的对象，大众媒介的信息能够对传播对象发挥强大的作用效果。两级传播模式指出，在大众媒介和为数众多的受众之间，存在着一个关键角色——意见领袖。他们广泛活跃在人际传播网络中，经常为他人提供信息、观点或建议，并对他人施加个人影响。

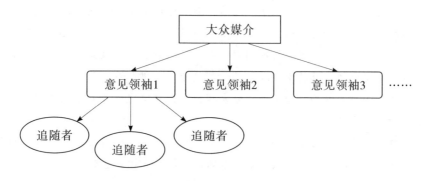

图3-2 拉扎斯菲尔德等人的两级传播模式

(二) 品牌代言人: 消费时代的意见领袖

品牌代言人,包括明星、偶像、网红等,他们是消费时代的意见领袖,因为他们时常在各种综艺节目、影视剧中露面,能够成为各种媒体的热议话题,积累了一定量的粉丝基础,具有超强的带货能力。创造了一波又一波热度的偶像养成类节目,如《中国有嘻哈》《偶像练习生》《创造101》,成就了一批有个性、有梦想的年轻人,以"95后""00后"为代表的年轻消费群体正是在这样一个追梦和造星的流行文化下长大的。各大品牌为了触达年轻消费者,与他们展开对话,培养具有消费潜力的忠诚客户,纷纷选择新兴的流量艺人作为代言人。

 **品牌案例 3-7**

国产潮牌, 借流量明星逆袭①

从2017年的话题性网络综艺节目《中国有嘻哈》开始,越来越多的国潮品牌出现在明星身上。而到《偶像练习生》时,这种现象就更为普遍了。在如今消费升级的大趋势下,对时尚的观点、穿着的态度以及自身的品位都使小众化的潮牌受到年轻用户群体的追捧。

"蔡徐坤的带货能力很强,穿过的款式中80%的销量来源于粉丝。"潮牌 Lost General 近期在大热的《偶像练习生》《歌手》《这!就是街舞》中频繁出现,其主理人尹佳圣表示,明星上身款式的询问度和成交额都有明显提升。"一个明星对单品销量的增长,可达到20%~30%;不过蔡徐坤

---

① 晓青:《流量明星,"带货时代"》,载《中国服饰》2018年第7期,第25页,有改动。

同款会超过这个比例,预售中80%的销量都来自他的粉丝。"

全球品牌专家 Linada D. Hollebeek 认为：affection（情感）能够影响"自我品牌连接"和"品牌使用意图"。"与明星同款"的带货风一方面可以为潮牌带来流量加持,另一方面也可以强化粉丝对潮牌的情感趋同心理。

在国内,"95后""00后"日益成为消费的主体,他们对潮流时尚文化的接受更快,对潮流趋势的敏感度更高。从美国到中国,年轻群体对街头文化所融合的嘻哈、街舞、滑板、篮球、DJ等元素都开始有了一定的了解,在解析这些元素的过程中,他们形成了具有鲜明个性的一套审美体系和文化态度,享受着追逐潮牌的乐趣,从而极大地提升了穿着、收藏潮牌的热情。

而流行文化需要有流量、曝光度高的节目或明星去带动发展,对于一款大家不甚了解的潮牌而言,大众只能够通过明星穿搭、时尚街拍等方式去了解它,并结合自己的审美倾向作为购买与否的依据。

"综艺节目的曝光其实是座桥,它给了消费者认识品牌的快速途径,至于如何加深了解,进而转化成顾客,那还需要品牌方面去做出更多的努力,特别是品牌理念、文化方面的输出,这些才是能真正影响并巩固我们目标人群的做法。"Randomevent 主理人 Younker 表示,被高流量明星或热门综艺带货之后,还是需要"师傅领进门,修行在个人"。

Younker认为,明星成为时尚风潮的引领者,实际上充当了潮牌与消费者的"红娘"角色,但归根结底,潮牌必须要建立一套自己的文化体系,如此才能留住消费者,这就需要潮牌努力修炼"内功"。

总而言之,不管是奢侈品牌还是潮牌,对于主流消费者之争的品牌来说,在愈演愈烈的粉丝经济面前,恐怕没有品牌想做"局外人"。因为做"局外人"就意味着被边缘化,跟上年轻人的脚步,才是王道。

二、品牌代言人传播的利弊分析

品牌代言人传播对品牌形象的塑造是一把双刃剑,当品牌与代言人之间匹配度高,双方合作良好,就能给代言的品牌带来诸多益处,反之则会带来一些弊端。

（一）品牌代言人传播的益处

1. 提升品牌知名度

品牌代言人通常在某个领域已经积累了一定的声望，利用自身的光环效应，为品牌带来大量曝光，吸引自身粉丝的追捧，从而辐射和带动更多的人关注其所代言的品牌，提升品牌知名度，使品牌从众多同质化的产品中脱颖而出。

2. 提升品牌的经济效益

签约品牌代言人要支付一笔不菲的费用，历史上不乏企业由于过高的品牌代言费用被拖垮的案例。企业愿意支付这笔费用，是因为在很多情况下，品牌代言人传播的方式通过利用代言人的声名和人格魅力，在为企业带来知名度的同时，还能为品牌做优质背书，直接增加产品销量，提高市场份额，为品牌带来显著的经济效益。

3. 增强消费者的品牌认知

现如今，品牌与明星的关系是一种共生的伙伴关系。企业早已将品牌代言人的社会声望以及美誉度纳入了考虑范围。品牌代言人美誉度相对较高，消费者更容易对其代言的品牌产生美好的品牌联想，加深对品牌的好感，增强消费者的品牌认知。反之，如果品牌代言人一旦陷入负面舆论，也会殃及所代言的品牌和产品。

（二）品牌代言人传播的弊端

1. 选择了不合适的品牌代言人，影响消费者对品牌的认知

有些企业选择品牌代言人，过于看重名人效应，希望借名人的名气打开品牌知名度，而对品牌形象、产品服务以及代言人的专业领域和个人特质缺乏深入研究，选择了不合适的品牌代言人，不能让人信服，代言效果不太理想。

2. 品牌代言人的负面舆论，会使品牌形象受影响

品牌代言人作为社会公众人物，其一举一动都容易受到过分关注和解读，不允许出现任何有损私德的行为。如果品牌代言人有触犯法律或违背公德的不当言行，也会连累代言品牌的形象，这样的例子不胜枚举。

3. 一人代言多品牌或同一品牌使用多个代言人，会影响消费者的品牌认知

当红明星由于人气高，往往会接下多个品牌的代言，这本来对明星和品牌方来说是件双赢的好事，但若运用不当，就会稀释对代言品牌的传播

效果，使消费者在认知层面产生混乱。再来说说同一品牌使用多个代言人的情形。出于种种原因，品牌方会在不同时期更换品牌代言人，以保持品牌的生命力。有时在母品牌之下，也会为子品牌启用不同的形象代言人。无论是一人代言多个品牌还是同一品牌使用多个代言人，一定要保持品牌传播基调的前后一致，否则会破坏品牌形象的统一性和整体性。

三、如何选对品牌代言人

为了使品牌代言人助力品牌传播，企业应根据自己的发展计划、短期目标和经费预算来考虑选择什么样的代言人，不必一味追求费用最高、名气最大、声量最强的，适合的就是最好的。

（一）选择与品牌契合度较高的代言人

企业先要明确自己想要打动的目标受众，再考量品牌代言人的形象、实力、声望、代言费等因素，选择和品牌高度契合的代言人，通过借力使力，让消费者对品牌产生认同。例如，2019年3月，景甜正式代言饮用水品牌景田。景甜曾在采访中透露过"我爸姓景，我妈姓田"，她的知名度相对较高，而景田也一直以"水中贵族"做宣传，再加上名字的谐音梗自带话题，可以为饮用水品牌景田引流，提高消费者的品牌认知度。

（二）认真考量品牌代言人的美誉度

品牌代言人的美誉度是关乎品牌安全的重要问题，一旦品牌代言人被曝私德有损，或者违反法规，就会对品牌形象产生"爆雷"的效果，给品牌带来毁灭性的一击。羽坛王子林丹的个人私生活丑闻被曝，对于一大波林丹代言的品牌，如万宝龙、雪铁龙、日产、尤尼克斯等，可谓飞来横祸。品牌方能够做的是通过事前研判、分析来预防，必要时在合约中增加相关的道德和法律条款，最大限度地降低品牌代言人负面事件有可能对品牌带来的风险。

（三）关注品牌代言人代言的数量和质量

品牌代言人如果同时代言的品牌数量过多，甚至有来自同一行业竞争对手的产品，这种情况会干扰消费者对品牌信息的接受，应予以避免。同时要关注品牌代言人代言品牌的质量，是一线品牌抑或二线品牌，还是刚上市的新品牌。因为人们很容易在代言人和被代言的品牌之间建立联系并产生联想，代言人的个人特质和修养也在传达品牌的个性和内涵。

四、品牌代言人趋向多元化：数字时代品牌代言新动向

进入21世纪以来，一个信息赋权消费者的社会正在形成，消费者获取信息的渠道增多，加剧了品牌之间的竞争。企业努力探索多样化的品牌代言人类型，除了动画人物这种虚拟的品牌形象代表，在明星、专家之外，企业总裁、新晋网红、典型的生产者、典型的消费者等，都可以作为品牌代言人的选择。

从2011年陈欧为自己创办的聚美优品代言，到2014年格力集团董事长董明珠亲自为企业代言，人们对这种创新的品牌代言人形式接受程度很高。董明珠曾对自己担任格力的代言人公开做出回应：她更多是代表承诺而出现，而无关本人美或不美。董明珠说，很多广告都是明星代言的，很多消费者是以崇敬、信任的态度选择产品，但买回去以后用的效果是截然不同的，这伤害了消费者的信任，对企业来讲伤害也非常大。短短数语道出了品牌代言人代言品牌的真谛。

有学者对普通人代言品牌的草根代言现象进行了开拓性的研究。他们借用互联网流行语"草根"与"平民大众"等同的含义，将普通人的代言称作"草根代言"。认为草根代言的形式更契合数字媒体的特性以及"你时代"的互联网精神。数字媒体骨子里散发着"平民""共享""近距离"等气息，这些东西本能地回避了传统媒体的弊端（如覆盖面窄、渠道单一、彼此隔离等），体现了新时代的互联网精神——发挥每个人的价值和为每个人创造价值。它围绕信息、人、事等基本点，通过信息找到个人，然后对环境和事件进行信息处理，以便分享数据、交流情感并沟通理念。选拔草根代言人的过程具有广泛的群众性，代言人出自消费者群体，又高于消费者，具有强大的示范效应。同时，草根代言人在代言传播过程中可以进一步深入群众，与用户进行互动，激励他们亲身体验代言产品，开发用户原创内容，在社区环境中分享信息，协助企业多角度发挥数字媒体的价值，全方位诠释互联网精神。[1]

以李子柒为例，她是美食类自媒体的典型代表，从美拍平台起步，通过微博的流量发力，成了知名美食视频博主，被誉为"2017年第一网

---

[1] 贺涛滨、许新宇：《草根代言：文化研究视阈中品牌传播新动向》，载《企业经济》2017年第1期，第16页。

红"。作为美食系短视频的成功典型和"古风美食"视频的开创者,李子柒旗舰店于2018年8月在天猫上线,主打美食产品。截至2019年12月,李子柒的抖音号粉丝数达3124万,微博粉丝数为2136万,美拍粉丝数为250万,哔哩哔哩粉丝数为300.4万,天猫平台订阅数为283万。①

新时代涌现出的网红以及平民代言人,如李佳琦、李子柒等,都是品牌代言形式的创新,预示着品牌代言人传播在媒介多元化格局下进入了新的历史发展阶段,有着广阔的发展空间,我们应当给予积极的关注。

品牌案例 3-8

从李佳琦到李子柒——新感性动员②

2019年年底以来,直播、短视频领域的李佳琦现象、李子柒现象,引起了社会各界的广泛关注,其影响力还大尺度地"走出去"。这一切都是在完全民间的市场化环境下"不经意"间完成的,其背后的特点值得我们深思。

李佳琦现象和李子柒现象已经不能简单地套用上一历史周期和传统媒介形态的文化经验。由于移动互联网领域的快速迭代特征,即便是在直播、短视频领域的内部,从资本运营到内容生产,在过去的3~4年里,也都发生了多维度、多层次的迭代、升级。

大众通过观看李佳琦测评、李子柒劳作,产生了仿佛自己也使用、也体验过的代入感。观看的结果也不局限于产生了一个"消费的决策",而更多的是与意见领袖共享某些感性的经验。李佳琦的宠物、夸张的语言表达、分享测评的知识性,这些细节都有可能触动大众某一人格或某种经验,产生共情点,以此形成对差异巨大、内部也呈现多重复杂特质的大众有效的感性动员方式。

不同于传统互联网时代的意见领袖,移动互联网时代的网红、明星与受众、粉丝结成了更为随机、更为平等并且可以高频互动的传播、消费逻辑,并将日常生活经验重新组织和凝结,形成了一个在审美的某些层面上达成共识,且覆盖不同圈层、跨越广阔地域的当代共同体。

---

① 桑子文、陶亚亚:《"李子柒"的IP变现逻辑》,载《中国文化报》2020年1月18日第2版。
② 苏展、孙佳山:《从李佳琦到李子柒——新感性动员》,载《环球时报》2020年1月19日第7版,有改动。

虽然这一感性共同体的各项特征还有待持续深入地挖掘，但是无论从规模、体量，还是从渗透力、影响力来看，它都直接影响着当代社会的审美认知、社会心理和情感结构，并且已经内化到当代数字经济乃至当代社会的肌理之中，并发挥着不可或缺的推动作用。

在这个意义上，李佳琦现象、李子柒现象的产生绝不是偶然，其意义也不仅仅限定在国内范畴。以直播、短视频等为代表的这一媒介的中国经验，已经开始具有令主流社会错愕的公共文化功能，对推动我国媒体融合向纵深发展，增强我国的文化竞争力、文化感召力有重要的文化战略价值。这种新的动员方式和它带来的文化效应，对移动互联网的世界总体进程和即将到来的5G时代，也同样具有普遍性的示范意义。

第四章
数字时代的消费者洞察

> **本章提要**
>
> 唐·E. 舒尔茨等人提出的 SIVA 系统,明显区别于传统的 4Ps 营销组合策略,这是一种以消费者为中心的方法和工具,为管理者提供了一个理解消费者的理论模型。
>
> 目前,有关消费者购买决策过程的代表性理论是消费者决策漏斗模型和消费者决策流程模型。
>
> 影响消费者决策的因素包括人口特征、心理因素、文化因素、社会阶层、参照群体、家庭和家庭生命周期等,这些为品牌传播如何影响消费者的决策提供了一个思考框架。
>
> 最后,介绍消费者调查的过程和方法,包括调查设计、样本选择、调查方法、数据与结果分析四个方面,以获得关于消费者的深刻认识。

> **本章学习要点**
>
> - SIVA 系统
> - SIVA 系统与 4Ps 系统观点的对比
> - 消费者决策漏斗模型
> - 消费者决策流程模型
> - 影响消费者决策的因素
> - 消费者调查过程
> - 消费者调查方法

第二章从品牌传播生态的角度出发，提出了以消费者为中心的品牌传播策略。有效品牌传播策略的制定和选择，离不开对消费者的认知和深入洞察。本章将对数字时代的消费者洞察进行较为全面的分析。以消费者为中心，站在消费者的角度来思考和行动，应当成为组织上下一以贯之的思维方法和行动指南。

第一节 SIVA 系统：一种以消费者为中心的工具

经济全球化加剧了企业之间竞争的激烈程度，数字技术赋权消费者，消费者获取信息的媒介来源广泛，选择不断增多，一个消费者主权崛起的社会在加速形成。"消费者至上""让顾客满意""顾客第一"成为社会各界的共识。以消费者为中心，是一个说起来容易却很难执行到位的理念。

唐·E. 舒尔茨等人在《重塑消费者—品牌关系》中指出，传统的4Ps营销组合策略是基于"供应链"的商业模式来运作的，这类企业将工作重心放在企业能够为市场创造或者提供的价值上，相对较少地去了解消费者真正的需求或动机。对于企业而言，最重要的是通过产品、价格、渠道和促销的完美配合，运用向外输出式的推式传播，最大限度地让消费者多买产品。

与"供应链"模式相反的是"需求链"模式，该模式始于消费者的需求，先通过市场调查了解消费者的需求，再来开发消费者需要的产品和服务。以消费者为中心是这类企业一切工作的重心。SIVA 系统作为一种新的方法，在"需求链"的企业中被应用，帮助企业思考开发消费者—品牌关系。

一、SIVA 系统简介

SIVA 系统是以消费者需求为基础的方法，企业借助这一系统来改变策略过程，转变为以消费者为导向。研究和营销团队根据这一方法总结出消费者的需要，然后营销者利用这些信息来为消费者搭配符合要求的产品。SIVA 从消费者的需求出发，也就不需要了解产品是否符合消费者的需求。相反，适当的推式或拉式传播程序也就自然而然地呈现于对用户需求的分析中。SIVA 是对营销方法的再概念化,主要基于消费者的观点来发展营销。

海尔推出的顺逛平台即是很好的例证。它从用户的需求出发,为用户提供定制化产品,致力于成为一家提供一站式智慧家庭解决方案的社群交互平台。它先后推出网页版和 App 版本,涵盖海尔在内的数百个产品品牌,以及美食、洗护、母婴等数千个兴趣圈子。平台将用户与品牌连接起来,使他们以社群为纽带进行交互。用户既是消费者,也是分享者,还可以利用平台和品牌资源实现小数据定制,体验匹配家庭场景的差异化产品与服务。[①] 互联网平台的创新性运用、线下各部门的通力合作,使最大限度满足消费者的需求成为可能并得到实现。

二、SIVA 系统的内容[②]

(一)解决方法(solutions,缩写 S)

消费者的问题:如何解决我的困难?对于我需要的、想要的、渴望的,所能提供的解决方案是什么?

SIVA 系统的出发点和核心是为消费者面临的问题找到解决方法,这是使消费者—品牌关系密切的基础和关键。传统的市场营销职能过于注重产品及其功能的更新和改善,没有将消费者真正的需求考虑进来。现实生活中令消费者感到不满意的地方,企业经过认真研究之后,设计出一套行之有效的解决方案,下一步便是通过各种传播途径告知消费者这种方法。例如,以猫眼电影、淘票票为代表的电影购票 App 的出现,使城市人群可以购买到更实惠的电影票,追求更优质的观影体验,推动影院、消费者、发行商三方共赢的市场局面的形成。

(二)信息(information,缩写 I)

消费者的问题:在哪里能够找到解决我所面临的问题的方法?

当代社会,人们只需轻轻触网,海量信息就会扑面而来。表面上,人们获取信息渠道多样便捷,现实情况却是信息泛滥与信息匮乏并存。消费者每天被各种营销广告信息包围。这种营销机构及其工作人员传播广告的

---

① 夕拾:《后电商时代:以诚信为基石的物联网社群生态》,载《互联网周刊》2018 年第 18 期,第 30−31 页。
② [美] 唐·E. 舒尔茨等:《重塑消费者—品牌关系》,沈虹等译,机械工业出版社 2015 年版,第 48−51 页。

方式基本解决不了消费者的问题。

对于营销机构及其工作人员，首要的挑战是识别消费者需要什么种类和级别的信息。无论是以企业为主导的推式营销，还是以消费者为主导的拉式营销，其共同点都是要辨别消费者想要什么信息、如何获取这些信息。即信息的内容与传输方式都是营销者需要重点考虑的问题。

一旦消费者获得消息（注意：我们说的不是"营销者发布的信息"），信息的价值就会得到体现。这里，我们建议用价值替换掉4Ps中的第三个P（价格），这也就是SIVA模型里下一个重要的元素。

（三）价值（value，缩写V）

消费者的问题：所提供的解决问题的方法的价值是什么？它能否解决我的问题？为了获取这种方法我需要付出什么？

在SIVA系统中，消费者从对价格的专注转向寻找和确认企业提供的解决方法的总体价值，自己需要付出的金钱与时间，他人使用该解决方法的经验总结，等等。

在经济学家看来，价值是指与竞争对手相比，顾客拥有或使用某一产品或服务所获得的总利益与总成本之间的差异。营销机构及其工作人员需要引导消费者正确认识和看待自己从解决方法中获得的总体价值，如节约的时间、无缝隙的服务、愉悦的体验、更长远的受益等，而不是仅仅关注价格，这对建立持续的消费者—品牌关系大有裨益。

一旦确定了解决方法，适时提供了平衡价值的信息，也就是受益减去代价，营销者就可以提供消费者所需要的全套的解决方案了。所以，在SIVA系统中用获取来代替渠道。营销者提供获取方式给消费者，了解他们需要什么、什么时候需要、在哪里需要以及需要的程度如何。当然，这其中也包括以消费者信息为主导的拉式营销。

（四）获得（access，缩写A）

消费者的问题：去哪儿找解决方法？

今天我们不再考虑如何将产品带给消费者，而是使用SIVA系统考虑如何带给消费者解决方法。可口可乐的目标就是永远不要与消费者保持一臂之遥，所以现今可口可乐的宣传可谓是铺天盖地。

如今，问题不在于使用什么种类的物流系统（通常都是供应链商业模型的核心），而更多的是考虑用什么类型的分销系统才能方便消费者获得产品或服务。所以消费者—品牌关系模型不再是以渠道为主，而是要考虑营销者能否提供一个最快、最便捷并且便宜（包括时间和费用）的方式来获取产品，并建立持续的消费者—品牌关系。

SIVA 系统的目标在于代替传统的 4Ps 系统，营销者对消费者而言不再只是供应商，而是服务者或共同创造者。SIVA 系统的目的在于针对每个市场细分领域提供一个完美的解决方案、信息、价值和获取的组合。如何定义、设计和传输这些组成部分是营销者面临的重要挑战。显然，从消费者的角度来做，能增大成功的概率，这也就是传统的营销方法总是使用推式的信息却并不总是成功的原因。多种形式的拉式传播是有必要的。

那么，SIVA 仅仅是个更好地帮助营销者做他们一直在重复做的事的工具吗？当然不是，我们认为 SIVA 支持并建立了真实的营销概念——找到消费者的需求并在满足他们的时候盈利。SIVA 也提供了一个完全不同的方式来策划、开发消费者—品牌关系。两个系统的观点差异见表 4-1。

表 4-1 4Ps 系统与 SIVA 系统的观点差异对比

4Ps 系统的观点	SIVA 系统的观点
产品	为消费者的问题提供解决方案
价格	为消费者的问题提供信息
渠道	为消费者提供有价值的解决方案（让消费者同时赢得价格与价值）
促销	为消费者提供最快、最便捷并且便宜的获取产品的方式
整个过程的终端是销售或市场	以消费者的需求来驱动整个过程

品牌案例 4-1

数字时代，SIVA 系统在星巴克（Starbucks）的运用[①]

星巴克将自己的品牌价值主张凝练为：用每一杯咖啡传递星巴克独特的咖啡体验。星巴克始终着眼于高档咖啡市场，为消费者提供优质咖啡、

[①] 整理自星巴克中国官网（https://www.starbucks.com.cn/）；谢园：《揭秘星巴克首席数字官》，载《成功营销》2014 年第 10 期，第 52-54 页；韩梅蕊：《打造数字"第四空间"》，载《成功营销》2013 年第 6 期，第 6-7 页；年双渡：《拥抱数字技术 星巴克变身科技巨头》，载《中国商报》2015 年 3 月 3 日第 8 版。

优质服务和可供客人消磨时光的舒适环境。数字技术推动 SIVA 系统在星巴克的应用，可以概括为四个方面。

1. 拥抱数字化：消费者在哪儿，星巴克就去哪儿

2008 年，星巴克创始人舒尔茨再次担任公司 CEO，他敏锐地预判到这个时代最大的变化就是数字媒介对人们生活状态的影响，他意识到必须把这个时代特征迅速融入到星巴克的产品和服务之中。自此，他做出了许多重大决策：明晰星巴克所处的时代背景，重新定位星巴克在其中的角色。他坚持投入 IT 基础建设、投资 Square 科技公司，并任命了"首席数字官"，在企业内，亲手将星巴克带进数字新时代。

"我们不仅要在星巴克门店的这四堵墙以内有所作为，而且必须在移动平台和社交媒体上面有所作为。向顾客传递星巴克体验时，不仅仅是在我们星巴克的物理空间里面，我们希望将它延展到社会化媒体和数字的空间，包括移动的平台上。"星巴克咖啡公司主席、总裁兼首席执行官霍华德·舒尔茨（Howard Schultz）在接受《成功营销》专访时说道。

2. 数字化战略：优先选择那些能连接消费者、与消费者互动的领域

随着数字技术在消费者的生活中越来越重要，首席数字官（chief digital officer，以下简称"CDO"）这一职位开始在企业中大量涌现。

星巴克的首位 CDO 由 Adam Brotman 出任，他掌管着 110 人左右的团队。他要负责星巴克整个核心的数字业务，包括全球数字营销、网站、移动终端、社交媒体、Starbucks card、顾客忠诚计划、电子商务、Wi-Fi、星巴克数字网络（Starbucks digital network），以及新兴的店内数字及娱乐技术。

从 2012 年 CDO 设立以来，团队的工作主要集中在移动支付和客户忠诚计划：推出了有支付、预订功能的 App，开发官方 App 以外的移动支付方式；调整会员系统和会员项目，整合会员卡与移动平台；等等。

2009 年，星巴克刚刚发布自己的第一款手机应用时，没人能料到它会成为今天在移动互联网最活跃的零售公司之一。2011 年，星巴克的 App 整合了移动支付功能，用户通过会员卡号登录账户后，不仅可以查询所有个人账户信息，还能在此直接完成对会员卡的充值服务。在星巴克门店消费时，在收银台直接扫描手机应用中的会员账号二维码，就能完成支付。

3. 打造数字"第四空间"：实体零售与数字渠道融合，与消费者建立更紧密的情感连接

星巴克试图创造一个空间，它不仅仅是一个实体的"第三空间"，而

且还要在数字媒体和社交媒体领域不断开拓，尝试新的创意，为顾客打造新鲜时尚的星巴克"第四空间"。

近两年，微信吸引了诸多品牌的关注。在这个比较私密的平台上，消费者期望得到的是有针对性的信息和个性化的互动。在微信中加"星巴克中国"为好友，微信粉丝只要发一个表情符号给星巴克，无论是兴奋、沮丧、或忧伤的表情，立刻能获得按其心情特别调制的音乐曲目，和星巴克展开一场内容丰富的对话。

当消费者添加星巴克为好友时，平台不会直接去推销什么，而仅仅是聊天，这是一种全新的互动和交往方式。在这个案例中，星巴克并没有把微信作为一个投放广告的媒介，而是一个增强品牌体验、与消费者互动的平台。

除此之外，为配合早餐新品，星巴克推出了"早安闹钟"的活动。用户下载星巴克中国 App，设定起床闹铃（最晚为上午 9 点）。闹铃响起后的一小时内，走进任意一家星巴克门店，就能在购买正价咖啡的同时，享受早餐新品半价的优惠。"早安闹钟"这款应用，除了带给顾客独特的星巴克体验，还能最终促使他们达成消费。

星巴克的应用显然正在各个层面上推动业务发展。比如，该应用帮助推广了星巴克的顾客忠诚计划——星享卡，因为拥有了这款应用，跟踪购买记录并获得赠饮或其他礼品就更加简单了。

4. 大数据平台+外送服务：无限接近消费者，形成新的增长极

星巴克全球市场计划经理帕特里克·欧·汉根曾在美国圣地亚哥举办的 Esri 用户大会上告诉参会者，星巴克正在使用一个叫作 Atlas 大数据平台系统的内部绘图和商务智能平台，以此来决定在哪儿开设新门店。Atlas 的使用遍及全世界，这些区位数据还有一些其他意想不到的用途。星巴克的数据分析方法不仅仅对门店选址有利，还能利用当地智能手机的用户数量，决定在美国南方州市的哪一区域进行手机应用优惠推广。

为了更加接近顾客，尤其是年轻顾客，2018 年 9 月，星巴克与阿里巴巴旗下饿了么团队合作，上线专星送外卖业务；2019 年 5 月，又正式推出在线点、到店取服务业务。同时，星巴克正在美国迅速推进其配送计划。这家全球咖啡连锁巨头当下在效仿其第二大市场中国，在那里已经有先例证明，配送可以有效促进销量增长。

第二节　数字时代下的消费者决策过程

以消费者为中心的 SIVA 理论，强调企业以消费者的需求为起点来构建组织的功能结构，为消费者的问题提供解决方案、信息、价值和获取方式。本节从数字时代下的消费者角度出发，分析消费者是怎样做出购买决策的，以及影响消费者决策的内部或外部因素有哪些。

广义的消费者决策过程是指一个完整的消费者购买过程，需要经历问题识别、信息搜索、选择性评估、实施购买以及购后评价等环节。如在智能手机普及的今天，某消费者为了改善跑步体验，萌生了购买一款无线蓝牙耳机的需要；该消费者在经常使用的电商平台上开始搜索有关蓝牙耳机的信息，在综合考虑性能、价格、款式、个人偏好等多种因素之后，消费者下单购买；最后，在物流配送服务的帮助下完成了整个消费过程；事后，消费者基于此次消费行为可以在购买的平台上发表相关评价。

目前为止，关于消费者决策过程的理论[1]，比较有代表性的是消费者决策漏斗模型、消费者决策流程模型。

一、传统的消费者决策漏斗模型

广告界前辈路易斯（E. St. Elmo Lewis）于 1898 年提出了消费者购买漏斗（purchase funnel）模型，以线性的流程清晰地展现了消费者面对品牌时的购买决策过程。根据市场研究公司 Forrester Research 在 2007 年研究报告的总结，传统的漏斗模型假设消费者与品牌的关系可以分为五个阶段，即品牌认知（awareness）、筛选和考量（consideration）、好感（preference）、行为（action）和品牌忠诚度（loyalty）。这五个阶段构成的消费者决策流程有三个重要特点：连续、线性、自上而下。品牌可以在每个阶段对消费者施加影响。该模型曾在营销和品牌传播领域发挥了长久的影响力。

---

[1] 粟建：《消费者决策流程：演变、重塑和争论》，载《IT 经理世界》2015 年第 21 期，第 52-53 页。

从 PC 互联网到移动互联网时代,该模型在面对和解释现实时愈发显得力不从心,受到了诸多批评。第一,该模型假设消费者的消费行为都是理性决策,建立在信息的收集和分析的基础之上。现实情况是情感和非理性的因素在消费决策中起了很大的作用。第二,传统的漏斗模型是线性且连续的,而事实是,消费者可以从这五个阶段的任何一个环节介入,甚至可以跳过其中的一个或者多个环节。互联网环境下的消费者从考虑到下单,过程复杂而又短暂。第三,该模型提出时的信息技术和媒介环境相对简单,在指导品牌与消费者关系的建构上发挥了较大影响,企业可以恰当运用该模型在每个阶段对消费者施加影响。

二、数字时代的消费者决策流程模型①

(一)消费者的决策经典流程模型

随着消费社会的全球化,消费者享受到了前所未有的便利,选择机会增多,主动权变大,传统的消费者购买漏斗模型已无法概括数字时代的所有关键购买因素。2009 年,麦肯锡咨询公司提出了更能反映互联网时代消费者新变化的消费者决策流程(consumer decision journey,CDJ)理念。在经典流程中,消费者会进入扩展的考虑和评估阶段,在进入忠诚度环之前或进行新一轮的考虑和评估,这可能导致最后转向其他品牌(图 4-1)。

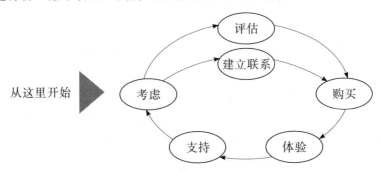

图 4-1 消费者决策经典流程
(图片来源:麦肯锡公司中国网)

---

① David Edelman,Marc Singer:《塑造消费者决策新旅程》,见麦肯锡公司中国网(https://www.mckinsey.com.cn/%e5%a1%91%e9%80%a0%e6%b6%88%e8%b4%b9%e8%80%85%e5%86%b3%e7%ad%96%e6%96%b0%e6%97%85%e7%a8%8b/),2016 年 7 月 26 日。

（二）优化后的决策流程模型

2015年，麦肯锡更新了这套理论。新的消费者决策流程经过优化设计，压缩了消费者考虑和评估的步骤，直接将消费者置于忠诚闭环之中并锁定。这好比压缩恋爱阶段直接闪婚。2015年新版的最大变化在于麦肯锡认为品牌不仅能被动地对消费者的决策流程施加影响，而且能够在数字营销工具的帮助下主动重塑消费者的决策流程。重塑消费者决策流程的结果就是品牌可以压缩甚至去除消费者的考虑和评估阶段（图4-2）。

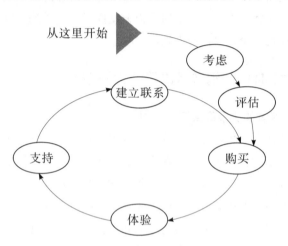

图4-2 优化后的消费者决策流程
（图片来源：麦肯锡公司中国网）

这个工具的强大之处在于，它为品牌的数字营销提供"合法性"和"合理性"背书，因为它表明企业在社交媒体和数字渠道的投入会带来丰厚的回报，品牌在消费者购买前的营销以及对口碑的维护可以转化为最终的销售或者重复购买。另外一个强大之处在于，它能包容并完美融入几乎所有的数字营销新思维和新方法，包括从体验经济到粉丝经济，这使营销机构和人员的社交平台选择、内容策略和互动方式有了系统支撑，让数字营销不再盲目和盲从。

David C. Edelman和Marc Singer认为消费者决策流程不仅是品牌可以依赖的营销工具，更是品牌竞争力的一部分。企业应该从被动适应转向主动改变消费者的购买习惯，努力让企业具备重塑消费者购买习惯的能力。这些能力包括服务的自动化、体验的个性化、互动的场景化和持续创新。

对消费者决策流程模型的批评主要集中在：这些模型的落脚点是"购

买"而不是"体验",本质上仍然是以品牌的利益作为出发点,而不是消费者的需求。此外,品牌是否有能力重塑消费者决策流程?营销邮件会被忽略,品牌视频会被跳过,场景应用会被废弃,所有基于用户体验的活动从一开始都有可能被消费者过滤掉。

第三节 影响消费者决策的因素

我们在生活中经常会遇到两个职业身份相似、受教育程度和经济收入差不多的人,在品牌选择与产品使用上表现出很大的区别。是哪些内部或外部的因素影响着消费者的决策?了解影响消费者决策的因素,为我们思考品牌传播提供了一个基本框架,它们构成了企业在制定品牌传播策略时应该考虑的重要方面。

一、影响消费者决策的内部因素

(一)人口特征

消费者的人口统计学特征包括性别、年龄、职业、收入、受教育程度、家庭成员构成及地区分布等情况,这些都会对消费者的购买意愿和购买行为产生显著影响。

关于我国人口数据的资料来源有:国家统计局、联合国人口司、中国人口发展研究中心以及各种研究院所发布的人口数据及特征等信息。企业应当充分利用各种可靠的二手数据和信息,综合分析来制定企业的业务战略、品牌发展和传播策略等。

根据国家统计局公布的数据,从人口总量来看,2018年年底,全国总人口为13.95亿,依然是世界上人口最多的国家。从人口年龄结构来看,2019年,我国65岁及以上老年人口占总人口的比重将超过12%。我国人口结构经历了一个由年轻型的人口结构向老龄型的人口结构转变。从人口地域分布来看,我国人口分布由以农村为主向以城镇为主转变。2018年,我国城镇化率为59.58%;预计2019年将继续增长,突破60%。从年轻人口受教育水平来看,我国20~24岁年龄组的平均受教育年限(2013年平均受教育年限为11.19年)已经超过了高收入国家的平均受教育年限(同期高收入国家20～24岁年龄组的平均受教育年限为10.35年）。另外，我国18～22岁年龄组的高等教育入学率平均为28%，高于中等偏上收入国家的平均水平（21%），相当于高收入国家农村地区的平均水平（27%），但与高收入国家的平均水平（55%）还有较大差距。

基于联合国人口司2019年发布的《世界人口展望》数据，对未来中国人口的发展趋势进行展望和分析，基本判断如下：①我国即将进入人口负增长时期。②我国将经历一个超老龄社会时期。根据《世界人口展望》2017年修订版，预计2034年65岁及以上老年人口占总人口比重将超过20%，进入超老龄社会。③我国城镇人口将进一步向城市群聚集，预计2048年进入负增长。联合人口司发布的《世界城镇化展望（2018版）》预测，我国城镇人口的峰值为2047年的10.93亿。从城市群来看，未来我国人口向大都市圈聚集的效应会更加集中。未来，我国城镇人口超过100万的城市将由2020年的134个增加到2025年的162个，2030年增加到173个，2035年将增加到183个。①

研究表明，人口特征的因素变动会对居民消费结构产生显著影响。1998—2017年，我国居民消费结构变化明显，食品烟酒及衣着支出比重下降，而医疗保健、交通通信及教育、文化、娱乐支出比重上升，由此可以看出，居民生活水平有所提高，更加注重生活质量。②企业要深入分析消费人口的统计特征及其变化，瞄准竞争相对较小、发展潜力更大的新兴市场，以期获得长足的发展。

（二）心理因素

消费者做出购买决策时，心理因素的影响也十分重要。

1. 动机

当人们感到某方面存在不足时就产生了需要，会萌生通过购买商品或服务来满足需要的内在动机。亚伯拉罕·马斯洛建立的需求动机层次理论为解释动机提供了较为简便的方法，因而流传甚广。他假设人的动机有五个层级，由最基本到最高级依次排列。处在最低层级的是生理需求，这是人生存下去的最基本要求；第二级是对生命和财产受到保护的安全需求；

---

① 黄匡时：《新中国70年人口变迁：回顾与展望》，载《福建行政学院学报》2019年第4期，第42-47页。
② 乔云霞、武俊鲜：《人口特征变动对居民消费结构的影响》，载《中国流通经济》2019年第6期，第95页。

第三级是希望被群体接纳的社交需求；处于较高层级的是自尊需求和自我实现需求。在自尊和自我实现需求方面要求较高的人希望成为更好的自己，超越他人。

品牌传播信息制作从消费者需求的哪一个层次出发，是企业必须认真思考和面对的一个课题。玛氏食品公司推出的士力架花生夹心巧克力的广告语"横扫饥饿"，产品定位是"能量补充"，着眼于吸引和满足消费者的生理需求，暗示了该产品含有运动和饥饿时所需的基本养分，在竞争激烈的糖果巧克力市场中开辟了一条新的道路。保险公司的产品宣传大都在满足人们的安全需求方面大做文章。箭牌公司的绿箭口香糖通过《糖纸恋人》的广告传达"Meaningful Connection"（有意义的连接）的品牌理念，吸引年轻消费者的关注并与他们产生互动，满足了年轻人交友的社交需求。兰博基尼以一头充满力量、倔气十足的公牛为标志，通过足球巨星梅西代言讲述了"Own the Sky"的故事，强效传递了品牌在满足消费者自尊和自我实现需求方面的特性。

2. 记忆

在媒介网络发达的今天，由于人们的时间和精力有限，信息超载的现象时有发生。营销机构和人员需要深刻理解人们是如何吸收、处理和保留各种信息的。受众选择的3S论可以很好地解释人们在接触媒介和接收信息时的选择性行为。第一阶段是选择性注意。消费者在商品服务信息的汪洋大海中，会对听到、看到的信息进行筛选和过滤，注意其中的某些信息。第二阶段是选择性理解。消费者确实注意到了某品牌的信息，同时对其进行解释并赋予自己的理解。最后一个阶段是选择性记忆。对那些可能有用或感兴趣的信息，消费者会将其保存在记忆中。

品牌营销者要借助各种传播载体发布的品牌信息，如事件策划、赞助广告、店内促销、口碑传播、社交网络推荐等，吸引消费者的注意，使之被消费者正确地解读和记住，以在消费者做决策时发挥影响。简而言之，将品牌信息在合适的时间、地点以合适的方式传递到目标消费群体中去，触达并影响消费者的购买决策，是21世纪营销工作的关键所在。

3. 情感

随着心理学和神经科学研究的进展，有更多的调查结果表明，相较于经过严密推演的逻辑和理智而言，情感（情绪）因素在消费决策中起着决定性作用。咨询公司Forrester Consulting进行的一项最新研究显示，消费者对品牌的看法和感受，是促使他们做出实际行动（购买、对品牌忠诚和宣传品牌）的驱动力。另外，和消费者对品牌的看法相比，消费者对品牌的感觉以及他们和品牌的情感联系，对品牌业务发展起到的推动力是前者的1.5倍。简言之，情感推动业务发展。① 基于情感做出回应，是人类本能的一部分，在消费领域也不例外。

身处这个情感主导消费的年代，品牌传播工作要充分认识情感这一中介条件对品牌认知的调节性作用，洞察消费者的情感需要，激起消费者的情感需求，唤起消费者的情感共鸣，尽可能地吸引消费者的关注，获得消费者的好感并提高消费者的忠诚度。例如，特色民宿作为旅游住宿的一个细分市场，在满足了游客基本的功能性利益之后，更加注重营造一种回归乡村田野、感受乡土情怀和体验乡村文化的氛围，情感消费的色彩较为浓厚。

4. 个性

"个性"一词，是对个体独有的情感、思维和行为模式的总和性描述，它体现在价值观念、性格、爱好、生活方式等方面，通常会影响到一个人应对周遭环境以及与他人互动的方式。

经过40多年的改革开放，我国社会由短缺经济向过剩经济过渡，消费方式也发生了重大转变，从以往的标准化模仿型方式转变为更加个性化、多样化的消费方式，个性化的消费需求受到重视，定制化消费成为一种风尚。人们很多时候希望购买到专属的、定制的，能够体现个人特征、品位和情怀的产品及服务。

以化妆品行业为例，在经济、文化、传播和需求等因素的综合作用下，化妆品的个性消费成为趋势。与"70后""80后"相比，"泛90后"（出生于1986—1995年间）消费群体正在崛起并将成为下一代社会消费主力。对于化妆品，大部分"泛90后"认为，化妆品像人一样，需要有自己独立的态度，没有态度等于没有特色，毫不吸引人。例如，"90后"孕妈即使怀孕也不忘追求美丽，天然、安全、无毒副作用的化妆品成为其首选；"80后""90后"父母为婴幼儿选购护肤品的标准是安全、放心，对选购比较有主见；彩妆行业中，"90后"和"95后"男性的彩妆消费人数突出。而Z世代是指"95后"的消费者，他们正处在自我探索期，初入

---

① Zoe Dowling：《消费者的情感如何影响购买行为》，孙钟然编译，见现代广告网（http://www.maad.com.cn/index.php?anu=news/detail&id=8120），2019年8月2日。

职场,重度网民,是紧追潮流与颜值的尝鲜型消费者,性价比与颜值高于一切,注重偶像消费、网红消费。"泛90后"和Z世代的消费需求仍在成长,他们的消费需求将逐步引领市场。① 为了顺应年轻消费群体个性化的消费诉求,除了在产品成分、功效、包装等方面进行创新,化妆品市场的品牌营销和传播方式也发生了很大变化,相较于传统广告,明星代言、口碑推荐、网红直播等借助社交媒体引发的裂变式传播更易影响年轻消费群体的决策。

二、影响消费者决策的外部因素

我们每个人在很大程度上都会受到周围环境的影响,有时与周围环境融为一体却浑然不觉。下面将从文化、社会阶层、参照群体、家庭与家庭生命周期来分析影响消费者决策的外部因素。

(一) 文化因素

文化对人具有浸染的作用,潜移默化地影响着人们看待世界的态度、观念和看法。长期以来,儒家文化作为中国传统文化的精髓,马克思主义作为党和国家治国理政的指导思想,对人们的思想和行为产生了深远的影响。这种影响在消费领域突出表现为:重视储蓄,崇尚节俭,反对超前消费,提倡务实理性的消费观。

此外,在全球各地兴起的生态主义浪潮,更加关注代际和种群之间的权利平等,增强了人们的环保意识,唤起了对可持续发展议题的关注,以低碳、循环、减量等为特征的绿色消费文化渐渐兴起。

(二) 社会阶层

社会阶层是一个社会学概念,用来形容和描述群体在社会结构中所处的层级和状态。

德国社会学家马克斯·韦伯提出的社会分层理论,为人们认识社会阶层的形成及划分提供了新思路。该理论的核心是划分社会层次必须依据三重标准:财产——经济标准,声望——社会标准,权力——政治标准。所谓经济标准,即财产,是指社会成员在经济市场中的生活机遇。生活机遇就是个人用其经济收入来交换商品或劳务的能力,即满足自己物质需求的能力。实际上,就是把收入作为划分社会阶级、阶层结构的经济标准。所

---

① 郭丽:《个性化妆品下一步主打什么牌?》,载《中国化妆品》2019年第2期,第30-37页。

谓社会标准，是指个人的社会声誉和被尊敬的程度。韦伯认为，由经济标准所形成的阶级和由社会标准所形成的地位群体之间虽有非常密切的联系，但两者并不完全等同。所谓政治标准，就是指权力。韦伯将权力定义为个人或者群体即使有人反对也要实现其意志的潜力。在韦伯看来，权力不仅取决于个人或群体对生产资料的所有关系，而且取决于个人或群体在科层组织中的地位。韦伯认为，这三条标准虽然有时是相互联系，甚至是相互重叠的，但它们之间并不完全等同，也不能相互代替。其中任何一个标准都可以独立作为划分社会层次结构的一个原则，财产差别产生阶级，声望差别产生地位群体，权力差别产生政党。① 由是观之，财产收入差距是决定群体所处社会阶层的重要指标，直接决定了人群在市场经济社会中的消费能力。

进入新时代，我国的经济发展水平稳步提高，居民可支配收入逐年增加，人们的消费理念也由生存型慢慢向发展型、享乐型升级。同属一个阶层的消费者，具有相似的教育背景、理想信念和生活方式，生活理念和消费水平也呈现出基本一致的状态。企业应认真研究影响某阶层消费群体的决策因素，把握同一阶层消费群体的购买行为和共同特征，从而制定有效的品牌营销和传播策略。

（三）参照群体

1942年，美国社会学家海曼（Hyman）最先使用了参照群体这一概念，用来指代确定个人地位时与之进行比较的个人和群体。今天当我们使用参照群体一词时，更多是指与个体在心理上或现实中发生关联的群体。在消费领域，参照群体是指个体消费决策时参照的对象，可以是身边的亲朋好友、同学同事，也可能是从未谋面的明星、网红、崇拜的人物等。

参照群体为什么会对消费者的购买决策产生影响？第一，参照群体是消费信息的重要来源。日常生活中，消费者与参照群体经常进行信息交流，久而久之，这些信息对消费者的购买意愿和行为就会产生显著和重要的影响。第二，群体规范和群体压力在很大程度上会直接影响消费者的购买行为。行为科学理论指出，人是社会人，渴望友谊、认同和归属感。由于参照群体与个体在心理上或现实中存在种种关联，消费者为了维持与群体成员的一致性，会不时地参照其他成员的消费行为来选购产品或服务。

---

① 程丽香：《中等收入群体的界定与测度：一个文献梳理》，载《中共福建省委党校学报》2019年第6期，第106-107页。

第三，消费行为也是一种传播行为，体现了自我确认的需要。当消费者选购某品牌，使用"×××同款"时，也在向其他人传播自己的消费观念。

参照群体对消费决策的影响和作用，主要体现在参考和比较两个方面。参考是了解参照群体对所购产品或服务的评价和看法，并以此作为自己消费的参考。比较是将自己消费决策的结果与参照群体的评价和看法进行对照和比较，再来做出自己的消费评价。

（四）家庭与家庭生命周期

家庭是构成社会系统的最微观的一个单元，具备和承担了养育、教育、医疗、养老、陪伴等基本功能。一种常见的关于家庭生命周期的划分方法是根据家庭养育子女的情况将其划分为四个阶段：筑巢期、满巢期、离巢期和空巢期。随着职业发展、收入升降和家庭成员重点需求的变化，家庭生命周期所处阶段的些微变化，都会对消费结构、购买能力和购买意愿产生显著的影响。显而易见的是，单身人士与已婚人士对品牌的需求和兴趣点是不同的，而已婚有子女与无子女的需求又会呈现出很大的差异。

下面以理财需求为例，说明家庭生命周期不同阶段呈现出的不同特点。美国学者 P.C. 格里克于 1947 年提出的家庭生命周期理论（表 4-2）指出，随着家庭成员年龄的增长，家庭会表现出明显的阶段性，出现若干典型阶段形态的不同变化，并随着家庭组织者的寿命终结而消亡。[①] 在家庭生命周期的单身、婚育和退休阶段，理财消费的重点目标呈现出显著的阶段性差异。从单身期的重视积累，到成家立业阶段的完成置业等主要财务目标，再到养育子女期达到支出峰值，最后到子女独立离开家庭，开始转向养老和安全保障等重点目标。

表 4-2 家庭生命周期表

家庭 生命周期	周期跨度	时间跨度	特点
青年 单身期	参加工作至结婚	1～5 年	收入较低，保障较少，处于个人完成早期积累阶段
家庭 形成期	结婚到新生儿出生	1～5 年	家庭财富初步积累，逐步寻求多元稳健的投资渠道

---

① 李玉：《家庭生命周期下的财务安排》，载《大众理财顾问》2018 年第 11 期，第 15 页。

续表 4-2

家庭 生命周期	周期跨度	时间跨度	特点
家庭 成长期	子女从出生到上大学期间	1~15年	已经完成了置业、购车等财务目标，事业处于上升期
子女 教育期	子女上大学期间	4~7年	家庭财富不断增加，同时各项支出达到峰值
家庭 成熟期	子女工作到家长退休	1~15年	家庭收入稳定，重点关注养老和家庭财富的保值增值
退休 养老期	退休后享受天伦之乐	晚年	收入来源减少，家庭财务以保障安全和传承为主

总之，家庭生命周期理论形象地解释了家庭发展的若干个阶段，以及随时间变化相应发生的家庭成员多少的变化。这对企业确定目标顾客群体以及产品服务的种类是非常有帮助的。

第四节 消费者调查

有效的品牌传播策划，始于对消费者的认知和洞察。要想取得良好的品牌传播效果，有效的消费者调查必不可少。本节将从调查设计、样本选择、调查方法、数据与结果分析四个方面介绍消费者调查的过程。调查方法主要介绍了以问卷法为主的定量研究方法，以及观察法、实验法、访谈法等定性研究方法。

一、消费者调查设计

在开始消费者调查之前，首先需要明确调查的核心目的，确定调研的数据需求，从而选择合适的研究类型。常见的消费者调查主题包括：新品测试、服务评价、品牌忠诚度调查、消费者满意度调查、消费者购买意愿与行为调查等。

在调查设计阶段，需要注重考虑调查设计的有效性以及所需要的时间和成本等因素。

第一，有效的消费者调查是为了排除有关消费者认识的错误假设和臆想，提高品牌经营决策的准确性。例如，针对华为花粉俱乐部顾客参与行为的研究，其调查对象必须来自华为的在线品牌社区群，否则即使是华为产品的用户，也难以真实有效地反映顾客的在线品牌参与行为。

第二，市场环境瞬息万变，一项耗时过长的研究，可能由于外部环境的变化而失效。例如，随着全民直播时代的到来，直播带货为品牌传播带来了新的挑战和机遇。面对直播带货这种新兴的营销形式，相关研究必须迅速和准确，才能快速响应品牌主的诉求，推动品牌成长。

第三，近年来兴起的网络调研工具，给我们带来了诸多便利。例如，降低了调研成本，扩大了调查者规模，增加了调查形式（从传统的问卷到增加了图像等可视化的问卷设计内容），推动了信息采集模式的创新。需要警惕的是，对于网络调研有可能导致的数据有效性不足的问题，我们需要通过加强研究设计予以避免。

二、消费者样本选择

由于全面普查对人员、时间、经费等的要求较高，所以多数情况下，许多公司仅选择一定规模的消费者样本进行调查，通过部分来推断目标消费人群总体的行为习惯。

随着网络调查的流行，多数的消费者调查样本选择都兼顾线上和线下两种形式，有时为了便于研究的开展，仅仅选择线上的形式开展调查。

一般情况下，按照人口统计学的特征对消费者进行抽样调查，从性别、年龄、地域、学历、收入水平等来框定消费者样本是一种常用的方法。某国产彩妆品牌将目标市场定位为年龄18～35岁的年轻人，为了摸清这个群体对彩妆产品的需求，可以从大学校园、化妆品零售店等渠道随机抽取若干名，这是简单随机抽样的做法。如果在已有的符合条件的样本库中，每3个之中选择1个，这就是系统随机抽样。如果按照年龄分组，18岁的分在一组，19岁的分在一组，以此类推，然后在各组内随机抽取若干名，这就是分层随机抽样。

凯度是全球领先的营销数据洞察和咨询公司，它发布的《2018中国社交媒体影响报告》，使用了网上调查（通过微信平台）、大数据挖掘、移动行为数据分析以及社交行为与购买行为交叉分析等研究手段。2018年的研究分析了来自24.2万实名注册的用户/家庭的行为数据和调查回答，以及4万个家庭的购买数据。① 一个具有相当数量的、可靠的消费者样本数据库，是开展消费者调查不可或缺的重要条件。

三、消费者调查方法

（一）定量研究方法

随着网络技术的进步和移动接收终端的普及化，在线问卷调查以其费用低、周期短、可以有效减免人为误差、多媒体手段信息展示等优点而成为最广泛使用的方法。网络调查法一般要经过三个步骤：问卷设计、问卷转发与填答、问卷统计与分析。

1. 问卷设计是基础，决定着调查的质量与所获信息的数量

问卷设计通常以封闭式问题为主，便于定量分析。但也有少数研究是以开放式问题为主，类似于一个较为详细的调查提纲。在调查实践中，采用封闭式问卷还是开放式问卷，或者两种方式有机结合，需要根据调查目的、对象多少、时间长短来掌握和控制。

2. 问卷转发与填答决定了问卷获得的样本数量和样本质量

为了提高调查结论的有效性和可信度，调查可以借助专业网络调查公司平台来收集数据和信息，因为他们都采用了剔除无效样本的方法和手段，最大程度上保证样本选择的科学性和代表性，为得出可靠的调查报告提供支撑。

3. 问卷统计与分析是形成较高质量调查报告的重要保证

封闭式问卷在统计和分析上简单易行。开放式问卷则难度要大些，但在样本数量不多的情况下逐一进行分析也是可行的。

---

① 《报告推荐｜2018中国社交媒体影响报告》，见中国发展简报网（http://www.chinadevelopmentbrief.org.cn/news-22284.html），2018年11月30日。

品牌案例 4-2

2018年夏季快消饮品消费行为调查[①]

随着夏季气温的不断升高,饮品市场也迎来了旺季。作为快消品行业中一个成熟的细分市场,每年夏季饮品行业营销战总不乏亮眼的创意和新手法。

为进一步了解2018年夏季快消饮品消费行为,《销售与市场》杂志社联合数字100市场研究公司进行了在线调查。

1. 不同场景对饮品有着不同需求

夏季饮品需求体量庞大,消费者在购买饮品时,会优先选择什么饮品呢?调查显示,在运动后,瓶装水的选择占比39%,排在首位;紧随其后的是运动饮料,占比27%;而果汁、茶饮料、乳制品分别占比11%、10%和5%;凉茶、啤酒分别占比3%以及1%。可见,瓶装水成为消费者运动后优先选择的饮品。

此外,调查还显示,在餐馆吃饭时,30%的受访者会优先选择果汁;16%的受访者会优先选择瓶装水;碳酸饮料、茶饮料占比均为12%;啤酒、乳制品、运动饮料分别占比10%、7%和6%;凉茶、咖啡的占比为4%和1%。可见,果汁成为消费者在餐饮渠道的优先选择。

与此同时,当问及受访者"在逛超市想给家里备点日常饮品,会优先选择哪一类"时,调查数据显示,乳制品的选择排在第一位,占比达到27%;果汁和瓶装水相同,占比22%;茶饮料、运动饮料、凉茶分别占比10%、8%和5%;排在最后的是啤酒,占比4%。可见,乳制品成为消费者家中优先选择的常备饮品。

综上看来,消费者根据不同的场景,对饮品的类别会有不同的需求。瓶装水、果汁以及乳制品等成为消费者优先选择的饮品种类。

2. 口感成为消费者最关注的因素

当问及受访者"在购买饮品的过程中,最关注哪些因素"时,调查显示,排在前三位的分别是口感、成分、品牌知名度,分别占比72%、38%和28%,紧随其后的是功能、包装,分别占26%、16%。

[①] 科达数字100:《2018年夏季快消饮品消费行为调查》,载《销售与市场(管理版)》2018年第9期,第42-44页,有改动。

通过数据可以看出，消费者对口感的关注度最为显著，口感成为消费者在消费过程中的主要决策因素，饮品商家们可在口感方面进一步挖掘消费价值。

面对品类繁多、信息错综复杂的消费环境，消费者在消费过程中经常会眼花缭乱。那么，在选择消费的过程中，他们究竟对哪个渠道传递出来的信息更为信任？调查显示，53%的受访者更为信任知名企业的产品，38%的受访者更为信任传统媒体广告，36%的受访者信任朋友推荐。此外，意见领袖推荐、微信微博渠道推广分别占比15%、12%。

3. 包装促使消费者尝鲜性购买

在琳琅满目的饮品中，饮品在货架上最简单、最直接地获取消费者注意的就是包装。当问及受访者"哪种风格的包装会吸引你尝鲜性购买"时，调查显示，有品质感的经典设计占比57%，突出饮料内容物的设计占比43%，而有互联网基因的形象设计占比20%，有明星形象的设计占比15%。

随着人们消费意识的转变，快消品中食品饮料子行业正在发生显著的变化。目前，除了产品的品质不断提升，各大企业对消费人群定位、市场营销策略以及知识文化传播都非常重视，瓶体设计、AR扫码互动、瓶身文字组合、扫AR听音乐等营销活动越来越迎合年轻消费群的心理。中国已经站在了消费升级的起点上，消费者有更多的可支配空间来选择更优质的产品，这也预示了产品时代的到来。

（二）定性研究方法

1. 观察法

指通过眼睛或借助辅助工具对被调查者进行直接观察以获取信息的调查方法。根据观察者介入被调查者行动的程度，可以分为直接观察和间接观察。负责营销和企划的人员可以直接到线下门店，观察消费者的购买过程，了解消费者是如何在不同的品牌之间进行比较，以及在多大程度上受到产品陈列、导购介绍、促销活动等营销方式的影响。也可以通过摄影、录像的方式记录下消费者行为的全过程，进行回放、分析和研究。

某城市里有一家新的百货商场开业，某领带厂商照例在大楼一层摆放了一个花车，以为如法炮制就可以获得和其他商场门店一样好的业绩。但是开业后的前三个月，业绩只有正常水平的2/3，不论如何改善销售人员的服务态度,结果都一样。后来调阅了大堂摄像机里拍下的摄像带,发现新开业的百货商场生意很好,人潮汹涌,大约六成的顾客进入商场后,会被领带花车的布置吸引,然后观看这些领带。问题是,他们在花车前刚一停留,马上就会被后面的来客撞上,客人平均在被碰触过1.8次以后,就会离开,所以该门店的业绩当然不好。后来,门店将这花车后移20米,问题马上就解决了。

2. 实验法

指将某个问题的影响因素尽可能地列出来,分别设置实验组和对照组,通过控制实验条件来分析各个影响因素改变对结果的影响。例如,眼动实验法被广泛应用于广告创作和效果测定的研究中,借助眼动仪获得实验对象观看作品时的眼跳、凝视、回看等眼动数据,分析广告尺寸、画面、色彩、文案、位置等因素对广告传播效果的影响,从而为改进广告创作和提高广告效果提供参考和建议。

3. 访谈法

这种方法比较灵活,有个别访谈和焦点小组访谈等形式。其优点是可以与访谈对象进行深入交流,获得的信息量比较大;不足之处就是与访谈对象建立信任以及交流过程耗时较长,成本相对较高。

运用访谈法,需要注意的事项有:①访谈者要提前做好准备,如设计访谈提纲,注意访谈的态度和言辞,对访谈对象给予真诚的关注等。②合理选择访谈对象。选择调查对象要注重兼容并包,注重其信息的差异化。差异化指的是访谈对象在年龄、地理区域、从事行业、身份经历等方面应有所区别,保证信息来源的深度和广度,避免研究出现片面化、局限性的错误。另外,还应保证访谈对象自身具备较高的信息密度和强度。单个访谈对象自身特征亦是应重视的问题。毛泽东本人选择调查对象时遵循一个基本原则:保证信息密度和强度。即是说,只有自身拥有较大的信息量且这些信息具备深挖价值的人,才应该成为访谈对象。①

无论是个别访谈还是小组访谈,只要运用得当,都能帮助品牌主理解消费者行为背后的深层次原因,揭示人们对品牌的情感和态度,了解品牌传播计划实施的效果,获得有关消费者洞察的有价值的信息。

---

① 朱谚:《跟毛泽东学调查研究的方法——关于访谈对象和访谈人数的确定》,载《办公室业务》2018年第6期,第103页。

四、消费者调查数据与结果分析

无论是以问卷法为主的定量研究，还是观察法、实验法、访谈法等定性研究，最终都指向输出能够指导企业做出战略或经营决策的研究结果。问卷调查基于相同的问卷格式，通过将数据输入某种电子表格程序中，准确而又直观的研究成果会准确地呈现出来。像问卷星这样的在线问卷调查工具，会直接生成图文并茂的数据分析报告。而定性研究对研究者的人文素养提出了较高的要求，他们记录和理解消费者的用词、看法和评论、情感或态度，解释我们生活的社会世界的价值或意义，探讨消费者评论背后的深义，并为企业提供有价值的研究结论。

消费者调查通过识别那些有着共同需要、想法或欲望的人群，理解消费者的态度和行为，确定企业的目标消费群体。当掌握的关于特定消费群体的信息越多，营销机构和人员则越有可能找到有效的品牌传播系统，生产出能够引起消费者更多关注和产生反响的信息。

第五章
数字时代的品牌传播媒介

▶ **本章提要**

在品牌传播的语境下,媒介是指发送者和接收者之间有关品牌信息沟通传递的载体和工具。新兴科技和传播媒介的融合,既推动了媒介形态的革新,也丰富了消费者的媒介选择,为构建高效互动的品牌传播系统开创了新的可能。

根据大众传播媒介出现的先后顺序,描述报纸、广播、电视、网络、手机各自传播的优劣势及其最新进展。

深入了解消费者的生活方式和媒介接触行为,是提高媒介投放精准度、做好品牌传播计划的关键。消费者的媒介选择权和控制权逐渐加大,媒介多重任务处理能力逐渐增强,符合消费者需求的精准传播大受欢迎。

数字媒介几经变革:从门户网站到社交媒体,再到今天的智能媒体;从一对多的"布告式"传播到多对多的圈群化传播,再到基于算法的个性化分发。品牌传播也相应地由过去外推式的单向传播向着内拉式的互动传播转变,朝着智能化的精准传播方向发展。数据驱动营销,品牌传播可视化已经成为一股不可阻挡的潮流。本章主要介绍了数字时代品牌传播渠道的三种类型:数字广告、电商平台和社交媒体。

▶ **本章学习要点**

- 报纸媒介与报纸数字化
- 广播媒介与音频 App
- 电视媒介与网络电视
- 网络媒介
- 手机媒介
- 消费者的媒介使用
- 数字时代品牌传播媒介的转向
- 数字广告
- 电商平台
- 社交媒体

本章重点探讨数字时代的品牌传播媒介。媒介，是指使人与人、人与物或事物与事物之间发生联系的中介。在品牌传播的语境下，媒介是指发送者和接收者之间有关品牌信息沟通传递的载体和工具，如报纸、杂志、书籍、广播、电视、网络、户外媒体、电梯以及交通工具等。

人类社会进入21世纪以来，新兴科技和传播媒介的融合，推动着媒介形态的革新，创造了更加丰富的信息产品和内容服务。"技术进步带来了碎片化的媒介选择和分化的媒体受众"[1]，人们拥有了众多的信息传输平台和可以利用的传播渠道，在不同的传播媒介之间自由切换，满足个性化的信息定制服务成为可能。从单向转变为互动，从大众转变为分众，从宽传播转向窄传播，成为一种显著的发展趋势。

媒体技术的进步丰富了消费者的媒介选择，为品牌传播开创了新的可能。在消费社会，技术赋权消费者，营销机构和人员为了提升品牌传播效果，将注意力转向能对消费者产生吸引力的媒介和内容，以重视与消费者的互动以及消费者的情感、体验为特征的营销传播大行其道。

第一节 传播媒介的历史与进展

人类历史上每次重大的科技进步，都会带来传播媒介的重大改变，从而对人类生活的方方面面产生重大影响。本节围绕传播媒介的发展历史和最新进展展开。科技的加速迭代推动着传播媒介不断创新，也改变着人们的媒介使用习惯。回顾人类传播媒介史，伴随着重大科技进步先后出现的传播媒介有：报纸、广播、电视、网络、手机等。由于传输介质和运营机制的差异，它们各自形成了自身独特的传播优势和劣势。

一、报纸：最早的大众传播媒介

（一）报纸媒介的传播特征

报纸是最早出现的大众传播媒介。以19世纪三四十年代在美国兴起的报刊宣传运动为标志，报业成为一个新兴的产业。随着资本的进入，在英

---

[1] [美]唐·E. 舒尔茨等：《重塑消费者—品牌关系》，沈虹等译，机械工业出版社2015年版，第267页。

国、美国这些比较发达的资本主义国家，一些垄断性的报业集团出现。

报纸与杂志、书籍同属印刷媒介，依靠文字、图表等符号来传播信息，对受众的文化水平有一定的要求，遵循一定的出版规律，借助配套的物流体系送达受众。在长期的发展中，不同的报纸拥有各自独特的报道领域，形成了相对稳定的受众群体。报纸具有便于携带和保存、可以对信息进行深度解读等传播优势。其劣势主要体现在：时效性差，互动性弱，检索不便，信息表达形式受限，受众范围相对有限，等等。

（二）报纸的数字化转型

在互联网浪潮的冲击下，一些报纸纷纷停刊，探索数字化环境下的转型之路，我国的《人民日报》《贵州日报》《广州日报》《东方早报》等报刊都找到了适合自己的融合发展路径，"脱离了最初'纸质报刊＋网络版＋手机版'的简单相加模式，开始融入移动传播、社交传播和视频传播等新技术和新领域"①，克服了传统报纸的局限，提高了信息生产和传播的速度，适应了移动互联网时代受众阅听习惯的改变，改善和提升了用户体验。

二、广播：开创了伴听媒介新纪元

（一）广播媒介的传播特征

广播属于电子媒介，是继报纸之后又一重要的信息传播媒介。它以有声语言和（或）音响音乐的音声符号传送信息，通过无线电波或导线以及听众配备接收装置来完成传播过程。

广播媒介的优点突出表现在：运用有声语言，打破了印刷媒介对受众文化程度的较高要求，具有广泛的受众群体；广播诉诸声音，信息的采编、播发、反馈速度快，在重大突发事件的报道上时效性极佳；广播作为伴听媒介，突破了时空限制，通过音声符号的变化可以丰富信息的表现形式，增强信息传播的感染力。其不足之处主要体现在：音声符号转瞬即逝，保存性差，对于那些没有听清、不能理解的内容无法重温；广播的线性传播特点使听众只能根据节目播放的时间顺序来收听，缺乏自主选择性。

（二）以音频 App 为代表的网络广播兴起

移动互联网和智能接收终端的普及，推动着传统广播向网络广播的转变，音频 App 成为一个新的风口行业。音频 App 与传统广播一样，都采用

---

① 方蕴翔：《全媒体时代，报刊媒体的融合转型之路》，载《出版广角》2019 年第 24 期，第 22 页。

音声符号传播信息,只是在传输介质上发生了大的变化,主要通过网络和智能手机、平板电脑、智能穿戴、车联网等移动终端的第三方独立应用程序,为用户提供点播、下载与互动的音频内容。

以创办主体为分类依据,目前市面上存在的移动音频App主要分为两大类:一类是传统广播App,另一类是商业互联网公司创办的音频App。[①] 率先试水音频App的广播媒体有:吉林广播的沐耳FM、北京广播的听听FM、上海广播的阿基米德……全国有超过60家广播电台建设了自己的移动客户端。其中,大部分客户端的内容都来自"母体"电台,加上购买或者合作的音频产品,组成了"半成品"音频App。[②] 商业公司创办的喜马拉雅、蜻蜓FM、荔枝等知名平台,受众定位清晰,内容产品有吸引力,形成了相较于传统广播App的优势。比达咨询(BDR)数据中心的监测数据显示,2018年10月,喜马拉雅月活跃用户数行业排行第一,月活跃用户为8801.7万人。同期各音频App的月活跃用户的数量如图5-1所示。[③] 为了在激烈的媒介市场中求得生存和发展,音频App需要加大内容原创力度,增强平台互动性,探索多元化的盈利模式,通过增强用户黏性和提高用户流量来获得持续发展。

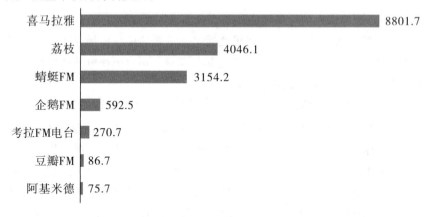

图5-1 2018年10月主要有声音频App月活跃用户/万人

(图片来源:比达网,http://www.bigdata-research.cn/content/201812/805.html)

---

① 莫佛基、李倩珺:《我国移动音频APP的现状及其发展策略探析》,载《声屏世界》2017年第10期,第10页。
② 张亮、戴婷:《功能音频重塑广播比较优势——论音频App产品的供给侧改革》,载《中国广播电视学刊》2018年第11期,第104页。
③ 《有声音频APP:完成市场培育 喜马拉雅月活领先》,见比达网(http://www.bigdata-research.cn/content/201812/805.html),2018年12月13日。

三、电视：调动视听觉的富信息媒体

（一）电视媒介的传播特征

作为继广播之后的第二大电子媒介，电视开启了大众传播的新时代。电视是指通过无线电波或导线等电子技术，由光电变换系统快速、连续传播图像并伴有声音的传播媒介，包括无线电视、有线电视和卫星电视，经历了从机械电视、电子电视、晶体管集成化电视到数字电视的演变。电视作为影像媒介，能整合人的多种感官的注意力，是一种趋向特写画面的媒介。[1] "电视媒体对技术的依赖不仅表现在摄录技术方面，而且会受到不同的传输技术的影响。中国电视自1978年以来，先后经历了微波传输阶段、卫星和有线电视传输阶段以及数字传输阶段。"[2]

与报纸和广播相比，电视媒介的传播优势主要体现在：以声音、图像共同作用于人的感官，超越了对受众文化和智力水平的限制，视听兼备、直接生动、现场感强，可以给观众留下更加鲜明的印象。作为视听媒介的电视，时效性强，受众面广，从出现直至互联网加速发展之前，长期占据个人和家庭休闲娱乐的主要时间和空间。其劣势主要有：线性的传播模式导致节目的保存性差，缺乏选择性，受众的深度思考能力受到限制。

（二）网络电视：媒体融合发展的新业态

网络电视是传统电视在网络时代的延伸，弥补了传统电视选择少、保存性差、用户体验差的不足，受众可以在网络上以点播或直播的方式收看节目，可以决定是否看、怎么看、何时何地看，主动性和选择权得到极大的释放。

随着5G的普及，全球网络视频业务将呈现快速增长的趋势，视频将在5G流量中占据90%以上的份额。Parks Associates的调查显示，2018年，全球订阅网络电视业务的宽带家庭规模约为2亿。2019年，美国有70%的宽带家庭订阅了至少1个网络电视业务，加拿大和英国订阅了网络电视业务的宽带家庭比例分别为64%和52%。据其预测，全球网络视频业务的订户规模在2024年预计达到5.86亿。届时，全球3.1亿个宽带家庭将订阅

---

[1] 刘建明：《当代新闻学原理》，清华大学出版社2003年版，第26页。
[2] 孙振虎：《技术革新背景下的电视传播革命——试论改革开放30年来中国电视的变革》，载《中国电视》2008年第12期，第25页。

至少1个网络电视业务。①

随着5G商用时代的到来，许多媒体集团高度重视网络电视业务的开展，其意义主要有：①优化受众结构。开展网络电视业务能吸引年轻观众，有助于获取用户数据，提高媒体服务质量，提升针对性，优化发展战略服务。②优化营业收入结构。开展网络电视业务是有效应对受众收视习惯变化以及由此带来的消费习惯变化的一种手段。媒体生存和发展的根基是受众，受众需求的变化是融合发展的直接动因。③提升市场竞争能力。网络电视业务能有效延展传统电视机构的资源效用。传统电视台通过发力网络视频业务，补齐渠道短板，实现内容与渠道的双轮驱动。②

四、网络：媒介融合的助推器

（一）网络媒介的传播特征

网络媒介的发展和运用，得益于计算机网络技术的突飞猛进。网络媒介被称为继报纸、广播、电视之后的第四媒体，是一种数字化、多媒体媒介。它以国际互联网为信息传播平台，以电脑、手机、平板、电子阅读器、智能穿戴设备等为信息载体，综合文字、声音、图片、影像等形式来传播信息，具备海量存储、高度互动、方便快捷等特点，改变了人类传受信息的方式，成为迄今为止对人类影响最大、最为高效的传播媒介。

网络媒介的优点主要有：传播速度快，交互性强，信息形式丰富，超越时空限制，受众面广；其最突出的优势是数字化，既便于信息的复制和传播，更为不同形式的信息相互转换提供了便利。其不足之处主要有：匿名性加大了网络管理的难度，接入设备和网络费用较高，加深了不同阶层人群之间的"数字鸿沟"，等等。

（二）网络媒介的未来

互联网与各行业的深度融合，助力经济社会的数字化发展，为各行业的发展带来了契机，也推动互联网发展进入更高的阶段和层级。

以5G技术为代表的移动互联网，具有超大带宽、高可靠、低时延、海量互联等特性。2019年，工信部发放5G商用牌照，我国正式进入5G商

---

① 李宇：《美国网络视频业务爆发式增长的产业逻辑与策略启示》，载《传媒》2020年第3期，第56页。

② 李宇：《传统电视台发展融合业务的策略与路径——以美国CBS和德国ProSiebenSat.1集团为例》，载《电视研究》2019年第9期，第85页。

用元年，5G产业化准备基本就绪。运营商陆续推出了5G资费套餐。截至2019年10月，我国三家基础电信运营商已在全国开通8.6万个5G基站，到2019年年底，首批开通5G的城市将达到50个。5G终端产业已经基本成形，5G手机已规模量产并上市。

2020年，在各方的持续推进下，5G将加快走向应用落地。它将与大数据、人工智能、边缘计算、高清视频、虚拟现实、区块链、工业互联网等新技术交叉融合，向制造、交通、医疗、消费、娱乐等领域不断渗透，拓展全息通信、智能网联汽车、智能制造、智慧医疗等领域应用。此外，如同4G商用时难以预测移动支付、短视频等业态的涌现爆发，随着5G的推广应用，也将催生出诸多目前预想不到的新业态，为数字产业化和产业数字化发展开拓新空间。

另外，为了抓住新一代信息通信技术带来的产业转型升级机遇，我国应当加快推进新型数字基础设施建设。一是超前部署5G、泛在物联网、太空互联网等新型网络基础设施的建设，为新技术应用业态创新提供新型网络支撑。二是要加强云计算、大数据、物联网、人工智能、区块链等新技术领域能力开放平台建设，丰富平台开放服务功能，为基于新技术的创新创业提供能力平台支撑。三是要加快工业互联网、车联网等行业应用型数字基础设施建设，推动形成行业公共服务平台，为行业平台化发展、数据资源汇聚、智能化管理提供有利支撑。① 新一轮信息通信技术加速扩散，以更加贴近人性的方式改变着人们的信息传受方式，给经济社会发展带来巨大的创新和根本性的变化。

五、手机：兼容并包的超级媒介

（一）手机媒介的传播特征

手机特别是智能手机，以其微型化、便携性、即时性、互动性等特征，对人们的工作、学习和生活产生了广泛影响，成为继互联网之后的第五媒体。"第五媒体是以手机为视听终端，手机上网为平台的个性化即时信息传播载体，它是以分众为传播目标，以定向为传播目的，以即时为传播效果，以互动为传播应用的大众传播媒介，也叫手机媒体或移动网络媒体。"② 这个

---

① 赛迪智库互联网形势分析课题组：《2020年中国互联网发展形势展望》，载《中国计算机报》2020年3月9日第12版。
② 朱海松：《无线营销：第五媒体的互动适应性》，广东经济出版社2006年版，第18页。

定义的提出在当时具有一定的前瞻性，预见到了移动互联网和手机智能化给信息传播活动带来的积极影响，"手机媒体是一种融合的媒体形态，具有强大的媒体延展性和开放性"①。随着媒介融合成为一种不可逆转的趋势，手机媒体打破了以往所有媒介之间的界限，成为当之无愧的媒体宠儿。

手机作为人体的延伸，特别是与互联网融合之后，手机价格和网络资费的平民化，延续和放大了所有网络传播的优点，并且在信息的实时采集、编辑、传受等易用性上更胜一筹。纵观手机媒体的发展历史，软硬件设备的升级，加之移动通信技术、互联网技术以及无线互联网的快速发展，共同推动了手机从仅具备通话和短信等基础功能的媒介升级为兼容并包的超级媒介。"当前手机 App 应用涵盖新闻类、娱乐类、支付类、游戏类、教育类、美食类、旅游类、健康类、音乐类、电商类等多种类别，并兼容了报纸、图书、广播、电视、互联网视频直播、点播等多种传播形态，形成手机广播、手机电视、手机阅读、手机音乐、手机视频、手机游戏、手机社交等立体化的媒体服务形态。"② 随着各类新技术与智能手机的无缝隙融合，手机媒介将被应用在更多的行业和领域，人类信息传播的方式方法将发生一场颠覆性的变革。

（二）手机媒介的发展趋势

融合人类最新技术的手机媒介不再只是一种传播工具，它将成为人们与世界进行连接的最重要的媒介载体。未来，人们通过手机媒介与世界的连接，不仅仅是信息的传递，更是人类衣食住行等活动向社会的最大化延伸。借助于各类新技术，手机媒介将彻底颠覆人们传统的工作、学习、生活模式，推动人类生活向更加智能化的社会生活水平迈进。

首先，从外观展示、电池续航、快充技术、处理器及手机容量等方面进一步提升手机性能。未来的手机媒介硬件更加美观、便携，电池不再成为瓶颈，续航时长更久。语言文字输入不再是门槛，先进的语音识别技术，将打破语言输入法对部分人群产生的知识技能障碍。此外，随着多语音识别技术的成熟与完善，借助手机媒介进行的跨语言、跨文化传播将趋向便捷、高效。

---

① 杨驰原、匡文波、童文杰等：《我国手机媒体发展现状与趋势》，载《传媒》2016 年第 23 期，第 13 页。
② 杨驰原、匡文波、童文杰等：《我国手机媒体发展现状与趋势》，载《传媒》2016 年第 23 期，第 18 页。

其次，人工智能也将被纳入手机媒介的技术应用中。融合智能化语音、图像识别技术、指纹、虹膜等生物技术，以及智能机器人与自然语言处理等新技术，手机媒介的智能化应用领域将不断扩大，应用水平将大大提升。伴随生物技术与信息技术的融合应用，未来手机媒介的安全性将更加可靠。

再次，VR、AR 已逐渐成为一种新的技术潮流，未来的手机媒体将融合虚拟现实技术，为用户提供包括 VR、AR 在内的新型视听感官服务。目前，已经有部分儿童玩具借助手机媒介，将动画与虚拟场景融为一体，呈现出非常逼真的立体动画效果。未来，这种收视体验更好的应用必然与手机媒介这一普遍标配媒介实现更完美的融合。

最后，借助于大数据、人工智能与物联网技术，手机物联网应用将成为现实。物联网是在互联网的基础上，通过射频识别、红外感应器、全球定位系统、激光扫描器等信息传感设备，按约定的协议，将任何物品与互联网相连接，进行信息交换和通信，以实现智能化识别、定位、追踪、监控和管理的一种网络技术。未来，手机媒介将成为物联网的基础入口，或者说唯一的物联连接载体。或许这一载体的名称不一定为手机媒介，但一定是一种高度便携、兼容性强、功能多元的媒介，借助它，人们可以自由操控现实生活和虚拟生活的方方面面。①

未来手机媒介将融合更多最新的技术，在不断升级、完善硬件性能的同时，为人们提供种类更加丰富齐全、更加贴近人性的高水平的服务应用。

纵观传播媒介的发展史，我们发现受众拥有了更多的媒介选择权利，可以选择以自己喜欢并能够接受的方式来接触媒介，最典型的莫过于可以选择成为会员，付费跳过不喜欢的广告部分。这对于品牌传播机构和人员来说却不是好消息，他们必须精心挑选和组合传播媒介，以更加新颖有趣的方式与消费者互动，以此来影响和改变消费者对品牌的认知。

---

① 杨驰原、匡文波、童文杰等：《我国手机媒体发展现状与趋势》，载《传媒》2016 年第 23 期，第 27 页。

第二节 消费者的媒介使用特征

人类社会进入21世纪以来，新兴科技的迭代推动着媒介形式的更新，重塑和改变着人们的生活方式，消费者的媒介接触（也可以称为使用或消费）习惯也在发生着变化。在电视、广播、报书刊盛行的年代，品牌主和营销传播机构根据人口的统计学特征，如性别、年龄、收入、学历等特性来做品牌传播规划。数字技术与传统媒介融合催生的媒介新形态，与日常生活交织在一起，成为人们生活习惯的一部分。只有深入了解消费者的生活方式和媒介接触行为，才能做好品牌传播计划，提高媒介投放的精准度。

一、消费者的媒介选择权和控制权变大

随着数字技术赋权消费者，人们面对着为数众多的媒介类型和媒介内容，他们变得更加积极主动，媒介选择权和控制权不断变大。当消费者付出时间、精力和金钱来购买、消费媒体内容时，他们不再满足于被动地接收，而是更加主动地寻找能够满足自身需求的内容。以移动互联网技术和智能手机为代表的移动接收终端的空前大发展，正好满足了消费者对媒介的控制欲望。

数字技术在赋权消费者的同时，也改变了消费者接触媒介时扮演的角色。传统媒体时代消费者扮演的"被动的信息接受者、目标对象"这一角色越来越淡化，取而代之的是"搜寻者、咨询者、浏览者、反馈者、对话者、交谈者"等新角色。录像机、影碟机将电视节目或电影的时间掌控权从媒体工作者手中转移给消费者；电视遥控器也大大方便了观众的搜索，观众可随意决定是否收看节目；以计算机技术为基础的双向模式给消费者提供更充分的交互性和主动性，甚至将传播过程模式从"训示"改为"咨询"或"互动"。正如麦奎尔援引班迪里的观点："受众最初是由技术的发明者所构建的，然而，后来的媒介发展史也显示，使用者们最终'革

新'了技术。"[1] 技术变革带来的新应用正向着对消费者有利的方向发展，消费者可以选择自己需要的内容、接收时间和地点。随着媒体之间竞争的加剧，对消费者注意力资源的争夺只会愈演愈烈，为消费者创造个性化的媒介"菜单"是一种趋势。

二、消费者的媒介多重任务处理能力增强

数字时代的消费者，尤其是年轻人的媒介接触行为发生了很大的变化，越来越多的人同时使用多种媒介进行多项任务。你可能有过类似的经历：一边在电脑上完成工作任务，一边打开手机查看社交软件或别的应用的最新消息，还有可能戴着耳机收听自己喜欢的节目，或随时接听来电等。这就是典型的媒介多重任务使用场景。

互联网诞生以前，人们通常是单独使用某种媒介，比如看电视、听广播、读书看报等，以线性的方式分批、逐次接收、处理和使用信息。而数字技术催生的新媒介丰富了人们的媒介选择，以其"易得和可多接触性训练了人们的多任务处理能力"[2]，人们不再满足于单一的媒介接触，总愿意去尝试新的媒介形式，在同一时间平行地接触多种媒介成为可能，这满足了人们监测环境变化的需要。随着人们获取信息的方式变得更加容易和便捷，消费者变得越来越主动和精明，不再那么容易被影响，他们搜寻信息，辨别真伪，分析企业的营销活动，更谨慎地做出适合自己的购买决策。

三、满足消费者需求的精准传播受到欢迎

互联网技术特别是智能手机和移动互联网的迅速发展，改变并重塑着媒体格局和媒介生态，一个主要的变化是受众的主体地位和权利受到重视，话语权得到释放和满足。"受众即消费者"开始成为很多媒体集团的经营思路，尊重和满足消费者的需求成为一种业内共识。

放眼当下，那些流量和口碑双赢的媒介内容都从一开始就将受众的需

---

[1] ［英］丹尼斯·麦奎尔：《受众分析》，刘燕南、李颖、杨振荣译，中国人民大学出版社2006年版，第157–158页。
[2] ［美］唐·E. 舒尔茨等：《重塑消费者—品牌关系》，沈虹等译，机械工业出版社2015年版，第250页。

求、意见和声音吸收了进来,这是因为媒介信息驱动人们行为转变的机制在发生变化。以往的消费行为的形成过程是"知晓—兴趣—考虑—偏好—购买",随着网络逐渐成为越来越多的中国消费者日常生活中的必需品,更多的消费行为的形成过程变成"知晓—接触(搜寻—口碑—邀请—互动)—购买",最终决策是需要通过网络搜索进一步接触品牌之后才做出的。① 任何想要影响消费者心理、态度和行为的一方,都需要关注消费者的需求,并结合消费者的需求开展精准的传播活动,这样才有可能影响到他们。

为了适应受众媒介接触行为和习惯的改变,数字时代的品牌传播经历了从大众传播到分众传播再到精准传播的阶段。大众传播关注的是信息覆盖面而非触达目标人群的到达率,是一种粗放的媒体投放方式;分众传播更加注重对消费者的人口学细分,从时间、地点、内容到互动方式,关注某一社群的媒介接触习惯,希望传播的内容能够更好地触达消费者,相比大众传播其营销效果有了改善,但是还不够精准;目前营销传播正朝着与消费者需求匹配的精准传播发展,基于地理位置和搜索推荐的信息定制服务成为流行趋势。各种日渐兴起的营销传播模式,如娱乐营销、体验营销、情感营销或以上方式的跨界整合等,更加注重消费者的心理需求和情感体验,吸引消费者深度卷入其中,给消费者带来精神上的愉悦和难忘的体验,"实现对整个消费者从获知信息到产生行动的完整行为链条的覆盖"②。

总之,随着数字技术赋权消费者,消费者的媒介选择权和控制权变大,同一时间媒介的多重任务处理能力也得到增强,以消费者需求为导向的信息定制和媒介精准传播服务受到欢迎。品牌主和营销传播机构需要转变思维和经营理念,着力构建以消费者为中心的品牌传播机制。该机制能够在消费者想要获取或接收品牌信息时,以消费者喜闻乐见的形式,为消费者提供有价值的产品和服务信息。而非像过去的插播广告、电话营销、地面推广等,通过打断消费者正在从事的活动,制造干扰来获取消费者的注意。这将是一个巨大的挑战,蕴藏着品牌传播和新生的机遇。

---

① 于娜:《与消费者同行,才能有效沟通——专访安吉斯媒体集团大中华区首席执行官李桂芬》,载《市场观察》2010年第4期,第69页。
② 肖明超:《新媒体:从经营媒介到经营消费者》,载《广告人》2011年第9期,第93页。

品牌案例 5-1

新媒体环境下企业整合营销传播的有效策略①

整合营销传播是一种以平台整合为依托、以品牌建立为核心、以消费者为中心的新型营销理念。其具有非常明显的特点和优势，受到社会各界的热烈追捧。随着社会发展进程的加快，企业应在多元市场环境下应用整合营销传播策略，以消费者为中心，以市场为导向，进而提升品牌效应。新媒体环境下，企业开展整合营销传播的有效策略有以下四点。

1. 充分挖掘新媒体时代的机遇

企业在落实整合营销策略的过程中，应当了解新媒体的发展规律及特点，充分利用新媒体提供的发展良机，整合新媒体传播渠道。如果企业没有掌握新媒体的发展规律和特点，那么其整合营销策略将很难取得良好的效果，甚至会影响实际营销效果。

2. 体验式整合营销传播策略

新媒体环境下，体验式整合营销传播是指参与者主要借助网络媒体，进入虚拟的世界中进行体验。在实际营销过程中，企业要充分利用互动体验、病毒营销和社区营销等各种营销方式，吸引更多的消费者。

3. 丰富营销手段和传播形式

当前是一个体验经济和创意经济盛行的年代。新媒体环境下，企业应当充分利用新媒体创新传播形式。从某种层面上说，新媒体推动各种新的营销手段和传播形式相继出现，如口碑传播、精准营销、互动体验、数据库与事件营销、社区和反向营销等。企业如何掌握并有效运用新媒体的特征，成为创新形式和手段的关键点。

4. 纵向整合营销传播策略

从本质上说，纵向整合营销传播主要是指以实现产品价值开发为目的、基于时间发展的整合形式，是一种重要、有效的营销传播手段，能够更好发挥出企业价值和企业品牌的效能。新媒体环境下，企业要重视纵向整合营销传播策略的实施，并根据实际情况进行有效的纵向整合营销传播，从而使企业的产品实现多元盈利模式，拓展产业链，使企业获得更高

---

① 贾朝莉：《新媒体时代企业整合营销传播分析》，载《新闻战线》2019 年第 2 期，第 68 - 69 页，有改动。

的经济效益。

首先,企业一开始设计产品时就要建立信息资料库,以消费者为导向,通过消费者调查、市场调研等,对消费者的消费需求和兴趣爱好进行研判,并在此基础上确立目标消费群体,使企业生产的产品符合市场的需求。

其次,在产品上市前后,企业要善于利用话题营销、粉丝营销和饥饿营销等策略,借助新媒体平台加大对产品的宣传力度,并在此基础上进行全方位的营销推广,确保产品上市时有良好的市场氛围。

总之,企业应以消费者为中心,充分利用新媒体平台,整合各种营销手段,不断挖掘与消费者沟通互动的形式,实现品牌传播效果的最优化。

第三节 从单向到互动再到智能:
数字时代品牌传播媒介的转向

数字媒介几经变革,历经"从门户网站到社交媒体,再到今天的智能媒体;从一对多的'布告式'传播到多对多的圈群化传播,再到基于算法的个性化分发"[①]。抛除技术进步带来的媒介形态和传播模式的变化,从受众的角度看,信息传播机制中的反馈环节得到加强,从"作为市场的受众"观念出发,尊重和重视受众的权利成为媒介生产和生存的基本法则。随着受众角色的转变和地位的提高,数字时代的品牌传播逐渐由过去外推式的单向传播向着内拉式的互动传播转变,朝着智能化的精准传播方向发展。

在数字技术广泛盛行之前的很长时间里,营销机构和人员掌握着品牌传播的主动权,根据预算决定何时何地以何种方式传播,主导传播的一方假定消费者或潜在消费者会接收到信息,这是传统外推式的单向传播思维。而今,随着新兴媒体赋权消费者,消费者和潜在消费者通过无处不在的数字媒介和社交媒体获取信息,营销机构和人员在运用外推式的传播方

---

① 刘岩:《技术升级与传媒变革:从 Web 1.0 到 Web 3.0 之路》,载《电视工程》2019 年第 1 期,第 44 页。

式,如广告、公共关系、销售促进、直接营销等之余,应当密切关注各种新兴互动媒体的应用发展趋势,帮助组织转向构建以消费者为中心的内拉式互动传播系统。时下,随着大数据、人工智能、物联网等技术与传媒的有机融合,以改善用户体验为最终目标,将信息内容与用户需求精准匹配的智能化、精准化传播序幕已然拉开,这在传播效率、效果及效益方面将全面颠覆以往任何时代的品牌传播认知和实践。

一、传统外推式的单向品牌传播媒介系统

产生于20世纪90年代的万维网(World Wide Web,简称"WWW")技术,广泛应用于社会各个领域,已然成为传媒和社会变革的重要推动力量。它是1990年由英国人Tim Berners-Lee在欧洲共同体的一个大型科研机构任职时发明的,当时,世界有了第一台Web服务器和Web客户机。1993年,伊利诺斯大学学生安德里森在美国国家超级计算机应用中心实习时开发出图形界面浏览器Mosai,让人们可以用空前方便的方法访问万维网信息资源。从此,万维网在世界范围内不胫而走,被称为"网中之网"。万维网是因特网应用取得爆炸性突破的关键性条件,通过万维网,互联网上的资源可以在一个网页里比较直观地呈现出来;而且资源之间在网页上可以链来链去。这种利用互联网络实现了人类海量资源共享的技术就叫作"Web 1.0"。[①] 我国早期的Web 1.0技术,以各大门户网站为代表,如Yahoo、新浪、搜狐、网易、腾讯等,"其主要特征是大量使用静态的HTML网页来发布信息,并开始使用浏览器来获取信息,这个时候主要是单向的信息传递"[②]。传播主体有选择性地编辑、处理和上传网站内容,网民被动地浏览和阅读,"发布—浏览"成为该阶段的信息传播模式。

随着受众的转移,传统媒体纷纷转战互联网,形成了一批极具影响力的主流门户网站,如新华网、人民网、光明网等。以门户网站为主的单向信息传播模式(图5-2),本质上是传统媒体"点"对"面"传播的网络延伸,只是传统媒体在网络空间的复制和迁移。就受众而言,受制于已有技术和高昂的媒介接触成本,他们既无法参与信息的生产,也难以进行及

[①] 刘畅:《网人合一·类像世界·体验经济——从Web 1.0到Web 3.0的启示》,载《云南社会科学》2008年第2期,第81页。

[②] 段寿建、邓有林:《Web技术发展综述与展望》,载《计算机时代》2013年第3期,第8页。

时的信息反馈,形成了一种以单向性和中心化为特征的网络传播结构。

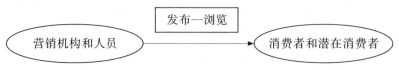

图 5-2 数字时代以门户网站为主的单向传播模式

以门户网站为主的"发布—浏览"模式,在参与、互动和分享等方面存在一些不足,然而网络的富媒体形态使其超越了传统媒体,丰富了传播样式和内容表现力,为扩大品牌营销和品牌传播的影响力增加了新渠道。该时期主要的网络应用形式有:企业网站、网络广告、邮件营销、搜索引擎营销、网上商店营销等,都以向外推送式的单向品牌信息发布和传播为主。

二、新兴内拉式的互动品牌传播媒介系统

Web 1.0 技术实现了信息内容的聚合,Web 2.0 技术则满足了人们参与、互动及分享的需要,典型的应用包括:即时通信(IM)、博客(blog)、标签(tag)、简易信息聚合(RSS)、维基百科(Wikipedia)、社交网站(SNS)、基于位置的信息服务(LBS)等。2004 年 3 月,欧雷利媒体公司(O'Reilly Media Inc.)负责在线出版及研究的副总裁戴尔·多尔蒂(Dale Dougherty)在公司的一次会议上随口将互联网上最近出现的一些新动向用 Web 2.0 一词来定义,该公司主席兼 CEO 蒂姆·欧雷利(Tim O'Reilly)立刻被这一说法吸引,并召集公司相关人员用大脑风暴的方式进行探讨。在欧雷利媒体公司的极力推动下,全球第一次 Web 2.0 大会于 2004 年 10 月在美国旧金山召开。从此,"Web 2.0"这一概念以不可思议的速度在全球传播开来。

在 Web 2.0 时代,技术能够支持双向的信息编辑、发布和浏览,用户的身份和角色开始从信息的使用者和接收者转向信息的生产者和传播者,广大用户自发织网,互联网正成为一个汇聚普罗大众能量的磁场,用户"共建—共享"的传播模式开始形成和流行。2007 年 1 月,美国《时代》周刊公布了其 2006 年的"年度人物"(Person of the Year),这次不是某一个具体的个人,而是全球数以亿计的互联网使用者。对此,《时代》封面的下方还有一段解释文字:"是你,就是你!你把握着信息时代,欢迎进入你自己的世界。"(Yes, you. You control the Information Age. Welcome to your world.）之所以选择亿万网民，《时代》执行总编辑施滕格尔解释说："如果你选择一个个人为年度人物，你必须得给出他是如何影响数百万人生活的理由；但是如果你选择数百万人为年度人物，你就用不着给出理由了。"《时代》周刊的颁奖词中有这样一段话："Web 2.0 是一个大型的社会实验。与所有值得尝试的实验一样，它可能会失败。这个有60亿人参加的实验没有路线图，但2006年使我们有了一些想法。这是一个建立新的国际理解的机遇，不是政治家对政治家，伟人对伟人，而是公民对公民，个人对个人。"①

面对蓬勃发展的新兴互动媒体，用户作为信息生产者的创作欲得到释放，作为传播者的影响力得以扩大。用户自行设计网页、制作和传播内容。以共同的兴趣爱好为基础，满足个性化信息需求的网络应用变得普遍，"从'人机'交互向'人—机—人'交互方向发展，这些全新的网络技术发展趋势也给网络营销带来全新的理念。其典型的网络营销方法包括博客营销、电子书营销、网络社区营销、即时通信营销等"②。

在此背景下，为了增强品牌传播效果，企业品牌管理人员应把工作重心转向构建以消费者为中心的内拉式互动传播系统。该理念主张品牌传播媒介的运用应以不打断用户正在从事的活动或不对用户的信息接收造成干扰为原则，以免招致反感而适得其反，要适应用户品牌接触媒介的习惯，借助新颖的信息内容创意，吸引用户注意，调动起用户参与的兴趣，使用户接触和搜索信息，参与互动或者做出购买决策，最终分享产品及服务的消费体验，口口相传，形成蜂鸣效应。植入广告、用户生成内容等形式，由于满足了以上条件，从而成为品牌营销和传播机构非常重视的传播手段。

三、方兴未艾的智能品牌传播媒介系统

与 Web 1.0、Web 2.0 不同的是，业内有关 Web 3.0 一说，都认可其核心理念是致力于为用户提供顺畅的个性化、精准化和智能化的信息服务。2005年圣诞节，Bille Gaizi 在美国微硬公司高管会上，讲述了微硬公司的互联网战略，主要围绕一个新的互联网概念模式展开，并赋予这种互

---

① 刘畅：《"网人合一"：从 Web 1.0 到 Web 3.0 之路》，载《河南社会科学》2008年第2期，第138页。
② 罗裕梅：《Web 技术与网络营销方法探讨》，载《电子商务》2010年第12期，第19页。

联网模式一个新名词——Web 3.0。① Web 3.0 在 Web 2.0 的基础上，将杂乱的微内容进行最小单位的继续拆分，同时进行词义标准化、结构化，实现微信息之间的互动和微内容间基于语义的链接。Web 3.0 能够进一步深度挖掘信息并使其直接从底层数据库进行互通，并把散布在 Internet 上的各种信息点以及用户的需求点聚合和对接起来，通过在网页上添加元数据，使机器能够理解网页内容，从而提供基于语义的检索与匹配，使用户的检索更加个性化、精准化和智能化。② 业内人士认为，Web 3.0 跟 Web 2.0 一样，仍然不是技术的创新，而是思想的创新，进而指导技术的发展和应用。③ 由此看出，Web 3.0 旨在实现信息内容和用户需求之间的高度匹配。一方面，为受众提供其所需要的有价值的内容，降低信息检索的成本；另一方面，在合适的时间、合适的场景，将合适的信息呈现在对应的受众面前，实现价值的最大化。④ 在 Web 3.0 时代，组织和个体之间加强协同配合，共同为用户提供智能化、精准化和个性化的信息聚合服务。

以 Web 3.0 时代的理念和技术为支撑，现阶段的品牌营销和传播在传播效率、效果及效益方面将全面颠覆以往任何时代的品牌传播认知和实践，如精准营销、互动营销、体验营销。以文化旅游业为例，用户通过多种接收终端随时随地接入互联网，如个人电脑、智能手机、电子阅读器、智能穿戴等设备；就景点介绍及票务预订、住宿餐饮、导游服务、交通工具、在线支付等，品牌主为用户提供个性化、精准化、智能化的信息匹配服务，最大限度地满足用户的需求，改善用户的体验；同时，用户基于相关产品和服务的网络评价，丰富了品牌传播内容，有利于实现立体化的品牌传播效果。

四、数字时代品牌传播媒介的展望与趋势

有关 Web 4.0 时代的说法不一，散见于一些行业会议发言和讨论中。

---

① 刘畅：《网人合一·类像世界·体验经济——从 Web 1.0 到 Web 3.0 的启示》，载《云南社会科学》2008 年第 2 期，第 82 页。
② 熊回香、陈姗、许颖颖：《基于 Web 3.0 的个性化信息聚合技术研究》，载《情报理论与实践》2011 年第 8 期，第 95 页。
③ 刘畅：《"网人合一"：从 Web 1.0 到 Web 3.0 之路》，载《河南社会科学》2008 年第 2 期，第 138 页。
④ 刘岩：《技术升级与传媒变革：从 Web 1.0 到 Web 3.0 之路》，载《电视工程》2019 年第 1 期，第 46 页。

5G、大数据、人工智能,从物联网(IoT：internet of things)到万物互联(IoE：internet of everything)的转变,在业界掀起一股以数据驱动营销,品牌传播可视化的潮流。

坚持以人为本、以消费者为中心的理念,品牌主与广告营销机构合力以新的方式为消费者创造价值,在合适的时间、合适的地点,以合适的媒介内容触达消费者,与他们沟通互动,为顾客带来更丰富的体验。

一方面,数据驱动营销的第一步是收集和分析数据,从海量数据中提取价值,将数据的价值赋予品牌。许多企业纷纷搭建自己的数据、技术部门,用于指导管理决策。同时,与业界拥有强大数据分析能力的公司合作或者购买使用也不失为一种有效的策略。在数据的基础上创造面向未来的产品,这是对数据很好的使用,同时也是很有趣的方法,可以帮助我们以一种开放的方式打造产品,同时把终端客户很好地吸纳进来。①

另一方面,品牌传播可视化得益于即将普及的5G技术。5G技术具有高带宽、低时延的特点,在品牌传播方面可以提供更加深入的沉浸式交互体验。围绕满足用户的需求,跨屏互动、多渠道融合的数字营销是未来的一个重要营销方向,其表现形式有：直播带货、AR/VR营销等。

数字时代,企业高层管理人员和品牌营销传播机构对媒体生态图谱要有足够清晰的认知,能够深入理解不同类型媒体平台的特性,描绘每种媒体触达人群在生活方式、内容消费和购买行为等方面的群体画像,从而帮助企业制定出长期和短期相结合的品牌传播战略和策略,实现不同时期的品牌传播目标。

品牌案例 5-2

2020 中国数字营销趋势报告②

以互联网和大数据为核心的数字营销正在颠覆着整个营销生态。

近日,秒针系统、AdMaster联合GDMS发布了《2020中国数字营销趋势报告》,用大数据洞察了品牌广告主、代理公司、媒体、营销技术公司等多个行业,预测2020年营销走势及增长点。

---

① Mark Cranmer：《Web 4.0 时代的数字营销》,载《中国广告》2011 年第 7 期,第 22 页。
② 焦佳星：《2020 中国数字营销趋势报告：短视频依旧火爆,数据注水持续存在》,见 36 氪网(https://36kr.com/p/5271492),2019 年 12 月 2 日,有改动。

1. 数字营销的移动化趋势

广告主的资金预期投入与当下信息环境紧密相关。在过去的几年时间里，整个互联网的使用场景产生了巨大变迁，越来越多的广告主将广告投放重点从PC端转向移动端。

根据预测，2020年移动端预算投入将增长75%，但PC端仅会有9%的增长。然而，受制于总体经济大环境的影响，数字营销增长趋势相较前三年放缓，但绝对增长率仍保持在较高位，约14%。

2. 数字营销的精准化趋势

随着网络化的深入，信息不再是稀缺资源，消费者的消息变得异常灵通，人际传播的效果远远大于广撒网式的广告投放。精准化数字营销的时代已经来临。

当人成为数据营销的中心，社交媒体也自然受到了广告主的青睐。社会化营销和自有流量池是2020年最值得关注的数字营销形式，无论是在PC端还是移动端，社交平台都超过了搜索引擎，成为广告主的投放重点。

公开数据显示，从2018年至今，淘宝直播新增商家数量相比之前已增长近3倍。2018年，通过淘宝直播引导成交额达5000万元的店铺有84家，另有23家实现成交额破亿。

"淘宝直播第一人"薇娅的带货能力惊人，短短2小时的单场直播最高引导销售额超2.67亿元，单件商品最高销量65万件，单件商品最高销售额达2700万元。这些不断高涨的数据正一遍遍地刷新广告主对直播带货的投入。

3. 数字营销的个性化趋势

报告预测，2020年自制视频/微电影依旧是广告主的投放重点，然而数据营销从业者则更为开放，关注直播、游戏电竞、网综、网剧等多渠道投放。

电竞是当今发展最快的行业之一。截至2018年年底，中国电子竞技行业用户总数约为4.28亿。庞大的市场吸引了广告主的关注，在2019年LPL夏季决赛开场，奔驰以AR的形式出现，凭借决赛的高流量获得广泛关注。

游戏电竞只是个性化数字营销的一个侧面，面对经济下行的压力，变现速度快、投入成本小的个性化方案将成为数字营销的重要发展方向之一。

第四节　数字时代的品牌传播渠道

随着数字技术的飞速发展和数字接收终端的普及，传播媒介系统的数量呈现爆炸式增长。我们可以列一份长长的可供人们选择的数字媒体清单，包括电视、电脑、智能手机、智能穿戴、电子阅读器、各种音视频播放器以及正在发展的新兴人工智能设备等。依托互联网技术和数字媒体平台，衍生出了大量的数字应用，包括从早期的门户网站、搜索引擎、电子邮件、网络视频、网络游戏、网络音乐、电子杂志等，到占据人们更多时间和注意力的社交媒体，如博客、微博、微信、直播、问答、百科、短视频、自媒体等。数字时代使顾客和企业都获得了更广泛的能力，这种新的能力使传统"线下第一、线上第二"的逻辑转变为"线上第一、线下第二"。[①]

一、数字广告

网络传播的即时交互、覆盖面广、富媒体形态等特征，开辟了广告传播的新空间。

1997年3月，China byte 网站上出现了第一条商业性网络广告，这标志着中国网络广告诞生了，此后中国网络广告发展迅猛。[②]

根据 eMarketer 报告，2019年全球数字广告支出将增长17.6%，达到3332.5亿美元，首次占媒体广告支出的一半左右，详见图5-3。广告支出将在全球范围内继续增长，其中数字广告推动大部分增长。[③]

[①] T. Erdem, K. L. Keller, D. Kuksov and R. Pieters, "Understanding Branding in a Digitally Empowered World," *International Journal of Research in Marketing* 33, No. 1 (2016): 3–10.

[②] 尚岩:《浅谈网络广告在广告媒体中的优势》，载《现代营销（经营版）》2020年第3期，第131页。

[③] 滕佳佳、金春花、康尺等:《数字经济浪潮下运营商数字业务创新实践》，载《信息通信技术》2020年第1期，第13页。

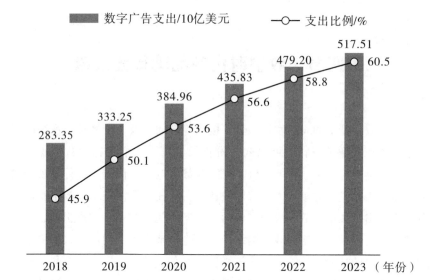

图 5-3　全球数字广告支出趋势

（来源：eMarketer 报告）

截至目前，数字广告的传播形式有：浮动式广告、弹窗式广告、植入式广告等。具体的传播渠道包括：网页、电子邮件、电商平台、App 应用、社交媒体平台（如微博、微信、抖音等），以及正在孕育的智能数字广告。

数字时代的广告传播，架起了品牌和消费者之间沟通的桥梁。广告传播对象从笼统到具体、从宽泛走向定制，个性化、定制化的信息服务成为流行趋势。数字广告的传播优势主要体现在以下四点。

1. 改善用户体验

数字广告突破了图文视频的表现形式，以真人讲解示范、动漫人物模拟、VR/AR 虚拟现实增强技术，通过模拟现实中的场景，借助沉浸式传播为用户提供身临其境的体验，使得用户的产品和服务体验更加友好、直观，从而增强广告传播的效果。例如，网络游戏《第二人生》就创造出了一个巨大的虚拟三维世界。

2. 及时互动式的反馈

互联网媒介的草根特性，使其一开始便赋予了每个网民平等交流的权利。就数字广告而言，用户在接收信息的同时，也能做出及时的反馈。"用户生成的广告"已经成为数字时代品牌广告内容的重要组成部分。用户就产品或服务发起话题讨论，上传图文视频，分享自己的使用体验，在互动中加深品牌印象，丰富品牌联想。

3. 跳转链接的无限性

海量开放的网络信息，使用户在浏览数字广告时，可以在各种跳转链接中全方位、立体地了解某一产品、服务和品牌，弥补了传统广告信息内容有限的缺陷。数字广告下的消费决策变得更加快捷和人性化，当消费者看到中意的产品时，可以随时下单。简言之，广告对消费决策的影响更加直接和高效，消费者在搜寻、接触信息中随时有可能产生购买行为。

4. 基于用户画像的广告传播精准化[①]

大数据技术的运用，提升了对数据的挖掘和处理能力，也重塑了数字广告行业。

用户画像是大数据技术的重要应用之一，其目标是在多维度上构建针对用户的描述性标签属性。Alan Cooper 最早提出用户画像的概念，是指"建立在一系列真实数据上的目标用户模型"。C. Teixeira 等认为用户画像是"从海量数据中提取并描述用户需求、偏好和兴趣的用户模型"。我国学者牛温佳、刘吉强等将其概述为"收集与分析用户的社会属性、生活习惯、消费行为等数据，通过标签化全面抽象地得出用户的信息全貌"。用户画像最初应用于计算机、电子商务、图书馆等领域的产品设计与优化、内容精准推送、个性化服务等方面。

用户画像作为实现智能信息推荐的关键性技术范式与工具，因其在用户细分与定向，挖掘并判断用户需求、喜好、消费行为等方面的独特优势，将对数字广告传播的精准性和有效性发挥重要作用。

第一，用户画像从根本上革新了基于小样本的传统洞察方式，为企业提供了用户信息全貌，从而精准定位目标用户群体并挖掘用户的需求，为广告对象设定和基于大数据的消费者洞察提供关键技术支持。

第二，通过用户画像完成对广告目标的认知和设定后，继而可以执行精准化、个性化的数字广告创意及媒介策略，并实时优化广告效果，减少无效广告费用的浪费。

第三，基于用户画像技术，提升广告行业的市场效率，促进我国广告产业智能化转型与快速发展，提升我国数字广告产业的竞争力。

总之，随着各种新兴技术的运用，为用户提供最符合需求和期待的广告内容和商品信息，实现广告、用户、商品或服务的精准匹配成为可能，未来数字广告将朝着精准化、个性化、智能化的方向发展。

---

① 韩文静：《基于用户画像的数字广告智能传播》，载《青年记者》2019 年第 18 期，第 76 页。

品牌案例 5-3

爱奇艺 IP 娱乐场，以大剧和综艺驱动品牌传播[①]

近年来，爱奇艺一直深耕青年文化，通过持续创造爆款内容引领潮流文化，而在爱奇艺的内容矩阵中，大剧和综艺是它内容生态的两大基石，爆款频出引领大众潮流。在爱奇艺海量大剧和综艺节目中，品牌面临的问题是如何选择内容找到目标受众，如何才能实现与目标受众的互动，带来新的增长机会。为了帮助品牌提高投放效率，提升投放效果，爱奇艺还为品牌打造了一套剧综营销的方法论。

1. 三大剧场引爆大剧营销

面对爱奇艺的海量内容，怎样才能找到适合自己的热播剧，是摆在品牌面前的一道难题。为了帮助品牌选择适合自己的内容，爱奇艺推出三大剧场——7100 剧场、Top 剧场和主题剧场，三大剧场引爆营销。

其中，7100 剧场和 Top 剧场是爱奇艺从剧集内容热度等多维度评定，选出流量 Top5 的剧集以及平台热度超过 7100 的剧集，帮助品牌在投放时选择以上热度剧集，通过剧集的高热度所带来的价值溢出，为广告主提供更优化的广告解决方案。以 7100 剧场为例，当一部剧的站内热度值超过 7100 时，就会被爱奇艺定义为爆款潜力剧，剧集就自动进入广告主的推荐投放名单。主题剧场则是瞄准圈层人群，打造主题文化，帮助品牌找到目标受众，实现精准投放。

爱奇艺三大剧场一方面可以瞄准圈层人群，帮助广告主实现精准触达，另一方面通过自动推荐，为广告主找到潜在爆款 IP，实现稳定的"地毯式"海量曝光，在一个投放周期内，广告主可以实现"精准+海量曝光"的双重效果。在剧场式模式下，爱奇艺还开发各种广告产品，例如创可贴、原创大头贴、片尾彩蛋、大剧 vlog 等产品，满足广告主实时互动、实时创意等营销目标。

值得一提的是，依托 AI 等技术，爱奇艺可以强势锁定目标客户，挖掘潜在客户，助力品牌实现精准定向投放，提高投放效果。

[①] 周瑞华：《爱奇艺 IP 娱乐场，引爆娱乐营销》，载《成功营销》2019 年第 11 期，第 86－87 页，有改动。

2. "内容+社交"驱动综艺社交化营销

综艺是爱奇艺的另一大内容支柱。针对综艺，爱奇艺推出音乐风、少年风、新潮流、生活趣、体育燃、Ta时代六大赛道。在综艺营销上，爱奇艺强化综艺的社交化营销模式，通过新互动、内容沉浸、扩容广告、品牌外围营销四大方式，变内容为社交工具，打造"内容+社交"驱动的用户、品牌双向沟通机制。

相比大剧营销，综艺营销的特点在于品牌可以通过与IP的深度绑定，输出品牌价值观，从而实现与受众的深度沟通。因此，与受众之间的互动在综艺营销中就显得格外重要。基于综艺营销互动强的属性，2019年爱奇艺推出业内首个互动视频广告，这个清扬洗发水的互动广告出现在《中国新说唱2019》中，广告中两大人气选手杨和苏、福克斯用rap形式唱出产品的卖点，在广告结尾处，画面出现两个互动按钮"福福对你说"和"苏苏对你说"，观众可以选择不同按钮观看不同剧情。这个广告创造性地把综艺IP、原生创意广告语互动结合，带来了更多商业变现的空间。

3. 剧综联动双保险提升品牌投放效果

除了大剧和综艺营销方法论之外，爱奇艺还推出"剧综联动"内容营销一站式解决方案。该解决方案的优点在于：实现高覆盖、破圈层，带动不同圈层人群联动；同时，剧综卡牌式组合锁定优质内容。有了大剧、综艺双保险，可以提升广告投放效率，降低投放风险，在一个投放周期内，为品牌达成"曝光+深度沟通"的营销目标。

在这个方案中，爱奇艺推出两款产品，其中原生产品的核心是通过大剧的主产品+综艺版块的辐射，提高品牌的广告曝光，进行人群的聚合。共创产品的核心是品牌与IP共创价值观，以综艺IP辐射大剧投放，在一个投放周期内，通过"综艺为主、大剧为辅"的方式扩大品牌的影响力。

作为国内领军的娱乐营销新势力，爱奇艺在娱乐营销的不同阶段推出特定的营销方法论，用技术赋能娱乐营销，不断推出各种广告产品，满足不同时期广告主的营销需求。从"广告即内容、内容即广告"到"IP价值观感染营销"，从之前的口播广告到现在的AI广告产品，爱奇艺一直致力于以优质内容为载体，通过多元的营销创新方式，为品牌提供更多的营销选择，助力品牌成长。

二、电商平台

1998年，我国第一笔网上交易达成。今天，电商及其配套服务已经成为生活基础设施，满足着人们日常的购物需求。

电商平台是以计算机技术和网络信息技术为基础开展的商业活动，目前主要有PC端和移动端两种接入方式。由于较少受到时间和空间的限制，加上丰富的应用场景和发达高效的物流体系，以及地理位置信息的分享，打破了线上和线下之间的界限。此外，网络支付、服务保障、物流配送等电子商务配套体系的发展和成熟，使电商平台成为连接政府、企业、商家和消费者的纽带，在提振消费、扩大需求和保障民生方面发挥了关键作用，为经济社会的常态运行创造了良好条件。

2020年3月15日，中国消费者协会发布的《"凝聚你我力量"消费维权认知及行为调查报告》显示，从消费行为特征上看，线上消费替代线下消费趋势明显，近六成受访者线上消费超过线下消费。[1]

eMarketer分析预测，从整体上看，未来三年内，全球电商增长率仍处于20%的高速区间，远高于零售市场的整体增长率。2017年，全球网络零售额达到23000亿美元，增长率为24.8%，占全部零售额比重的10.2%。2021年将比2017年增长1倍以上，达到48800亿美元，占全球零售销售额的份额将超过17.5%。[2]

电商平台不断创新和融合新技术，持续为数字经济的发展注入动力。为了适应消费者购物方式的转变，企业通过第三方平台和自建平台等方式，一轮又一轮的品牌营销和传播大战接连上演。互联网俨然已经成为一个包括数字媒体、社交App、智能手机等在内的交互体系，5G、大数据、区块链、人工智能等技术在电商领域的应用推广，共同形塑着新的信息传播模式，电商平台朝着移动化、社交化、智能化的方向发展。

---

[1] 中国消费者协会：《中消协发布〈"凝聚你我力量"消费维权认知及行为调查报告〉》，见中国消费者协会网（http://www.cca.org.cn/zxsd/detail/29505.html），2020年3月15日。
[2] 李勇坚：《全球零售电子商务发展现状、格局变化及未来趋势》，载《全球化》2020年第2期，第87页。

品牌案例 5-4

直播电商：品牌传播的双刃剑

直播电商是"直播+电商"的有机结合，本质是电商平台的自我迭代与更新。经过数年发展，2019年，淘宝直播强势出圈，被称为直播电商元年。2020年，热度持续走高，抖音、快手、小红书、拼多多及其他类的平台都开通了"娱乐+带货"的直播功能。从头部主播到当红明星，从知名企业家到政府官员，从主持人到网络红人，纷纷加入直播阵营，掀起一股直播带货的热潮。

直播电商对于品牌营销的正向作用主要体现在三个方面。

（1）品牌传播效果明显。直播当前，不少知名企业家利用直播，发挥自己声望的影响力，为自家品牌做背书。直播电商受到品牌主追捧的原因是直播电商克服了传统电商的局限，消费者可以高度参与，较为全面地了解产品及服务质量，体验感觉良好，在沉浸式传播中助力品牌传播，实现销售转化。虽然直播对品牌建设的长期效果尚待商榷，但在强化品牌印象、唤醒品牌记忆的短期效果方面成效卓著。

（2）营销效果显著。以薇娅、李佳琦等为代表的头部主播拥有完整高效的团队，能够帮助主播在试用、试吃、试玩过程中直观地展示产品，在和用户强互动的场景中帮助消费者感知产品，刺激购买欲望，购买转化迅速，营销效果直接、明显。

（3）营销反馈及时。在直播过程中，主播与观众、观众与观众之间可以就售卖的产品进行频繁、高效的互动，反馈及时，增强和改善用户体验，比较容易赢得用户的信任，取得品效合一的营销效果。

直播电商之于品牌传播就像一把双刃剑。发挥直播电商对品牌资产积累的正向效应，规避其不足之处，需要考虑到以下三点。

（1）直播电商的营销效果受制于诸多条件。受到直播电商战果累累的诱惑，品牌主对直播电商抱以厚望，跃跃欲试，却容易忽略直播电商受众群体有限、与目标消费人群重叠度待评估等问题。观看直播比较耗时，对快节奏和比较繁忙的人群来说不大适宜。从实践效果看，直播电商比较适合单价不高、适宜囤货消费的品类。另外，随着直播电商的常态化，外加商品品质及服务缺乏保障等因素，受众围观的心理也会减弱，趋于平和理性。

（2）直播电商对品牌传播的短期和长期效果有待证实。目前来看，通过直播孵化的新品牌案例较为鲜见。头部主播以"全网最低价"的噱头和魔性的营销手段压缩了厂家的利润空间，让消费者享受实惠，满足了消费者爱占小便宜的心理。从短期效果看，可以帮助企业消化库存，激活品牌认知；但从长期来看，容易打乱品牌的营销节奏，不利于高价值品牌形象的长期构建，在传播品牌文化和培养忠诚顾客方面也效果有限。

（3）要使直播电商发挥最大效用，应与其它品牌传播手段协同使用。随着消费者心态趋于平和和理性，以及有可能出现的用户体验更佳、成本更低的技术应用，直播电商将会迎来一个调整期。品牌要想实现持久带货，成功占领消费者心智，需要以系统思维构建全网营销体系，稳扎稳打地累积品牌资产。

三、社交媒体

社交媒体（social media），有时也使用"社会性媒体""社会化媒体"的表述，在不同程度上得到了学界和业界的认可而被广泛传播并使用。"社交媒体"以用户的需求为出发点，突出强调新媒介技术在满足大众社会交往需求方面的特性。这与social包含的"社会的、社交的、合群的"意思相一致。而"社会性媒体""社会化媒体"更注重强调新媒介技术带来的社会影响。

随着传统电商流量费用和获客成本的不断攀升，社交媒体以其高黏性、高频次、低成本的优势开创了"社交+电商"的新模式。在社交电商人际传播网中，关键意见消费者（key opinion consumer，简称KOC）作为热爱分享购物经验和体验的意见领袖活跃在各大平台，实现了分享、互动和晒单的需求，为消费者带来了有趣的购物新体验。

社交媒体平台风水轮流转，谁更能赢得用户的欢心，谁就能成为新一轮电商发展的必争之地。细数我们用过的社交媒体软件，有QQ、MSN、飞信、微博、微信、短视频、直播以及各种网络社区等。以小米手机为例，企业搭建了"小米社区"网络论坛，知乎、豆瓣上的"小米手机"讨论组，QQ上的"小米手机交流群"等，企业、顾客和其他群体都可以加入社交媒体中对品牌进行讨论，构建品牌与消费者之间有效可控的互动关系成为品牌营销传播工作中的关键所在。

随着人口红利效应的减弱，各行业的获客成本增加，社交电商成为经济发展新的增长点。拼多多、小红书等社交电商平台的崛起，五花八门的电商直播，眼花缭乱的社群拼购，总体而言，这些社交电商形式集引流、互动、变现于一身，将品牌触达的用户都沉淀在自有平台上，逐步确立"多元流量＋小程序＋App"的全渠道运营模式，解决了品牌与消费者之间沟通渠道不畅的问题，构建出以强互动和高转化为特征的品牌传播体系。

品牌案例5-5

服装电商 Stitch Fix 玩转 "盲盒营销"[①]

DTC，direct to consumer（直面消费者），作为一种新兴的商业模式，是指将某品牌的商品直接销售给消费者，包括消费者的需求也可以直接传递给品牌方的全新商业模式。

Stitch Fix 是美国一家 DTC 品牌，是以机器学习算法和设计造型师结合的个性化服装电商平台。通过算法和设计造型师帮助消费者选择服饰，以数据驱动服装服务，简化用户决策，提升用户购物体验。

Stitch Fix 2011 年成立于美国旧金山。那年正是国外 DTC 品牌兴起之年。初创时期，品牌提出"A New Way Shop"，重新定义了购物体验。同时，品牌将目标消费者锁定在女性群体，用户只需要在官网注册账户，并根据问卷提示，提交消费者的尺寸和风格等相关偏好数据。品牌再通过 AI 算法进行数据学习，并结合专业设计造型师的搭配建议，专门为用户挑选 5 个服饰盒子，从偏好和专业搭配角度，给到用户意料之外的服饰推荐。用户可以从 5 个盒子中挑选中意的服饰，为其付费，不合适的可以退回。此时，算法会根据用户的挑选结果再进行学习，不断迭代优化算法模型来提升推荐的准确性。

目前，Stitch Fix 已经将服务类别拓展到男装、童装，并且为品牌会员提供直接购买服务"Shop Your Look"，会员可以通过浏览官网搭配的服饰直接下单，购买服装。

据不完全统计，目前，Stitch Fix 拥有 320 万客户，2018 财年的收入为 12 亿美元，利润为 4500 万美元。在 2019 年公司拓展新业务投入较多资金

[①] Keddy：《估值 30 亿！服装电商 Stitch Fix 玩转"盲盒营销"》，见人人都是产品经理网（http://www.woshipm.com/marketing/3707400.html），2020 年 4 月 15 日，有改动。

时，收入仍保持增长，达到16亿美元，利润为3690万美元，并且投资机构对该公司的估值达到30亿美元，这表明所有AI数据科学和个性化的服务都正在获得回报。

那么，Stitch Fix 是如何利用算法打造个性化服务优势的？

（1）用户注册后沉淀基础数据。用户在网站成功注册账户后，需要填写 Stitch Fix 预先设定的问卷调查。填写完毕后，会为每个用户创建一个人数据档案，用来记录该用户所有数据更新、变动，比如每次用户收到盒子后的反馈信息。

（2）不断积累数据，优化算法模型。为了积累更多用户风格偏好的数据，Stitch Fix 开发了一款基于 IOS 环境下的应用程序 Style Shuffle，用户打开软件后会收到服饰搭配评分邀请，用户可以每天为一套服装搭配图片评分。据了解，该品牌290万客户中有超过75%的用户使用了它，为公司提供了超过10亿条的评分数据。

这款程序不仅可以用来训练算法模型，了解用户的个人风格倾向，提高推荐准确性；同时，还能吸引用户回到 Stitch Fix，提升其个性化的产品能力，影响用户打开率和回购率。

（3）以用户数据反馈迭代个性化服务。与此同时，Stitch Fix 不断提升其个性化服务的能力。比如，当用户退还为其搭配的衬衫后，设计造型师团队根据用户反馈和数据结果，意识到用户希望衬衫可以掩盖腹部，胸部和袖口可以更宽松。在调整这些尺寸后，团队自行设计服装，填补市场空缺，创造出可预见的高利润率和购买率的商品。

另外，品牌也会征求客户反馈意见并精确衡量销售服装各个维度，根据用户需求反馈，预测用户对品牌潮流的关注和喜好度，来扩大服装品牌类别，从而提高其大规模提供个性化样式的能力，将目标消费群体从富有人群扩展到中等水平的人群。

当然，该品牌也有自身需要关注和解决的三大问题：如何拓展客户群体、维持用户黏性以及提升数据推荐的准确性。或许，品牌下一步将利用AI数据算法指导商业竞争决策，加快数字化决策进程。

第六章
数字时代的品牌传播内容

▶ 本章提要

  数字时代，人们面临着信息过剩和注意力稀缺之间日益紧张的矛盾。品牌营销传播机构和人员需要研判内容生产机制的变化和趋势，尊重用户的信息需求，遵循市场运作和传播规律，创作出优质有趣的内容，选择合适的平台传播，在品牌与目标消费群体的深度互动中，建立情感联系，强化独特的品牌认知和品牌形象。

  品牌的价值主张，是品牌传播的核心内容，是组织创立和发展过程中对所从事业务领域理念的集中概括，是组织开展活动的指针和方向。品牌的价值主张包括实用性、情感性和自我表现功能三个方面的内容。

  第四章介绍的 SIVA 系统，在组织建立、发展和坚持品牌价值主张方面有一定的参考价值。品牌提出合理价值主张的关键在于明白消费者期望从品牌中得到什么，在恰当的时机以可信的、合适的方式传递给消费者，同时应尽可能地使消费者便捷地获取品牌及其功能，持续输出高质量的品牌传播内容，使其与消费者的生活、工作和学习发生连接，在沟通和互动中帮助消费者累积品牌知识，创造并强化目标人群的品牌认知和品牌形象。

▶ 本章学习要点

- 品牌传播内容
- 优质内容
- 内容生产机制
- 品牌认知
- 品牌形象
- 价值主张

随着数字时代传播媒介和平台数量的增多，人们在信息过剩和注意力稀缺之间的矛盾日益加深。品牌营销传播机构为了引起人们对传播信息内容的兴趣，通过消费者调查，深刻洞察消费者的核心需求，对可资利用的品牌传播媒介了然于心。首先，生产出优质有趣的内容；其次，选择合适的平台传播；最后，在品牌与目标消费群体的深度互动中，建立情感联系，强化独特的品牌认知和品牌形象。

品牌传播内容解决的是传播什么的问题，对于立志做品牌的组织而言，首要的任务是精心打磨优质内容。内容既意指信息的表现形式，更指向品牌深层次的价值主张。品牌优质内容的输出，从品牌生命力的保持和发展角度看，也意味着组织有能力用更加个性化、更高质量的产品和服务去兑现对消费者的承诺，而不仅仅是靠营销的噱头来维持昙花一现的曝光量。

第一节　优质内容是品牌传播的根本

一、品牌传播的内容

从传播学的角度看，传播内容就是信息内容，"传播内容是信息形态与信息载体二者的有机组合"[①]。随着5G、大数据、人工智能、算法推荐、区块链、VR/AR等新兴科技的发展和成熟，信息内容的符号形态变得更加丰富和逼真，从文字、图片再到短视频和直播，视频内容成为文字、图片、音频等形式的重要补充。与此同时，信息传播的平台和渠道也更加多样，品牌网络营销不断迭代升级。作为最具综合性与交互性的传播方式，直播近年来得到重视并实现爆发式增长。

品牌传播的内容涵盖了品牌要素的方方面面，其中以品牌的名称和价值主张尤为重要，标识、符号、形象代表、品牌口号、广告曲、包装等也不容忽视。

打造有影响力的品牌传播内容，应当从目标人群的信息需求出发，以

---

① 喻国明、杨雅：《5G时代：未来传播中"人—机"关系的模式重构》，载《新闻与传播评论》2020年第1期，第7页。

品牌构成要素为内核，辅以创意的内容形态，借由合适的渠道和平台分发，构建全要素和全渠道的品牌传播体系，在与目标人群的互动中传递品牌信息，建立联系，加深信任，从而推动树立和维护良好的品牌形象。

二、用优质内容连接目标人群

数字技术丰富了传播媒介和内容的形态，给品牌传播带来了新的机遇和挑战。通过持续创新地展示品牌要素，品牌传播媒介和内容合力创建并提高品牌认知。从"刺激—反应"的行为模式来看品牌传播，首要的是创作优质内容，而后借助各种传播平台和渠道，在沟通和互动中帮助消费者累积品牌知识，创造并强化品牌形象以及目标人群的品牌认知。

（一）品牌认知

知名营销学专家凯文·莱恩·凯勒提出了一个经典的"消费者—品牌"认知框架。品牌认知是指人们对品牌的熟悉程度，由品牌再认和品牌回忆两个部分构成。品牌再认是指消费者通过品牌暗示确认之前见过该品牌的能力；换句话说，就是当顾客来到商店时，他们是否有能力辨别出哪些品牌是他们以前见过的。品牌回忆是指在以给出品类、购买或使用情境作为暗示的条件下，消费者在记忆中找出该品牌的能力。研究表明，当大多数消费者在销售点做出购买决策时，由于产品的品牌名称、标识、包装等元素清晰可见，品牌再认决定了购买行为；如果消费者不在销售点做出购买决策，则品牌回忆将起关键作用。因此，对于服务和在线产品来说，建立品牌回忆至关重要，因为消费者会主动寻找品牌，并将合适的品牌从记忆中搜寻出来。[①]

例如，消费者准备购买5G手机时，华为公司基于其多年的品牌传播实践，包括广告与促销、赞助与事件营销、宣传与公共关系以及户外广告等方面，在人们心目中塑造了全球5G技术领导者的形象。目标人群对华为这一品牌的认知，在品牌再认和品牌回忆两个方面都要远胜于其他品牌，这使得华为5G手机在众多竞争品牌中脱颖而出。

（二）品牌形象

当目标人群建立了丰富的品牌认知，传播重点就可以放在塑造品牌形

---

① ［美］凯文·莱恩·凯勒：《战略品牌管理（第4版）》，吴水龙、何云译，中国人民大学出版社2014年版，第47页。

象上。凯勒将其定义为"消费者脑海中的品牌联想所反映出的对某品牌的认知,而品牌联想是在消费者脑海中与品牌信息点相联的那些信息点,它们包含了品牌对消费者的意义"。简言之,品牌形象就是指消费者脑海中保存的那些品牌联想。[①] 品牌联想的来源多种多样,如事件策划、新闻报道、口碑传播、直接经验等,品牌营销传播者应当注意识别这些信息来源,并设计相应的品牌传播内容,以塑造积极的、独特的和强有力的品牌形象。让我们了解一下海内外知名小众手机品牌一加(One Plus)是如何通过较少的品牌传播来建立独特的、差异化的、强有力的品牌认知和品牌形象的。

品牌案例6-1

一加手机[②]

2013年,刘作虎创立了一加科技,投身互联网手机阵营。从一开始,刘作虎就立志要做一个国际化品牌。给公司起名"一加",是因为在他看来,"1"是代表着现状,在当时的手机行业中没有一款产品能够真正做到极致;"+"则是他对这个品牌的期许,一加能够为市场提供最极致的手机产品。

1. "不将就"的品牌理念

作为国内一个新兴品牌,在创立之初,刘作虎就提出了"不将就"的品牌理念,并将这种精神气质融入公司的每一道流程、每一个产品细节中,将对产品和服务的品质追求推向极致,再推向目标人群。最终,一加手机成功跻身高端手机品牌之列。在传播内容上,刘作虎同样坚持少而精的策略,不炒作,以产品传递品牌精神,当在小范围内积攒了足够多的好评与口碑时,再来扩大传播范围与声量。

2. 坚持"精品策略"是一加成功的关键

2014年4月23日,一加手机One Plus在北京五棵松体育中心发布。一加的发布会大获成功,一度登上了GooglePlus的热门话题榜,还登上了Twitter的热门话题榜榜首。1个月后,一加手机正式开始发售,每秒3000个

---

① K. L. Keller, "Conceptualizing, Measuring, and Managing Customer-based Brand Equity," *Journal of Marketing* 57(January 1993):3.
② 马晓雨:《一加"蹿红"秘笈》,载《国企管理》2020年第1期,第104-107页,有改动。

访问，一度挤爆了官网。首批发售的 5 万台手机瞬间售罄，预约量也超过了 140 万。

2015 年，一加开发出了自己的第二款旗舰手机一加 2，却由于产品指纹解锁有瑕疵而停售并召回，加上合作方和自身运营的问题，一加遭遇了重大的市场挫折。

此后，一加将现有资源重新整合，进行战略调整，重回精品旗舰战略。2016 年 6 月 15 日，一加 3 发布。开售后，全球多个地区都处于供不应求的状态。下半年，刘作虎又趁热打铁推出了升级版的机型一加 3T，在印度亚马逊官网开售不到一分钟就售罄了。

一加 3 和 3T 让一加手机重获市场口碑。在海外媒体上，一加 3 的好评超越了 iPhone 7 Plus、LG G5、Samsung Galaxy S7 Edge 等产品。一加 3T 更是被全球 24 家权威主流媒体集体推荐为"年度旗舰"。2016 这一年，一加手机成功恢复了元气。

2017 年，一加推出一加 5 和 5T。市场反应也非常热烈，销量火爆甚至超过了预期。而这些销量中有 70% 来自海外市场。但刘作虎表示，2018 年才是一加的春天。

2018 年上半年，其旗舰一加 6 开售仅仅 22 天，全球销量就突破百万；年末发布的一加 6T 又与美国最大运营商 T-Mobile 达成战略合作，跻身北美主流运营商市场，这是华为、小米都还没有实现的目标；在 400 美元到 600 美元这个被称为高端手机市场"甜点区间"的价位段，一加位居全球市场前五；在印度市场更是力压苹果和三星，成为印度市场的头号高端品牌……

除了销量，还有口碑。通常手机的用户净推荐值能做到 20% 就已经很了不起了，但一加在欧美市场达到了 80%。全球最大的 IT 媒体 ZD 集团的旗舰刊物 *PC Magazine* 发布的 2018 年度读者选择奖中，一加在北美智能手机里用户满意度甚至超过了苹果，位居第一。2020 年，一加 7TPro 被英国《卫报》评为"2019 年最佳手机"，并荣获 MKBHD 2019 手机大奖"年度最佳手机"称号。

三、数字时代品牌传播内容的生产机制变化

在传统媒体占据统治地位的年代，报刊、广播、电视等大众媒体以线

性的传播模式开展工作,受众的信息反馈渠道有限,在很多时候只能被动地进行信息接触和选择。与此对应的是,品牌传播机构和人员在预算控制范围内,在说什么、对谁说、怎么说、何时说等问题上有很大的主动权和控制权。

数字技术改变了这一切,受众拥有了更多的选择权,也能够直接参与到信息内容的生产制作中来。此外,人机协同的信息生产成为不可阻挡的趋势。品牌传播内容要想取得成功并扩大影响力,需要牢固树立受众思维,从用户的信息需求出发,不断为用户生产有价值的内容,如此才能被分享、转发和评论。通俗地说,就是品牌传播内容要坚持"内容为王",以持续输出优质内容来博得目标人群的钟爱。

品牌案例 6-2

互动视角下消费者生成广告对品牌传播的影响[①]

传统的品牌传播效果机制是一种自上而下的、可控制的传播效果,而消费者生成广告传播的效果呈现出一种用户自发与传播者引导之间平行互动的、不可控的效果。在这种新型关系下,品牌的传播效果更多地依赖并体现在与用户的互动方面。

1. 品牌与消费者互动是消费者洞察的有效途径

准确的消费者洞察是品牌传播效果的保障。通过与消费者进行信息互动沟通,可以为探究消费者的心智和动机提供机会,形成有价值的信息回馈,从而扩大市场和传播效应。消费者生成广告以消费者与品牌的深度连接为核心机制,消费者与品牌共同推进品牌传播话题。在信息生成和传播的过程中,品牌可以在品牌活动创意、执行等环节,了解消费者的态度和需求等方面的第一手资料,及时调整品牌策略甚至营销策略。

2. 品牌与消费者协同创意推进品牌传播

消费者生成的网络话题往往更符合其心理需求,代表社会趋势变化。品牌主动引导和切入话题,与消费者实现协同创意,能帮助品牌活动达到更佳的传播效果。社会化媒体的话题传播是构建消费者与品牌互动关系的重要方式。源于消费者创造的品牌话题往往更鲜活、更接地气,在消费者

[①] 谷慧慧:《数字时代消费者生成广告对品牌传播的影响研究》,载《品牌》2015 年第 12 期,第 4 页,有改动。

之间引起共鸣、认同感和亲近感，从而扩大品牌关注量，增强品牌传播价值。品牌与消费者协同创意的品牌传播价值还体现在消费者创造内容的再次传播。

3. 消费者间分享品牌体验自动形成品牌代言人

受众自主传播是社会化媒体传播的重要特点，消费者的自我表达、生活分享和信息交流中往往会包含一些品牌信息。消费者也倾向于出于个性化需求满足，对品牌体验等信息进行即时分享；或出于自身知识能力、创作条件对品牌信息进行创意和传播，以实现朋友圈互动效果。消费者间的品牌体验分享还会因为熟人关系为品牌信息的真实性和可靠性形成品质背书，消费者的角色由原来的品牌信息传播者转化为品牌代言人。

四、数字时代品牌传播内容的创作原则

（一）尊重用户的信息需求

任何时候，人们对优质内容的需求都不曾减少。品牌内容创作方需要把握社会发展趋势和人性的共同需求，以打磨精品、激发需求的姿态开始内容创作，十年磨一剑，不急功近利，不急于求成，以创意和投入做保障，精雕细琢品牌传播内容，综合运用各种营销策略动员目标人群，争取实现内容到达率的最大化，放大品牌声量，建构扎实的品牌认知，塑造卓越的品牌形象。

（二）遵循市场和传播规律

从产品到传播的优质内容生产，是赢得目标人群信任的关键。数字技术创造了一片信息的汪洋，增加了人们获取有效信息的难度。优质的内容要想争取更多的消费者，须取人们信息需求的最大公约数，生产出具有典型代表性的作品，以满足大多数人的心理需求，加之有效的传播和推广手段，实现经济效益的最大化，这是尊重用户和遵循市场运作规律的必然结果。例如，各类自媒体平台上动辄10万以上的阅读量，成百上千条的互动与评论，一方面契合了人们的信息需求，另一方面也抓住了市场的空白点，才能取得如此之大的反响。下面我们来聊聊时尚类自媒体"黎贝卡的异想世界"是如何诠释时尚、生活及其内容管理的策略的。

品牌案例 6-3

时尚类自媒体 "黎贝卡的异想世界" 的内容管理策略[①]

"黎贝卡的异想世界"创建于 2014 年 10 月 25 日,创始人方夷敏毕业于暨南大学新闻与传播学院,曾是《南方都市报》的记者,拥有多年的新闻从业经历,具备良好的媒介素养。"黎贝卡的异想世界"的定位是"Fashion within Reach"(时尚触手可及),致力于时尚推广。目前,该品牌已形成了微信公众号、头条号、搜狐号、时尚专栏、微博等多平台的传播矩阵。

1. 黎贝卡的独特价值观

相较于"时尚博主",黎贝卡更喜欢被称为"生活家"。对此,她有着自己的理解。"现在时尚面临着一个前所未有的时代,传统的时尚销售模式和时尚的传播方式在这个时代里都被赋予了新的方式,时尚越发地民主起来。只要你勇于表现自我,那么你所表现的一切生活就都将是时尚。"

在她的推文中,她始终表现得特别接地气。她塑造的形象是邻家的、亲切的、温柔的。推文内容也不仅限于传统所理解的时尚领域的搭配推荐,她经常会和大家分享一些自己的故事和掏心窝的话,贴心地和大家交流。周末则会推送一些粉丝征集活动、原创漫画或者举行一些抽奖活动,在塑造亲切人格的同时,也突显了内容的互动性和丰富性。久而久之,很多读者也会把她当成朋友,经常在后台和评论里留言,向她倾诉生活中开心或者苦恼的事情。

2. 真心对待每一个读者

"真心对待每一个读者"是黎贝卡一直坚持的原则,她也确实做到了。虽然在积累了一定的影响力之后,黎贝卡收到了很多品牌商的合作邀请。但她并没有把盈利放在第一位,推文头条始终都是干货满满的原创,广告放在固定的次位,而且会明确带有"推广"二字。当然,这种直白指明广告的方式,可能会引起一些品牌主不满,但是在这方面黎贝卡始终有自己的原则和态度。"即使是推广我也会仔细筛选,亲自试用后,有效果才会

[①] 整理自唐梦林《时尚类自媒体"黎贝卡的异想世界"的品牌管理策略》,载《传媒》2018 年第 16 期,第 46-48 页;宋晓涵《多样身份黎贝卡:时尚"种草机"的内容升级》,载《中国广告》2018 年第 8 期,第 28-30 页。

推荐，我不会为了一时的收入损害读者对我长久积累的信任。"

3. "PGC+UGC"的内容生产方式

PGC的生产方式。"黎贝卡的异想世界"成立了以黎贝卡方夷敏为核心的专业生产队伍。从内容生产上来看，从公众号建立之初，黎贝卡就通过抓取国内外时尚潮流，结合自己对时尚的解读，进行专业生产。然后通过人际传播和口碑传播，实现了粉丝用户的原始积累。

UGC的生产方式。用户生产内容不仅能够弥补专业生产视域狭窄的缺陷，还能够与用户"建立双向沟通渠道和反馈机制"，激发用户作为传播者的另一重属性，主动扩散、传播内容，从而扩大品牌的影响力和传播范围。黎贝卡利用微信公众号这一平台，定期发布读者投稿信息，征集读者每日穿搭、冬日健身、礼物清单、新年发型等内容，然后通过整合形成完整的内容产品。除了征集读者投稿以外，在评论区，读者还会提出自己想要了解的信息，间接参与选题策划和内容生产。

4. 细致的类目建构

为了向用户精准地推送内容，黎贝卡对推送内容的类目进行了细致的管理，便于用户寻找，打造良好的用户体验。在用户接收信息的主页面下的菜单中，黎贝卡设置了3个栏目，分别是异想世界、黎贝卡、联系我们。在这3个一类栏目下，又设置了15个二类栏目，分别是穿衣搭配、护肤彩妆、穿衣榜样&好色、好物、小心机、在现场、私橱&私藏、掏心窝、读者分享、Miss Fantasy、品牌商城、Fantasy Club、商务合作、常见问题、来找我玩儿。除此以外，在日常的内容推送中，黎贝卡还会在标题中设置一些显著的关键词来区分内容，使用户能够快速而准确地找到感兴趣的话题，如推广、Fantasy小剧场、叫醒你的衣柜、读者每日穿搭、黎贝卡在现场、开箱记等。

5. 多样化的内容呈现形式

"黎贝卡的异想世界"融合文字、图片（包含静态图片和动态图片）、漫画、音乐、视频等诸多元素，图片多为高清大图，既有时尚单品高清图，也有潮流穿搭高清图，力求内容表达更加形象直观，呈现形式更加多元。

第二节　发展和坚持价值主张

一、价值主张是品牌传播的核心内容

品牌的价值主张，是品牌传播和建设中努力向消费者传达的核心内容，不仅关乎品牌的差异化定位，更关乎组织对用户的承诺。判断一个价值主张是否有益，一方面看该主张能否集中传达组织的核心价值观、愿景及使命，另一方面看能否有效区隔竞争者，对用户和利益相关群体保持强烈的吸引力。换言之，品牌的价值主张是组织创立和发展过程中对所从事业务领域理念的集中概括，是组织开展活动的指针和方向。

创立于 1999 年的阿里巴巴，是我国一家提供电子商务在线交易平台的公司。在 WPP 携手凯度共同发布的"BrandZ™ 2019 最具价值中国品牌 100 强"排行榜中，阿里巴巴首次荣膺榜首。创始人马云成为 50 年来第一个登上《福布斯》杂志封面的中国企业家，理由是马云创建了全球最优秀的电子商务网站。创立至今的 20 余个年头里，"让天下没有难做的生意"的品牌价值主张已经深深融入企业的血液里。

为了更好地服务中小企业，建设全球最大的网上集贸市场，阿里巴巴早期对网站建设提出了三点要求：可信、亲切、简单。[1] 2012 年 9 月提出的"平台、金融、数据"梯次战略，从直接面对消费者变成支持网商面对消费者，阿里巴巴不再是电子商务平台，而是电子商务协同平台，自己退为"提供服务"的平台。其最终的目的是，在为商家提供服务的同时积累数据。藏在业务平台之后的数据平台，将在数据的积累过程中实现第二阶段的金融业务，同时数据平台自身得到升级，并计划于 10～12 年后代替业务平台走到幕前，那时阿里巴巴将成为一家数据交换平台。[2] 数字经济时代，阿里巴巴正与千千万万的企业一起通力合作，实现"在数字时代让

---

[1] 赵爱玲：《阿里巴巴："让天下没有难做的生意"》，载《中国对外贸易》2005 年第 12 期，第 50 页。
[2]《阿里巴巴："让天下没有难做的生意"马云帝国的兴盛与危机》，载《上海经济》2013 年 1 月期，第 25 页。

天下没有难做的生意"。① 多年以来，阿里巴巴组织架构的调整、业务内容的更新，都在践行着对员工、股东及用户的承诺，"让天下没有难做的生意"初衷未改。阿里巴巴以使命感、价值观驱动公司成长，终于成长为一家备受尊敬的企业。

二、发展价值主张

品牌价值主张是品牌对内、对外传播的核心内容，是希望得到消费者和利益相关群体认可的理念。那么，品牌价值主张从何而来？又如何发展一个强有力的、能够持续发挥影响的价值主张呢？

大卫·阿克将价值主张定义为，"为消费者提供价值的品牌所营销的一种实用性、感情性和自我表现功能"。一个成功的价值定位应该能够建立品牌—消费者关系，并引导消费选择。② 由此看出，品牌的价值主张包括实用性、情感性和自我表现功能三个方面的内容。

品牌的实用性功能，指出品牌价值主张源自产品的功能及品质。独树一帜、别具匠心的实用功能，通常满足了消费者的某方面需求，或者帮助消费者解决了某方面的问题，从而使得品牌在竞品中脱颖而出。社区生鲜连锁领军品牌钱大妈提出了"不卖隔夜菜"的价值主张，直指人们对生鲜产品的核心需求。而乳制品企业飞鹤集团"更适合中国宝宝体质的奶粉"的主张更是人尽皆知。

品牌案例 6-4

飞鹤：更适合中国宝宝体质的奶粉③

飞鹤集团作为我国一家销售超百亿元的大型乳制品企业，在专注做婴幼儿奶粉之后，坚持全产业链模式和全程质量把控，旗帜鲜明地确立了"更适合中国宝宝体质的奶粉"这一品牌定位和营销口号。依靠对食品品质从一而终的关注，成功渡过 2008 年的中国乳品行业危机。国产奶粉离奶源近，新鲜度高，厂家对中国人的体质研究得更为透彻。而且飞鹤在哈

---

① 张勇：《在数字时代让天下没有难做的生意》，载《河北日报》2020 年 1 月 17 日第 5 版。
② D. Aaker, *Building Strong Brands* (New York: Free Press, 1996), p. 95.
③ 苏勇：《"鹤"舞东方——访飞鹤集团董事长冷友斌》，载《企业管理》2020 年第 2 期，第 45-46 页，有改动。

佛大学等处也建立了自己的实验室，在科研上投入很大，因此配方也有自己的独特优势。再加上国家如今的严格监管和行业、企业的自律，中国奶粉是值得信任的。为此，飞鹤在2018年做了很多大大小小的路演，让消费者能够真正认识到，类似飞鹤这样的优质企业，是在用心做一款真正适合中国宝宝的奶粉。同时，让实际体验过飞鹤产品的年轻父母们进行口碑传播，更好地树立了飞鹤奶粉的品牌形象。

飞鹤正是在洞察我国消费者心理需求和行为模式的前提下，抓住了父母为婴幼儿选购奶粉的初衷，注重奶粉的功能特性，坚持和传播了"更适合中国宝宝体质的奶粉"这一核心价值主张。

品牌的情感性功能，是指消费者在购买和使用商品时，更加注重心理层面的情感满足。在保证产品品质及功能的同时，能够唤起消费者情感共鸣的品牌更能直抵人心，赢得顾客的满意和忠诚。例如，海底捞火锅特有的服务体系和流程，让顾客心生感动，流连忘返，虽然价格较其他火锅店稍贵一些，却以人性化的服务，带给顾客深层次的情感体验，成为餐饮业的王牌企业。

品牌的自我表现功能，重点不在购买，而在于品牌使用会给人们的生活带来哪些变化，是否能够融入人们的生活方式，彰显人们的社会阶层、身份地位等。如安踏作为专业体育运动品牌，已位列全球体育用品行业第三。在品牌传播中，安踏坚持以专业体育运动为核心，通过赞助，与奥运深度捆绑，将超越自我、"永不止步"的体育精神融入人们的生活。安踏推出的系列"霸道"篮球鞋，深入研究消费者的需求，以原创设计＋质感材料成就产品耐磨舒适的品质，为消费者提供了科技含量和性价比双优的运动鞋服商品。联手冬奥和故宫推出的安踏×冬奥×故宫特别版新年款霸道鞋，既是对中国文化的传承和创新，也传播了年轻人敢于突破自我的精神，丰富了品牌内涵，在品牌年轻化道路上迈入新征程。①

三、坚持价值主张

本书第四章介绍了一种以消费者为中心的工具——SIVA系统。该模

---

① Cynthia Yang：《安踏×故宫×冬奥神仙联名，安踏将霸道进行到底》，见腾讯网（https://new.qq.com/omn/20200109/20200109A0PMBB00.html），2020年1月9日。

式对组织建立、发展和坚持品牌价值主张有一定的参考价值。品牌提出合理价值主张的关键在于明白消费者期望从品牌中得到什么,要先了解消费者面临的问题和需求,再来开发消费者需要的产品和服务。品牌如何组合和传播价值主张的信息,在恰当的时机以可信的、合适的方式传递给消费者,将影响到消费者如何评价价值主张。最后,为了尽可能多地获得有关品牌的正向评价,品牌应使消费者尽可能便捷地获取品牌及其功能,曾经高冷的奢侈品牌也开始放下身段,开展线上营销活动即是例证。

坚持品牌价值主张,需要持续输出高质量的品牌传播内容,不断与消费者的生活、工作和学习发生连接,在沟通和互动中帮助消费者累积品牌知识,创造并强化品牌形象以及目标人群的品牌认知。靠社交电商起家的淘集集和拼多多,前者失败了,后者成功了,原因何在?淘集集也曾借着"市场下沉+用户补贴"的模式获得快速发展,却因优质的产品服务供给能力不足,缺乏独特的核心竞争力导致破产。那么,拼多多为何能够一战成名,成为我国用户规模第二大的电商呢?

品牌案例6-5

拼多多①

2015年9月,拼多多电商平台App正式上线。拼多多是一家专注于拼团模式,以较低价格提供给客户产品的新电商开创性购物平台。拼多多以"拼着买,才便宜"的营销口号,致力于为最广大用户创造价值,让"多实惠,多乐趣"成为消费主流。用户针对平台上的某一商品可通过邀请亲朋好友进行拼团,从而以更低的价格获取该商品。拼多多以其新颖的购物模式和更为实惠的价格吸引了大量的消费者。拼多多通过大量折扣、活动和团购,迅速建立了5.36亿的年消费客户群,占到阿里巴巴中国6.93亿客户总数的3/4。② 在这个信息爆炸的新媒体时代,以拼多多为代表的社交电商非常有效地解决了传统电商获取流量难的问题,通过"拼单+低价"

---

① 整理自李思慧、胡淑琴、潘珊珊:《新媒体视角下我国社交电商的品牌传播策略探究——以拼多多品牌为例》,载《经济视角》2020年第1期,第28-35页;孙冰倩:《基于九要素分析拼多多商业模式创新》,载《市场周刊》2020年第2期,第20-21页;范群林:《拼多多的精准营销策略与优化研究》,载《天津商务职业学院学报》2020年第1期,第61-65页。

② 施杭:《电商2020年:好戏必将一波又一波》,载《中国储运》2020年第4期,第50页。

的商业模式以及病毒式的社群营销,充分挖掘用户个性和社群价值,实现快速引流、积累用户。

1. 价值主张与目标消费群体的契合性分析

拼多多创立至今,始终将消费者的需求放在首位,通过拼购的方式以及C2M模式对传统供应链进行极致压缩,把同样的商品以极低的价格提供给消费者,让消费者切切实实享受到实惠。同时,拼多多高度聚焦三线及以下城市和农村地区的居民,也包括一小部分生活在一、二线城市的中低收入群体。相关调查数据显示,拼多多用户中70%以上是女性,65%来自三、四线城市,只有7.5%来自一线城市,年龄主要分布在19~45岁。这一群体消费者的收入水平大部分处于中低层次,在产品上并不追求高质量、大品牌、优质服务等,他们更注重优惠的价格。长尾理论认为,低线城市购买力的聚集力不可低估。拼多多的购物模式一定程度上正好满足了三、四线城市中低层次消费群体不断增长的消费需求和追求物美价廉商品的特性。

2. 竞争对手分析

目前,我国的电商平台分为两大类,一是以淘宝、京东等为代表的传统电商,它们以产品为中心,利用折扣或产品为驱动,吸引消费者。二是以拼多多、云集等为代表的社交电商平台,它们以人群为中心,借助社交媒体和社群不断引流,使用户实现裂变式增长。每个电商平台都有着自身的运营模式和品牌传播点,拼多多是以"拼团+低价"和"拼得多,省得多"为主要品牌传播点的拼团分享裂变型社交电商。在同类社交电商平台中,社交电商的运营模式主要分为拼团型、内容型、KOL(key opinion leader)分销及原生小程序四种。拼多多的运营模式为拼团模式,相对于云集、贝店等其他社交电商更为开放,品牌传播受众群体也更加广泛。

3. 顾客关系分析

好的客户关系可以使企业形成良好的口碑,同时可以起到维护用户市场、保持流量的作用。拼多多从建立之初,就奉行消费者利益至上,始终坚持"本分"的价值观。为了更好地服务顾客,提供更好的用户体验,拼多多优先推荐享退货包运费保障的商品,推出了多多果园、多多牧场等小游戏。

拼多多靠着对用户群体的精准定位、独特的商业模式,成为电商领域杀出来的一匹黑马。在疯狂营销扩大用户群体的策略之外,提供符合客户期待的产品和服务,满足用户的功能性、情感性和自我表现需求,才是稳定现有客户群体、发展新增用户、提升品牌形象的关键。

第七章
数字时代的品牌传播效果

▶ 本章提要

品牌传播效果的测量和评估,是品牌传播工作的重要一环。以行为心理学、大众传播学、层次效果模型等理论为基础,品牌传播效果的衡量指标从认知、态度、行为三个层面可细分为品牌知名度、品牌形象、品牌美誉度、品牌满意度、转化率、净推荐值和口碑指数。

品牌传播效果测量的类型,根据发生的时间节点,可以分为事前、事中和事后三种类型;根据研究方法的差异,可以分为定性和定量的效果测量。还有针对不同类型媒介发展出的测量指标,如广播媒体的收听率,电视媒体的收视率,报纸和杂志等印刷媒体的发行量,网络媒体的点击量,社交媒体平台的转发量、点赞量、评论量,等等。

计算传播学范式为传播效果研究带来了积极的影响。我国一家传播科技公司数字品牌榜顺应了这一趋势,致力于计算品牌在数字时代的数字资产价值。

▶ 本章学习要点

- 品牌传播效果
- 品牌知名度
- 品牌形象
- 品牌美誉度
- 品牌满意度
- 转化率
- 净推荐值
- 口碑指数
- 品牌传播效果测量
- 计算传播学
- 数字品牌价值

在相当长一段时间里，品牌营销传播人员一直受困于一个问题，即"我知道我的广告费浪费了一半，但我不知道是哪一半"。为了解决这个问题，提高信息传播效果，业界和学界从传者的角度出发，发展出了一套测量信息覆盖率和到达率的方法体系。品牌营销传播工作基于"刺激—反应"的行为心理学模式，比较注重信息的持续输出，对其可能产生的效果非常自信，认为消费者只要接触足够多的信息刺激，就很可能产生购买行为。

而在数字时代，随着媒介多样化、受众分化以及消费者多重任务处理能力的增强，粗放的媒介投放方式逐渐变得收效甚微。用心创作有趣的内容，精准投放媒介和组合运用，是取得理想传播效果的前提。随着以连接和互动为主要特征的社交媒体广受青睐，如何测量这些平台上的品牌评论和表达成为一个现实问题，业界人士开始尝试探索和建立一套新的品牌传播效果测量工具，如我国的"数字品牌榜""广播云听指数"。

第一节　品牌传播效果的指标

一、传播学的传播效果分析

传播效果研究是传播学的重要领域之一，一般是指信息对受众的认知、态度和行为造成的影响。传播效果包括认知、态度和行为三个层次。

传播效果的认知层面，即人们对某一事物或现象的感知、联想和记忆等方面。

传播效果的态度层面，即人们在心理或情感上对某一事物或现象的接受程度。

传播效果的行为层面，即人们在信息接受之后行为上发生的改变。

例如，随着第五代移动通信技术 5G 商用的开展实施，为了帮助人们了解和认识 5G 及其给人类社会带来的影响，大众媒体邀请通信专家制作了大量通俗易懂的图文及视频资料。在认知层面，人们逐渐认识到 5G 的超大带宽、高可靠、低时延等特性，以及其在推动 VR、自动驾驶以及物联网的运用等方面的积极影响。在态度层面，随着人们对 5G 了解的加深，人们经历了从茫然无措、知之不多到主动迎接的转变。在行为层面，人们会添置5G手机等各种相关设备，利用5G给各行业带来的机遇和挑战，为迎接革命性新技术的到来做好准备。

二、品牌传播效果的指标分解

具体到品牌传播领域，品牌传播效果的衡量指标也可以细分为三个方面。

品牌传播的认知效果，即人们对品牌构成要素的感知、联想和记忆等方面的效果，如品牌知名度、品牌形象等。

品牌传播的态度效果，即人们在心理或情感上对品牌的偏好或背离，如品牌美誉度、品牌满意度等。

品牌传播的行为效果，即在认知和态度两个层面效果的综合作用下，人们在实施选择和购买行为时表现出的对某品牌销售促进等正向效果或销售下降等反向效果。更进一步讲，人们在购买和使用过程中，通过社交媒体或口耳相传，向他人推荐某品牌或建议不要购买等都属于品牌传播产生的行为效果。

（一）品牌传播的认知效果

1. 品牌知名度

品牌知名度是指某品牌被消费者和潜在消费者知晓、了解和记忆的程度。具体而言，可划分为三个层次：①品牌识别是较为基础的层级，指与品牌核心价值相一致的，能够打动消费者并区别于竞争者的品牌联想。②品牌回忆处于中间层次，指消费者在不进行进一步提示的情况下，回想起一个品牌的能力。③品牌第一提及知名度是最高层次，指消费者建立了对某品牌比较全面和深刻的认识。已有的大量研究表明，消费者对品牌的认识和理解，会影响品牌偏好乃至购买意愿和行为。当某品牌的知名度越高，就意味着消费者对某品牌了解越多，已经具备了较为丰富的品牌知识，间接证明了该品牌营销传播效果较好，获得了竞争对手所不具备的竞争力。

2. 品牌形象

从消费者的角度看，品牌形象是关于品牌的一切联想和主观感受，是品牌传播综合效果的体现。从组织战略的高度看，品牌形象是品牌资产的重要组成部分，在形成消费者认知、影响购买决策和培养顾客忠诚度方面具有重要作用，对企业的可持续发展影响深远。

随着电子商务的快速发展，品牌形象开始从线下延伸到线上，构建全通道的形象传播模式成为趋势。下面借鉴 Biel 的品牌形象模型①，从企业、产品或服务、使用者三个维度展开说明。①企业形象。这是人们基于组织各方面的表现而建立的总体印象和整体评价。②产品或服务形象。其中，产品形象是指产品从研发、设计、生产到营销等各个环节在人们心目中留下的形象，如一加成功塑造了自身高端手机的产品形象。服务形象是指人们对品牌售前、售中和售后过程中表现出的服务态度、服务方式、服务能力等做出的评价。③使用者形象。通俗地讲，就是用户画像，包括品牌使用者的年龄、职业、经济收入、生活方式、个性及价值观等。

（二）品牌传播的态度效果

1. 品牌美誉度

品牌美誉度是指人们对品牌持有的美好、愉悦等正面的情绪性体验和反映。品牌美誉度与知名度紧密相连，知名度是基础，美誉度是方向。企业维护好的名声，应该像人们爱护眼睛一样受到重视。拥有良好声誉的组织，在招商引资、延揽人才、扩大销售等方面占有优势。

品牌声誉测量一直以来是个难题。我国学者在 Ghose 等人提出的基于测度卖家声誉的基本设想的基础上，引入产品知名度，从而得到了在线声誉的测度模型：

$$OR = PR \times OA$$

其中，OR 表示产品的在线声誉，PR 表示产品的在线美誉度，而 OA 表示产品的网络知名度。②

为了建立良好的声誉，建立和完善声誉管理体制是一种行之有效的解决方法。品牌声誉构建包括以下几个阶段③。

（1）声誉战略阶段。首先需要企业开展品牌声誉定位，通过内部、外部系统进行声誉研究和诊断；然后制定品牌声誉战略，确定企业文化、理念、责任和使命，提炼品牌声誉口号，通过内部和外部系统开展评估、修订。

---

① A. L. Biel, "How Brand Image Drives Brand Equity," *Journal of Advertising Research* 32, No. 6 (1992): 7 – 12.
② 刘丽娜、齐佳音、张镇平等：《品牌对商品在线销量的影响——基于海量商品评论的在线声誉和品牌知名度的调节作用研究》，载《数据分析与知识发现》2018 年第 9 期，第 13 页。
③ 叶飞：《声誉管理推动品牌可持续发展》，载《中国质量报》2019 年 3 月 26 日第 8 版。

(2)声誉实施阶段。需要董事会、管理层、员工和供应商共同开展实施,从内部(领导人、股东、员工和供应商)、外部(社区、政府和媒体、公共关系)和品牌(母品牌、子品牌和产品)三个层面构建声誉系统。

(3)声誉传播阶段。需要对品牌声誉进行包装和提升,根据企业发展的需要,利用多种渠道讲好故事、传好口碑。

(4)声誉管理阶段。需要对内部管理、供应链管理、公共关系管理、品牌管理进行在线管理,在线开展声誉监控,通过舆情监测及时发现和防范声誉危机,减少声誉危害。

(5)声誉评估阶段。重视与利益相关方的沟通,定期开展总结和声誉评估,及时完善和修正声誉策略,定期组织股东、员工、供应商和利益相关方开展社会责任、可持续发展、声誉沟通对话会,对外发布相关报告。

2. 品牌满意度

品牌满意度,即顾客对品牌的满意程度,指顾客在使用品牌过程中,自身的需求和期望被满足的程度。"现代管理学之父"彼得·德鲁克曾经指出:"对于经营者而言,利润并不是最重要的事情,而应当让顾客满意。这是因为,只有顾客满意之后,我们才能获得利润作为一种回馈。"

我国学者构建了更加符合我国实际情况及顾客特点的中国顾客满意度指数模型(表7-1)。该模型由6个结构变量组成,以顾客满意度为核心,一级指标是用户满意度指数,品牌形象、预期质量、感知质量、感知价值是顾客满意度的前因变量,用户满意和用户忠诚是顾客满意度的结果变量。[1]

表7-1 用户满意度指标体系

一级指标	二级指标	三级指标
用户满意度指数	品牌形象	品牌知名度 用户对品牌的形象评价 用户对品牌的公益形象评价
	预期质量	服务的个性化期望 服务的可靠性期望 总体期望

---

[1] 雷艺琳、郭霞、杨璐:《基于CCSI模型的移动医疗平台用户满意度研究——以好大夫在线为例》,载《软件》2020年第3期,第48页。

续表 7-1

一级指标	二级指标	三级指标
用户满意度指数	感知质量	服务质量个性化感知 服务质量可靠性感知 总体感知
	感知价值	给定服务下对价格的评价 给定价格下对服务的评价
	用户满意	实际感受同预期水平相比后的满意度 实际感受同理想水平相比后的满意度 总体满意度
	用户忠诚	重复使用的可能性 向他人推荐的可能性 价格变动忍耐性

（三）品牌传播的行为效果

人们对品牌认知的加深和态度的转变，在多大程度上会影响人们的购买和推荐行为？转化率和净推荐值是两个经常用到的指标。

1. 转化率

转化率指的是在一个统计周期内，完成目标转化行为的次数占点击量或用户量的比率。目标转化行为比较多样，包括媒体希望用户完成的动作，如注册、购买、支付、咨询、投诉、反馈等。[①] 其中最为商家所看重的是实际购买行为。提高转化率的研究和操作方法逐渐流行，转化率的计算公式为：

$$购买转化率 = 购买次数 / 点击量 \times 100\%$$

比如，有 100 名访客浏览某电商网站，其中有 60 人点击，最终 20 人购买该商品，那么购买转化率为：

$$购买转化率 = 20/60 \times 100\% = 33.3\%$$

像科技时尚内衣品牌 BerryMelon，它以其独特的品牌理念和服务模式为用户提供一站式的内衣及贴身衣物解决方案。2017 年 6 月试运行到现在，其

---

① 赵曙光：《致命的转化率：注意力之外的决定性因素》，《国际新闻界》2017 年第 11 期，第 144 页。

门店坐落在北京光华路 SOHO，而进入这里的唯一方式是通过 BerryMelon 的微信公众号预约。网页显示，接受一次完整的内衣量身服务要耗时 40 分钟，且店内每个时间段只接待相应的预约客人。这样一套服务流程售出的内衣均价在 500～600 元之间，较高的性价比支撑了 87% 的到店转化率。① 从买方的角度出发，坚持以用户思维思考问题是提高转化率的关键。

2. 净推荐值

净推荐值是衡量顾客满意度的方法之一，它基于满意的顾客或抱怨的顾客会向身边多少人倾诉的假想，认为企业应致力于服务好已有的顾客，从而吸引和带来更多的顾客。在移动互联网和社交媒体兴起之前的很长一段时间里，净推荐值作为组织的一项关键绩效指标得到重视并被广泛使用。

这个术语最早是由贝恩咨询公司（Bain & Company）的佛瑞德·赖克霍德（Fred Reichheld）于 2003 年在《哈佛商业评论》上发表的一篇名为《一个必须得到提高的数字》的文章中提出。净推荐值旨在通过一种简单的方式，借助一个问题来对顾客进行分类。这个问题就是："你在多大程度上会向朋友或同事推荐我们公司（或这个产品/这项服务/这个品牌），如果让你从 0 到 10 来打分，你会打多少分？"

赖克霍德将问题的回答者分为三类：

（1）推荐型顾客。这些人的打分为 9 分或 10 分。他们很可能会积极地向朋友们夸赞该公司、产品或服务。

（2）被动型顾客。这些人的打分为 7 分或 8 分。这些顾客"感觉只是物有所值，基本满意而已"。他们不会进行太多的推荐，即使在推荐时，他们也"可能有所保留，并不是太热情"。赖克霍德认为公司应该将资源重点放在如何取悦这些顾客上，将他们中的部分人转变为推荐型顾客。

（3）贬损型顾客。这些人的打分为 6 分或低于 6 分。这些顾客的生活因为他们与公司之间的交道而"受到损害"。赖克霍德认为，他们不断地向朋友诉说有关对公司的批评；如果他们与公司之间长期打交道，由于员工要不时地处理他们的投诉，公司成本也会增加。赖克霍德建议，公司应查找导致贬损型顾客遇到问题的根源。

---

① 丘濂：《无钢圈 vs 厚胸垫：舒适和性感，哪个更重要？》，见三联生活周刊公众号（https://mp.weixin.qq.com/s/P3cZM_ xUh9Bdm7mkVAENQ），2018 年 11 月 12 日。

净推荐值的计算公式为：

净推荐值＝推荐型顾客所占百分比－贬损型顾客所占百分比

为了更加贴近实际情况，更好地了解顾客，提升组织竞争力，净推荐值理论也在更新和发展。有人提出了"口碑指数"。即在净推荐值的"你在多大程度上会向他人进行推荐"的问题基础上增加了第二个问题，"你在多大程度上会劝阻他人不要和本公司进行生意往来？"将打分为9分和10分的"会劝阻"的顾客所占百分比减去打分为9分和10分的"会推荐"的顾客所占百分比，从而得到均衡且准确的口碑指数。① 口碑指数的计算公式为：

口碑指数＝打分为9分和10分的"会劝阻"的顾客所占百分比－打分为9分和10分的"会推荐"的顾客所占百分比

转化率、净推荐值、口碑指数等指标的设计和运用，都体现了用户力量的崛起，他们不仅是消费者，更是组织发展的重要驱动力和成长伙伴。那些懂得用户所思所想并付诸行动的企业将能与消费者更好地建立互联和互动，从而获得可持续性成长。

第二节　数字时代的品牌传播效果测量

消费者及利益相关群体是品牌传播效果的最终决定者。为了测量品牌传播的效果，从认知、态度和行为三个层面来认识品牌传播效果的指标还远远不够，我们需要发展出一套能够有效指导数字时代品牌传播效果测量的工具和方法，这对品牌传播营销人员开展整合传播活动，以确保在合适的时间和地点向合适的人群传输品牌信息至关重要。

一、品牌传播效果测量的类型

（一）事前、事中和事后的效果测量

根据发生的时间节点，测量可以分为事前、事中和事后三种类型。

事前的效果测量，是指在品牌传播活动实施之前的品牌口碑总体评

---

① 粟志敏：《口碑指数：超越"净推荐值"》，载《上海质量》2013年第10期，第44页。

价。一般情况下，组织聘请第三方机构对品牌构成要素、品牌传播规划和策略进行研判，预计可能产生的结果。

事中的实时效果测量，是指在品牌传播活动实施期间，实时监测品牌形象的传播进展，判断是否沿着预定计划和预期目标的方向进行。在深入分析用户评价和态度的基础上，及时调整话题投放和活动实施计划。

事后的传播效果评价，是指在一段时期的活动结束时，综合地评定品牌传播活动产生的影响和实施效果，为后续工作的改进提供指导。

（二）定性和定量的效果测量

根据研究方法的差异，可以分为定性和定量的效果测量。

定性方法，是指调查者依据自己的经验、知识，综合运用逻辑、理论思维，通过对调查对象回答问题的情况进行综合的质化分析和判断，得出调查结论的方法。

定量方法，是指运用数学、统计学、计算机科学等方法和技术，在数据采集、分析和处理的基础上，得出有价值的研究结论的方法。

（三）不同类型的媒介传播效果测量

为了便于测量工作的进行，业界设计和发展出许多测量单个媒介的指标体系。例如：广播媒体的收听率，电视媒体的收视率，报纸和杂志等印刷媒体的发行量，网络媒体的点击量，社交媒体平台的转发量、点赞量、评论量，等等。遗憾的是，这些指标都是从流量维度出发和测量，较少顾及用户的情感态度，很难指导用户行为预测，助力品牌长期发展。

1. 收听率

赛立信媒介研究公司是目前国内从事收听率研究的主要力量。该公司在广播收听率调查数据采集领域深耕多年，是国内唯一一家从事广播收听率调查的权威机构。随着互联网和大数据的快速发展，赛立信用大数据的思维来解决广播收听率与收听行为的关联研究，包括常规收听率、车载收听率、移动智能终端收听率、细分市场收听率和定制化的收听率服务，以及与之关联的收听行为研究数据等。

结合赛立信媒介研究全国广播收听率调查和广播融媒体云传播效果指数等数据分析，2019年上半年，广播用户规模维持在6.8亿，但传统听众有所减少，互联网平台的广播用户在缓慢增加。受移动互联网的冲击，传统广播的"撒手锏"——短平快的新闻资讯、交通资讯已逐步被各种个性化、数字化、精准化、预测性的导航客户端及今日头条等新闻资讯客户端所取代。广播在车载人群中的媒体接触率下滑了6.2个百分点。而手机移动互联网网民中，收听网络直播的用户占比突破30%，较2018年增长了2.6个百分点。①

2. 收视率

收视率是一个电视台受欢迎程度的重要指标，高收视率意味着在某一时间段内，占有更多的观众资源，获得更多的关注。国家广播电视总局于2019年12月正式上线了国家广播电视总局节目收视综合评价大数据系统，采用海量数据采集模式，具有"全网络、全样本、大数据、云计算"的特点，适应当前电视节目观看方式多渠道、多样化的新趋势。该系统主要通过建立与网络传输机构之间的安全通道，汇聚大样本用户收视行为数据，经清洗、转换、分析与挖掘，输出开机用户数、观看用户数、收视率、市场占有率等30项核心指标。该系统具有超规模海量信息源，实时处理精准到户，以期从根本上解决收视造假等问题。② 目前，业界正积极探索将大数据、人工智能等新兴技术应用到收视率调查中来，这为收视率的统计应用提供了更丰富的可能性。

3. 发行量

对于报纸、杂志、书籍等纸媒而言，发行量是确定其受欢迎程度的重要指标，是报刊和出版社的生命线，决定着企业的生存和发展。

近年来，随着移动互联网和智能手机的普及，人们沉浸在电子媒介上的时间越来越长，许多报刊发行量锐减，广告和发行收入难以维持运营，开始尝试数字化转型，那些在内容生产和渠道分发上能够满足用户内容需求的企业生存了下来，而另外一些则遗憾地落幕，退出了历史舞台。

4. 点击量/阅读量

点击量是衡量网站流量的一个指标，是统计用户访问某网站或特定内容流量的重要指标，可以用来记录某一段时间内某个或者某些关键词被点击的次数。

从积极的一面来看，网络访问数据是以自动化、智能化的方式来收集的。而不足之处在于，这只是关于有机会接触到特定网页品牌信息的人的

---

① 梁毓琳、胡洋：《2019年上半年全国广播收听市场分析》，载《中国广播》2019年第8期，第42页。
② 赵强：《大数据统计信息系统有望终结收视率造假》，载《中国艺术报》2020年4月20日第1版。

测量，而并非是对那些真正查看了网站内容中品牌信息受众的测量。网络的匿名性特征，使点击量并不能直接与使用电脑的人相联系，精准描摹用户画像还需要借助其他的手段。

二、计算传播学范式对传播效果研究数据获取的影响[①]

（一）计算传播学的内涵

2009 年，David Lazar、Alex Pentlend 等多位著名学者共同署名的文章《计算社会科学》（*Computational Social Sciences*）的发表，标志着计算社会科学这一新兴学科的建立。该文章将计算社会科学定义为，"通过对海量数据的采集和分析，旨在揭示人类个体和群体行为模式的新兴学科"。简言之，计算社会科学通过对存储数据的深度挖掘，经过分析处理之后，由专业人员解读并预测人类的信息传播行为，充分发掘和利用其中蕴藏的巨大价值。

计算传播学致力于寻找传播学可计算化的因素，以传播网络分析、传播文本挖掘、数据科学等为主要分析工具，大规模地收集并分析人类传播行为数据，挖掘人类传播行为背后的模式和法则，分析模式背后的生成机制与基本原理。新数据、新方法以及重要问题是计算传播学不可或缺的三个重要元素。

（二）计算传播学范式对传播效果研究数据获取的影响

我国学者张伦从计算传播学的角度出发，详尽分析了其对传播效果研究的机遇与挑战。在这里主要撷取其关于数据收集的看法和观点。

从数据来源的角度，计算传播学范式研究在法律和研究伦理的规约下，主要依靠在线爬取数据以及以合作方式从在线平台提取数据；因而在数据获取的体量、时间长度以及时效性层面都具有明显的优势。其一，数据获取的体量较大，远超过随机调查的数据体量。其二，数据获取往往时间跨度较大，可横跨几年甚至十几年。其三，时间标度更为精细，用户行为数据可以精确到分或秒。其四，数据时效性更强，研究者可以根据时间发生的紧急性，在第一时间获取数据。

1. 多来源数据

传统的传播学效果研究依赖于以调查为代表的数据收集方法，旨在获

[①] 张伦：《计算传播学范式对传播效果研究的机遇与挑战》，载《新闻与写作》2020 年第 5 期，第 21 - 22 页。

得用户意见（perception）和行为意向（behavior intention），而无法有效测量用户实际行为的发生。利用行为意向数据和用户意见来测量传播效果，其测量信度受到用户自主报告的主观偏见等影响较大。计算传播学范式通过多渠道线上数据爬取，同时配合线下调查，能够使研究者同时获取受众的态度、行为意向以及在线实际行为。

2. 历时数据

传播效果的产生可能在受众接触媒介后即刻产生，但如昙花一现（例如部分广告的说服效果）；也可能媒体对受众具有慢性的、长期的影响，经久不衰（例如涵化理论）。从这个角度而言，传播效果的产生与持续时间是传播学效果研究的重要议题之一。传统的传播学研究，往往由于数据收集的局限，不能对媒介慢性的、长期的传播效果进行有效的数据收集和分析。计算传播学研究范式能够通过对数据的爬取，回溯历史数据，从而发现对受众缓慢但显著的长期影响。

3. 在线实验

控制实验法是判断因果关系最严格的方法。互联网正是一个自然实验（natural experiment）的天然平台。传统实验只能招募几十个、几百个被试，而基于互联网的控制实验可以触及海量受众。

三、数字品牌价值：数字时代品牌传播效果测量的新尝试[①]

社交媒体适应了受众分化、碎片化传播的需求，以丰富的内容、及时的沟通、充分的互动受到用户的青睐。

创立于2017年的数字品牌榜（官方网站：https://www.dbrank.net/）是一家计算数字时代社交媒体品牌价值的公司，致力于为企业公关、广告、市场、营销和运营提供基于社交媒体大数据的传播决策服务，识别战场状况，提高用户心智占有率，计算品牌在数字时代的数字资产价值。

数字品牌榜运用"大数据分析+自然语言处理"的技术，覆盖微博、微信、今日头条、知乎国内四大主流社交媒体平台，每日定向追踪与1300多个品牌相关的用户口碑评价，从而计算出品牌的数字价值以及用户心智占有率。

[①] 姐夫李：《"数字品牌榜"是传播效果新标尺吗——对话"数字品牌榜"CEO叶玮、联合创始人优勇》，载《国际公关》2018年第4期，第31-33页。

数字品牌价值有四个维度。①传播度，包括阅读数、转发数、评论数等；②参与度，包括参与讨论的人次、身份特征、行为深度等，要看发布内容是什么等级的账号，原创还是转发等；③好感度，如推荐、好感、中性、差评、反感等，会对长文章的每句话用机器做情感分析；④时效度，对品牌的传播影响力进行时间衰减计算。数字品牌榜开发的专业评价体系FEAT模型如图7-1所示。

在遵守国家法律法规的基础上，数字品牌榜对微博、微信、今日头条、知乎国内四大主流社交媒体平台上用户发的每一条评论内容进行分析，洞察用户态度在不同事件和传播节点上的变化，为企业品牌传播提供规划期的洞察、执行期的实时监测和执行后的效果总结，以便于深入了解用户的品牌认知。比如：一个话题抛出、被议论的情况，一个营销战役在网上的真实评价、总体态度是怎样的。在实际应用中，被验证是客户的第一反应：一看到数字品牌榜提供的曲线，马上能想到这天干了什么事。真正用到数字品牌榜的工具时，客户会实时观察曲线的变化，并据此调整传播话题和资源投入。

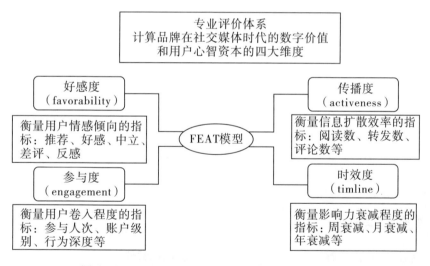

图7-1 数字品牌榜开发的专业评价体系FEAT模型

数字品牌榜在建立系统、发布年报、绘制用户画像技术等科学评价工作的基础上，为企业提供定制化处理并附以专家咨询建议，为客户提出营销决策建议，使企业的品牌传播活动做到有的放矢、精准高效。

第八章
数字时代的品牌危机管理

▶ **本章提要**

　　本章在梳理品牌危机的内涵、类型、成因以及相关理论基础的前提下，指出数字时代的品牌危机表现出信息管控难度加大、发生模式有所改变、品牌演变趋势难以预料等特点，从危机监测与预警、危机准备和应对、危机善后和反思三个阶段构建数字时代的危机管理模型，为化解品牌危机提供经验借鉴。

▶ **本章学习要点**

- 品牌危机的内涵
- 品牌危机的类型
- 品牌危机的成因
- 危机公关
- 危机传播
- 品牌危机管理
- 危机监测与预警
- 危机准备和应对
- 危机善后和反思

数字时代，媒介技术以蓬勃之势向前发展，信息化、网络化、智能化成为这个时代的显著特征，推动信息传播格局发生了根本性变化，重塑了媒介生态环境。

随着"人人面前都有麦克风"成为现实，信息来源日益广泛，用户之间高频互动，传受一体化成为现实，一个高度开放的网络空间正在形成，这给品牌传播带来了机遇和挑战。如果不能通过监测及时发现有关品牌的负面消息并有所准备，而是任由负面舆情发酵，品牌信任度将受到威胁，品牌形象不可避免地会受到损害，从而累及品牌资产。因此，必须高度重视数字时代的品牌危机管理，发展出一套相对成熟有效的管理和应对机制，帮助组织化解危机，提升品牌信任、品牌形象和品牌资产。

第一节　品牌危机管理

任何一个品牌的成长，无论是区域品牌，还是全国品牌，抑或是全球品牌，都不可能不遭遇危机。那些历经风雨的百年品牌能够在危机中屹立不倒，企业高层管理团队建立的危机管理机制发挥了关键作用。

一、品牌危机的内涵

危机，是指突然发生的时间紧迫、破坏性大，需要立即做出决策应对的紧急状态。危机打破了组织相对平衡的正常运行状态。在危机状态下，组织的生存面临巨大压力，危机成为组织命悬一线的分界线，在这种情形下，只有成功管理危机，化危机为转机，才能帮助组织走出困境，迎向新生。

品牌危机，指品牌在正常传递价值和利益的过程中，那些能够对品牌生存和发展产生威胁，或者对品牌形象产生伤害的意外或突发事件。[①] Dawar 等把品牌危机定义为未经证实的或者虚假的有关品牌的众所周知的

[①] 王新刚、彭璐珞、周南：《企业品牌危机管理中的舍得行为研究》，载《经济管理》2018 年第 11 期，第 126 页。

负面消息，这些消息会给品牌造成严重损害。① Dutta 等将品牌危机定义为一种不仅可能对消费者的身体造成伤害，而且会造成消费者信任违背，进一步削弱品牌资产的突发事件。② 也有学者从关系的视角，将品牌危机定义为一种严重扭曲的品牌关系，它导致了负面品牌事件的广泛传播，这种状态是暂时的或者永久的。③ 在品牌的生存和发展过程中，危机如影随形，不可避免，对组织存在严重威胁，轻则影响企业或品牌在市场中的竞争地位，重则可能造成企业社会声望的持续走低，使品牌一蹶不振乃至消亡。既然如此，企业在日常管理中就要树立危机意识，建立和完善品牌危机管理机制，实现品牌的良性和可持续发展。

二、品牌危机的类型

随着对品牌危机研究的持续深入，从不同视角可以将其划分为不同类型。

Chris Pullig 等人指出，品牌危机大致分为产品功能型和价值关联型。④ ①产品功能型危机。主要指品牌产品有缺陷或是使用时对消费者有危险，如质量不合格、功能不达标、与广告宣传不符以及与产品属性有直接关联的危机事件。现实中的品质管控工作是每个组织的生命线，研发设计、材料采购、生产加工、品质验收、包装运输的每一个环节都不可掉以轻心，这样产品品质管控工作才有可能做好，并为品牌声誉和形象筑牢基石。②价值关联型危机。主要涉及组织在遵守法律法规、尊重公序良俗、承担社会责任方面的问题，如环境污染、违法用工、违规裁员等事件。随着媒体环境的成熟，微信、微博、新闻资讯等渠道逐渐成为品牌危机事件的策源地，许多危机事件在某种程度上都有可能演化为价值关联型危机，上升

---

① N. Dawar and J. Lei, "Brand Crises: The Roles of Brand Familiarity and Crisis Relevance in Determining the Impact on Brand Evaluations," *Journal of Business Research* 62, No. 4 (2009): 509–516.

② S. Dutta and C. Pullig, "Effectiveness of Corporate Responses to Brand Crises: The Role of Crises Type and Response Strategies," *Journal of Business Research* 64, No. 2 (2011): 1281–1287.

③ Y. Xiao, Q. Li and H. Wei, "The Effect of Crisis Processing Capacity on Brand Crisis Reparability," *Journal of Service Science and Management* 7, No. 5 (2014): 347–351.

④ Chris Pullig, Richard G. Netemeyer and Abhijit Biswas, "Attitude Basis, Certainty, and Challenge Alignment: A Case of Negative Brand Publicity," *Journal of the Academy of Marketing Science* 34, No. 4 (2006): 528.

到对企业经营理念、责任使命探讨的高度。

Ferrin 等人认为消费者会从"德"和"能"两个维度对危机事件进行评价。其中,"德"包括企业的诚信、品德、善意等,"能"主要指企业履行承诺、满足消费者需求的能力方面。[1]

Votola 等人将品牌危机分为能力型和诚信型两种危机。能力型危机指品牌现有能力无法满足消费者的需求,进而产生的危机事件,如公司无法给予消费者理想的质量水平;诚信型危机是指品牌理念和价值观违背普通民众的道德认知而产生的危机事件。[2]

陶红、卫海英从我国企业的实际情况出发,结合品牌危机的成因与后果两类标准,将品牌危机划分为一个连续统一体。这个统一体的一端代表产品功能缺陷导致的品牌功能价值受损,另一端代表企业道德缺失导致的品牌抽象价值受损,在两端之间存在着若干种连续的品牌危机。其中,功能主导型品牌危机指主要由于产品功能缺陷,而不是企业道德缺失引发的直接损害消费者品牌信任的突发事件或状态,如尼康相机的"黑斑门"事件;道德主导型品牌危机指主要由于企业违背社会规范或道德准则,而不是产品功能缺陷引发的间接损害消费者品牌信任的突发事件或变化状态,如耐克的雇用童工事件。[3]

三、品牌危机的成因

品牌危机爆发的原因,可以从组织内部和外部两个大的方面来分析。从内部因素来看,多数是由日常管理不完善、责任落实不到位引起的。从外部因素来看,导致品牌危机出现的原因多种多样,构成国际、国内环境的任一要素的微小变化,若应对不当,都有可能导致品牌声誉受损,品牌资产价值降低。品牌危机的成因,具体包括以下五点。

---

[1] Peter H. Kim, Kurt T. Dirks, Cecily D. Cooper and Donald L. Ferrin, "When More Blame is Better than Less: The Implications of Internal vs. External Attributions for the Repair of Trust after a Competence-vs. Integrity-based Trust Violation," *Organizational Behavior and Human Decision Processes* 99, No. 1 (2005): 49–65.

[2] N. L. Votola and H. R. Unnava, "Spillover of Negative Information on Brand Alliances," *Journal of Consumer Psychology* 16, No. 2 (2006): 196–202.

[3] 陶红、卫海英:《抢雷策略对品牌危机修复效果的影响研究——品牌危机类型、品牌声誉的调节作用》,载《南开管理评论》2016 年第 3 期,第 78 页。

(一) 产品及服务存在明显缺陷

声誉极佳的品牌往往意味着在提供产品及服务方面，能够超越顾客的期望，使顾客感到愉悦和满意。反之，如果产品及服务品质不佳，消费者权益缺乏保障，就很容易招致客户的抱怨和投诉，从而引发品牌危机。

(二) 组织自身管理机制没有理顺

现代组织的经营管理是一项复杂的系统工程，商业模式、管理决策、资金管理、人事关系……牵一发而动全身，稍有不慎，就会因资金不足而债务缠身，使业务伙伴离去，给品牌带来严重的负面影响，甚至是毁灭性的打击。

(三) 来自竞争对手的攻击

在激烈的市场竞争环境下，为了求得生存和发展，有些组织不惜采用各种竞争手段，有时甚至是法律所不容许的恶性竞争手段，如散布不实消息、蓄意挑起争斗等，组织如何应对就成了一场硬仗。无论何时，那种"伤敌一千，自损八百"的竞争策略都不足取。

(四) 品牌传播内容招致受众反感

受众是品牌传播内容的接收者，他们的态度乃至评价决定着品牌传播效果的好坏。品牌信息的制作，要在全面调查和把握受众信息需求的基础上，辅之以较好的创意和表现手法，尤其是涉及跨文化传播时，更要慎之又慎，尊重东道主国的文化习俗，避免引发品牌危机。

(五) 媒体参与导致品牌舆情危机升级

以上所述问题，不论是组织自身所致，还是外部环境诱发，抑或是两者兼而有之，在微博、微信等社交平台和大众媒体的报道转发下，会给品牌造成爆炸性的危机，促使危机升级，如果不能及时采取有效措施，危机的破坏性影响在很长时间里都难以消除。

总之，品牌危机的成因多种多样，为了及时发现和有效应对危机，组织可以采取加强日常管理、提供优质产品及服务、维护好各方关系等措施，为化解品牌危机创造有利条件，减缓危机给品牌带来的消极影响。

Facebook 数据泄露事件[①]

脸书（Facebook）在全球社交媒体中处于领军位置，在用户数量、功能性、用户黏性、易用性、便捷程度和技术革新速度等方面都处于全球领先的地位。2018 年 3 月中旬，美国《纽约时报》和英国《卫报》报道一家名为"剑桥分析"的公司，未经许可收集了超过 5000 万 Facebook 用户的信息资料，通过工具分析这些数据并给用户画像，用于在美国大选中推送精准的政治广告，从而影响美国选民在竞选中的投票。由于 Facebook 作为社交网络巨头的影响力，加上白宫前幕僚长班农曾担任剑桥分析公司的母公司董事，数据泄露事件中又有俄裔心理学家深度参与，这起"泄露门"事件在美国掀起了轩然大波。"泄露门"事件暴露的对生态链中数据分享机制的监管缺位，目前来看已经是一个迫切需要着手考虑和采取行动的问题。

1. 剑桥分析公司的公关应对

剑桥分析公司在事件发生之后一直通过推特等其他媒体对外发布信息。3 月 16 日，数据泄露事件发生之后，7 天时间内，该公司的推特账号发布了 39 条信息，总共收到了 16630 条用户评论，有 3622 次转发推送。用户评论数量随着时间推移呈现递减趋势，但是在这个过程中出现了反复的情况，转发数量也呈现出相同的趋势。该公司 3 月 17 日发布第一条推送内容，声明公司遵守脸书的规定，正在积极与脸书沟通。随后连续发布了 8 条推送澄清问题：该公司从正规合法渠道获取用户信息；发现 GSR 公司使用不当数据时，及时进行了删除数据的操作；2016 年总统选举期间，公司并没有使用脸书数据。

2. 新闻媒体对 Facebook 数据泄露事件的报道

《纽约时报》在周末发布了针对该事件的报道，从而引起轩然大波。《观察家报》（The Observer）报道的标题是《揭秘：剑桥分析公司获取脸书用户信息》。这篇报道的内容显示，事件的关键人物有剑桥分析公司的前总裁、SCL 公司和剑桥分析伦敦分公司的 Kogan 等人。涉及的公司有剑桥分析、全球科学研究、剑桥大学和圣彼得堡大学。根据《卫报》的报道，

[①] 张志成：《Facebook 数据泄露事件研究》，载《青年记者》2018 年第 24 期，第 89 - 90 页，有改动。

英国信息委员会办公室正在对剑桥分析和脸书这两家公司的业务进行调查，同时英国的选举委员会也在对剑桥分析公司在欧盟公投中所扮演的角色进行调查和分析。根据英国国家广播电视公司的报道，英国信息委员会已经向法院申请搜查令，搜查剑桥分析公司在伦敦的分公司。根据《华盛顿邮报》的报道，脸书公司掌握了全球大量的用户信息，接近全球人口三成的用户注册了该社交媒体的账户。因此，对于任何一家从事数据相关业务的公司而言，这都是一个非常重要的渠道。

通过梳理主流英文媒体的报道我们可以发现，该事件并不是一个孤立的个体事件，而是一个相互关联的多维度事件，脸书确实已经发生了大量用户信息泄露的事件，而且对现今的政治、经济和社会产生了重要的影响。

3. 泄露事件之后 Facebook 的举措

在用户信息泄露事件发生之后，尽管事件各方都在极力地脱责，但是脸书的公信力仍受到了巨大的影响，世界各地已经掀起了抵制脸书的运动。

事件发生之后，脸书收紧了用户信息服务的业务，主要包括四个方面，其中两条措施针对程序开发层面，两条针对实际用户层面。

第一条，公司声明将会对所有曾经使用过用户信息的程序和平台进行审核，同时通知用户可能造成的影响。

第二条，严格限制开发者使用用户数据。该公司表示软件在没有申请许可的情况下只能获取用户的名字、照片、电子邮箱。如果需要获取更多的信息，必须事先申请。

以上两条措施主要都在于程序开发层面，大部分实用用户接触都是在数据使用层面或者交互层面，脸书针对具体用户也发布了两条措施。首先是该公司表示会告知用户有哪些程序尝试获取用户信息，让用户可以自行选择是否允许获取个人信息。另外，对已经存在的 bug bounty 功能进行完善。根据脸书主页上对该功能的解释可以发现，该功能主要作用是对维护网站安全起到积极作用的研究者进行一定程度的奖励。

脸书用户信息泄露事件不是独立的事件，是监管部门、公司主体、个人等多方在技术、管理方式和利益等方面相互交织和冲突之下的必然结果。区块链技术无疑提供了目前来看最理想、最符合各方利益的解决方案。

四、品牌危机管理的理论基础

危机的发生，并不必然带来对品牌的伤害，形成品牌危机。如果管理和应对得当，反而能够修复和巩固利益相关群体之间的情感联系和信任根基，进而赢得良好的经济效益和社会效益。与品牌危机管理联系较为紧密的相关理论，主要有以下三种。

（一）危机管理理论

危机管理研究是管理学领域的一个分支，已有的研究成果为品牌危机管理研究提供了强有力的支撑。危机管理是指组织通过事前计划、事中应对和事后总结的完整机制，达到对环境的动态适应和从危机中学习的目的。简而言之，危机管理就是组织积极寻找和把握危机的演变规律，通过采取及时有效的应对措施，从而帮助组织消除威胁，减少损失，最终摆脱危机的过程。

1. 危机管理系统论

系统论认为，组织就像一个有机生命体，通过日常管理与外部环境之间保持良好的动态适应性，赢得有利的生存和发展空间。迈克尔·布兰德指出，企业需要在内部环境中优化与提升企业危机管理的能力，并通过和外部环境的有效互动来促使企业健康地发展；至于一些危机，可能是由内部环境因素的一个实体（可能是单位内部或外部危机因素）或外部环境的不和谐造成的，如果内部和外部环境之间的信息联系被阻断，那么会造成企业反应缓慢，企业危机就很可能会发生。[①] 根据系统论的主张，组织管理者需要加强日常风险监测，建立环境信息通道，在不断提高环境敏感度的同时，优化组织结构设计，提高组织管理效率，通过事先预防把危机消灭在萌芽状态。

危机管理系统论为我们提供了一种看待组织危机的视角，而构成组织运行的内部和外部环境要素复杂多变，运用和实施起来困难重重。随着大数据算法研究和运用的进步，业界尝试运用大数据技术开展危机监测和预防，这不失为一种有益的实践。

---

① 郑星星：《韩国企业危机管理研究——案例分析的视角》（硕士学位论文），延边大学2017年，第6页。

2. 危机管理的生命周期论①

危机管理的生命周期论，有时也被称为阶段论，为我们提供了一种看待和处理危机的视角。Simon A. Booth 最早提出了有关企业危机管理的生命周期理论。他基于企业危机的生长特性，将其分为五个阶段，包括企业危机管理中危机阶段的酝酿期、危机期、危机传播期、危机管理期，以及危机管理的结果和后遗症期，并详细地阐述了每一阶段的生命特征，及其认知加工策略。危机孕育是危机因素形成和发展的一个时期，危机因素经历了由量变到质变的过程。所以理论上认为：危机发生前应及时识别潜在危机，观察其是否已经出现或以何种方式出现，并在危机产生的初期及时将其扼杀。近年来，这一理论研究内容正在不断扩展：认为危机是动态发展的诸多因素的结果，在其发展过程中，不断地发生结构性的变化，这种多变性使得管理者在管理的过程中愈发难以对其做出准确的判断。因此，相关理论强调管理者在危机发生前应畅通信息渠道，采取快速、有效的措施，如危机预警机制，从而更好地控制和消除企业危机的负面影响。如果措施能够正确及时地实施，那么企业不但能够平安地渡过危机，而且能从危机之中获得变革的机遇；但是如果措施不及时或是不正确，那么企业在后期将会出现巨大的后遗症。该理论的着重点在于危机处理的结果与后遗症，以及危机的负面持续性。

比较有代表性的危机管理生命周期论，还有罗伯特·希斯在《危机管理》一书中率先提出的危机管理 4R 模式，包括缩减力、预备力、反应力以及恢复力。每一个阶段都有一套完整的措施。在缩减力阶段，主要注重前期风险的评估与危机的管理，以减少危机事件的发生或降低危机的影响力。预备力要求企业建立预警机制，培养员工的危机意识与解决危机的能力，做好处理危机的准备。当危机发生以后，就需要企业具有敏锐的反应能力，能够迅速掌握危机情况，提出解决计划，这要求企业危机管理人员有较高的解决危机的素质，及时化解危机。危机得以解决以后，还需要对危机进行分析总结，以便企业能尽快恢复并尽量避免出现类似危机。

3. 危机管理的五力模型②

赵定涛、李蓓在分析企业危机信息管理时，把模型作为突破口，指出

---

① 郑星星：《韩国企业危机管理研究——案例分析的视角》（硕士学位论文），延边大学 2017 年，第 7 页。
② 徐奕：《大数据时代下互联网企业危机管理研究》，载《国际公关》2019 年第 7 期，第 150 页。

当处于全新的信息环境里，公司该如何将信息管理与环境相结合，做出相应的处理行动，并提出了企业危机管理五力模型。企业危机管理不是单单指某个方面的顺利进行，而是需要企业战略、危机管理小组、信息沟通、资源保障、组织文化这几个方面的共同作用，五者缺一不可，如此才能保证企业危机管理的顺利进行。

（二）危机公关理论

危机公关是危机管理体系的重要组成部分。它是指组织面对突发危机事件时，为了维护组织形象和利益而开展的公关活动，目标是帮助组织渡过危机，减轻负面影响，获得公众的理解和支持。

1. 危机公关的3T原则[①]

英国危机公关专家里杰斯特在《危机公关》一书中提出了"Tell your own tale. Tell it fast. Tell it all."的原则，三个关键点都以"T"开头，所以称之为3T原则。

（1）以我为主提供情况。当危机发生以后，组织应迅速把握信息发布的主动权，以企业为主来向公众发布信息，注重与媒体的交流，并善于借助媒体将自身的说明和信息公布出来，以达到引导大众言论的目的。

（2）尽快提供情况。危机传播的实时性要求企业必须在危机发生后的第一时间做出反应。危机发展速度快，而且其破坏程度也会快速扩大，在危机发生以后，如果企业反应迟钝，那么就会给企业顺利解决危机造成阻碍。

（3）提供全部的情况。危机发生之后，企业要及时将自己知道并了解的信息尽可能地公布给公众。即使有些信息公布后会给组织带来极大的损失，但是提供必要的信息，能够塑造出一种认真对待和努力解决危机的形象。相反，以冷硬、敷衍的态度来应付公众，只会导致危机的加深。

2. 危机公关的5S原则

我国危机管理专家游昌乔在《危机公关：中国危机公关典型案例回放及点评》一书中，率先提出了危机公关的5S原则，成为我国各种类型的组织处理和应对危机事件的指导性原则。5S原则即承担责任原则（shoulder the matter）、真诚沟通原则（sincerity）、速度第一原则（speed）、系统运行原则（system）和权威证实原则（standard）。

[①] 徐奕：《大数据时代下互联网企业危机管理研究》，载《国际公关》2019年第7期，第151页。

（1）承担责任原则。组织在应对危机时主动承担责任，以积极的姿态解决问题，主动对受害者进行经济赔偿和精神安抚，平息舆论，为快速化解危机创造有利条件。反之，危机公关工作最不妥当的应对方式就是逃避责任，这很有可能点燃公众愤怒的情绪，陷组织于被动应对的境地。

（2）真诚沟通原则。数字时代，组织在面对危机时，应该学会借助传统媒体和网络媒体发声，说明事件真相，真诚地与公众交换意见，为公众答疑解惑，以诚恳平等的态度来换取各方信任，为赢得社会公众的理解、成功处理危机创造有利条件。反之，推诿责任、逃避问题，则会贻误时机，错过危机处理的最佳时机。

（3）速度第一原则。网络传播环境下，任何有关危机的信息一经发布，经过裂变式传播，会迅速发酵为网上热议的焦点。为了防止不实消息对组织声誉造成伤害，组织在监测到相关信息之后，需要采取快速、有效的应对策略，及时回应舆论关切的问题，提供真实准确的信息，防止危机蔓延和事态升级。

（4）系统运行原则。危机的爆发有许多诱因，组织应秉持系统运行的原则来构建危机管理体系，做到事前预警和监测、事中准备和应对、事后反思和总结的全流程管理。当危机来临时，临危不乱，有序工作，既能减轻组织内部人员的工作压力，也能增强公众对组织的信心，提高危机处理效率，塑造良好的组织形象。

（5）权威证实原则。在危机中，组织很难自证清白，因此有必要引入第三方权威机构，如专家学者、社会名流、政府官员以及权威机构等，以数据和真相为基础，保证公关信息的真实性，提高传播和沟通的效果，增进公众对组织的信任。

（三）危机传播理论

危机传播是在危机前后及其过程中，在组织、媒体、公众之内和彼此之间进行的交流和互动过程。主要有两种类型：一种是对危机信息和认知的管理，通过搜集信息、识别信源、分析舆情、分享信息和在此基础上做出决策，旨在形成对危机的"公共认知"。另一种是对利益攸关方的反馈进行管理。政府、企业等派出专业人士通过语言、行动、传媒等渠道影响各个利益攸关方对组织及其所经历危机的态度、认知和反馈，为危机减缓直至化解营造良好的舆论氛围。[①] 危机传播着眼于危机中的信息沟通，亦

---

① 史安斌：《危机传播与新闻发布：理论·机制·实务》，清华大学出版社2013年版，第35页。

是危机管理的一个重要分支。

危机管理理论、危机公关理论、危机传播理论等，为我们认识危机提供了多元化的视角，给品牌危机管理工作的开展提供了丰富的参考和借鉴。

第二节 数字时代品牌危机的特点与管理的策略

随着数字技术与信息技术的不断创新和使用、4G 和智能手机的不断普及、5G 商用拉开序幕，每个个体和组织已然成为网络空间中的一个节点，彼此之间的连接成为常态，这标志着当今社会已经进入一个全新的数字时代。信息化、网络化、智能化成为这个时代的显著特征。在此背景下，组织的生存和经营环境更加复杂多变。一方面，人们可以通过微博、微信、短视频等各种社交 App 获取信息，传播观点，展现自我；另一方面，人们对组织的生存经营提出了更高的要求，不仅要提供优质的产品及服务，组织的言行也要符合社会期待。有些危机事件直接由网民发起，如视觉中国网站黑洞照片版权事件，在人们的评论、转发以及微博大 V 的助推下，视觉中国的不当应对，加剧了危机扩散并使事态升级，给品牌形象造成了不可逆转的伤害。因此应时势之变，探讨数字时代下品牌危机的特点以及管理策略就显得比较重要和富有现实意义。

一、品牌危机的特点

（一）品牌危机信息管控难度加大

网络传播以其公开性、互动性、迅捷性的特征，颠覆了以往任何一种传播媒介，创造出了一个新的传播平台，改变了信息传播格局和舆论生态环境。在报刊、广播、电视等传统媒体盛行的时代，有关品牌危机信息的管控相对简单和容易。而互联网超越时空的公开性、人与人之间的高频互动性、信息传播和获取的迅捷性，提高和放大了危机传播的频度和广度，也使信息管控的难度成倍增加。在品牌危机事件爆发之后，信息会很快弥散至整个网络空间，网民的负面言论、媒体的负面报道、品牌顾客的负面情绪以及组织的不当言行都有可能加剧事态的严重性，延缓品牌转危为安的进程。

(二) 品牌危机发生模式有所改变

过去,组织遭遇的危机事件多是由产品缺陷或服务不足、竞争对手的攻击、传播内容不恰当,以及其他违法违规事件所引起的原生型危机。数字时代,许多危机直接在网络空间发生,传播和裂变速度飞快,会对品牌声誉造成沉重的打击,例如奔驰女车主哭诉维权事件。该女车主提车5分钟还未出4S店时,就发现发动机出现了漏油现象。此后半个月,她跟4S店交涉了3次,4S店方面仅仅同意更换发动机,不能够换车、退车,她感觉一直在被敷衍。后来在与4S店协商过程中,她发现后者还存在金融服务费欺诈,于是她坐上汽车引擎盖上哭诉。这段哭诉视频爆红网络,话题热度持续走高,奔驰的品牌形象也受到牵连和影响。

(三) 品牌危机的演变趋势难以预料

互联网上产生的海量数据、信息以及大规模用户,彼此之间相互连接,互动方式丰富多样,"以传受一体形成的信息传播模式,与自由表述引发的各种观点碰撞,使危机扩散由'1—N'模式演变为'N—N'网状模式"。"对危机管理而言,互联网使得危机治理对象的颗粒度从社会组织细化至个人,治理的量级、难度呈几何级数上升"[1],加深了品牌危机的复杂程度,对危机管理的体制、机制和法制建设提出了更高的要求。

品牌案例 8-2

数字时代品牌危机管理的战略传播转型[2]

数字时代的品牌危机传播管理需要超越危机本身,从互联网出发,走向数字化管理,匹配数字生活空间的信息存储、交流方式。

1. 品牌危机传播的战略管理升维

创意传播管理是战略传播升维思维。其理论轨迹是基于宏观研究以社会变革背景和技术推动思考营销传播的未来发展。创意传播管理反复强调品牌传播管理的战略性意义,力图改变在企业管理矩阵中传播管理的附属地位。创意传播管理是战略传播的本质在于,战略传播的核心是公众。创

---

[1] 徐宪平、鞠雪楠:《互联网时代的危机管理:演变趋势、模型构建与基本规则》,载《管理世界》2019年第12期,第184、182页。

[2] 王素君:《品牌危机传播的数字智能化管理转型》,载《广告大观(理论版)》2018年第2期,第39-40页,有改动。

意传播管理的立足点在于对"生活者"的传播变化考察，是"走向用户时代的传播管理"。基于品牌危机的战略观，品牌危机应该是全局的，而不是局部的；品牌危机应该是系统的，而不是碎片的。

构建数字时代品牌危机传播管理模式，以数字营销传播为基础，借鉴对互联网数字逻辑理解深刻的创意传播管理的理论框架和思考模式，具有强烈的时代借鉴价值和意义。正是基于对创意传播管理理论思想内核的把握和理解，提出数字时代品牌危机传播管理的转型方向与具体路径。

2. 品牌危机传播管理的转型路径

这里讲的转型，具体是指确立品牌危机传播管理的数字化、智能化创新实践策略。互联网技术的发展变革导致社会形态、生产形态、传播形态发生重大模式变化，三大因素的联动变化即是危机管理转型的背景，也是危机管理转型的动因。基于技术的数字和智能化方向，数字时代形态下品牌危机传播管理应以长期战略性为基础，以规模化的人际传播为主导模式，以数字智能化为方法，实现新的时代特征下的品牌管理与危机管理的融合转型。

数字生活空间的企业需要在传播管理平台积累数据库管理和智能语义管理的技术能力。数据化是首要条件。理解互联网一定要了解数据，创意传播管理的基础首先在于数据，其次运用智能化技术对数据进行整合、分析和提炼，发挥数据的最大价值。品牌建设中要深度开发数据，广泛利用大数据，更精准地对接市场，适应定制化的消费需要，动态化实现品牌价值提升。

大数据时代品牌危机引导应依靠信息数据管理，运用数据挖掘、情绪分析、自然语言分析等手段，预测品牌危机中舆情走势；运用神经网络分析等大数据技术，识别潜在意见领袖，分析社会化传播平台个体间的社交关系网络，提高信息引导精准度和针对性，最终实现引领微平台意见的目的。

基于云计算的大数据技术，品牌危机管理过程中可以获得关键的决策信息。互联网化的品牌管理要求企业建立品牌危机数据管理机制。频发的品牌危机案例增加危机数据搜集的价值和意义，企业应尽快实现危机数据集中整合，稳固品牌危机管理系统，开发采集危机数据来源，集中储存形成海量数据资产，构建大品牌危机数据管理系统，形成大数据危机管理的解决方案。在此基础上，当品牌危机发生时，基于对危机数据的筛选与分析，企业能尽快制订出危机管理和传播方案。

二、品牌危机管理的策略

为了适应数字时代对品牌危机管理提出的新挑战，运用经典的危机生命周期理论构建网络时代的危机管理模型，从危机监测与预警、危机准备和应对、危机善后和反思三个阶段，为化解品牌危机提供经验借鉴。

（一）危机监测与预警：未雨绸缪，不打无准备之仗

危机的发生是问题积累到一定程度突然大爆发的结果。如果能事先监测到危机发生前的征兆，多数危机都可以通过采取措施防患于未然，这是比较理想的危机管理状态。

第一，加强全员教育，做好应急文化建设。随着危机管理关口前移性的观念逐渐深入人心，做好应急准备文化建设成为一项基础性的关键工作。上至高层领导，下至每名员工，对环境变化和组织危机要保持高度的敏感，加强事前预防观念、预防能力以及应急准备意识与行为的训练，唯有常抓不懈，才能在危机面前保持定力，不至于乱了方寸。

第二，精准预判，建立危机预警机制。自建数据平台或委托第三方机构开展日常舆情监测，收集公众对产品及服务的投诉意见，认真分析所处行业及竞争对手的现状，按照轻重缓急对信息进行归类，分析潜在危机的类型与危害等，在全面掌握情况的前提下精准预判。

第三，防微杜渐，形成常态化的危机隐患排查制度。结合组织所处行业及经营特点，借鉴其他组织品牌危机管理的经验教训，制作一份潜在危机风险清单，建立和完善危机管理预案，从源头上消除隐患。

（二）危机准备和应对：系统谋划，果断控制事态发展

数字时代的信息传播模式和危机发生模式的改变，间接改变了品牌危机的发生和应对模式。在日常危机监测和预警的前提下，系统筹划，做好应对危机的组织机构设置及人员配备、资源保障等准备工作。

第一，以最快的速度采取果断措施，赢得品牌危机公关的主动权。信息传播和扩散速度的加快，缩短了品牌危机应对的黄金时间，必须争分夺秒，争取跑赢舆论发酵和蔓延的速度，拖延时间只会吸引越来越多的媒体和公众的关注、报道、评论和讨伐，给品牌形象和品牌资产造成不可挽回的伤害和损失。

第二，分清轻重缓急，按照事情的优先顺序解决要害问题。在突发品牌危机面前，第一时间查清事实，抓住危机的核心风险，借助官方微博、

微信及权威媒体发布事件通报，及时回应舆论关切的问题，尽快打消公众的疑虑，为赢回公众的信任而努力。

第三，加强沟通，维护好组织的内外部关系。一方面，处理好组织内部各部门之间及其与员工的关系。以产品及服务的品牌危机类型为例，这通常涉及多个部门的合作处理，由危机指挥小组统一协调，制定步调一致的解决方案。同时，加强对员工的培训和教育，统一对外发声口径，不要因个别员工的不当言论而影响品牌的整体形象。另一方面，处理好与消费者、媒体和政府等外部公众的关系。如果是产品及服务危机，对已购顾客，要倾听其利益诉求，给予合理的补偿；对媒体公众，要尊重其采访权和报道权，为其介绍事件的最新进展；对政府公众，要主动接受和配合政府监管部门的调查和整改。

（三）危机善后和反思：标本兼治，消除危机遗留的影响

第一，根据危机的严重性和影响程度，推出合理配套的补救措施。为了帮助利益攸关方尽快从危机中恢复过来，可以从心理安抚和利益补偿方面着手，消除危机遗留的影响。

第二，从危机中学习，完善危机管理机制。任何一次危机，都是组织自我检视的良好机会，从痛点中找到盲点，发现组织管理中的盲区，做好相应的预防机制建设。

第三，化危为机，正确看待危机中蕴藏的机遇。企业的品牌危机管理能力既是对组织综合实力的一次检验，也蕴藏着巨大的商机。组织应善于从中吸取教训、总结经验，"还需总结处置模式和生成大数据"[1]，促使认知升级，变压力为动力，从而学会更好地面对它，与危机共处。

数字时代的品牌危机管理能力，与组织的危机管理和应对能力息息相关，离不开品牌传播手段的合理运用，是对组织管理能力、体制、机制的全面考验和检视。综合实力强、整体素质高的组织，在应对品牌危机时显得游刃有余，叫好声一片，反之亦然。因此，功夫在平时。融组织战略、组织文化、日常管理为一体，筑牢品牌危机的防线，是预防和应对危机的关键。

---

[1] 薛丽：《互联网时代的危机管理》，载《公关世界》2016 年第 21 期，第 9 页。

品牌案例8-3

滴滴危机事件①

2015年,滴滴顺风车横空出世,以其绿色、共享的属性受到了政府、媒体和公众的力赞。就在滴滴顺风车形势一片大好的情况下,2018年5月6日"空姐遇害事件"的发生给了滴滴出行当头一棒。顿时,整个社会开始质疑滴滴出行的合法性,政府及监管部门对网约车加强了关注,交通运输部运输服务司有关负责人表示,网约车行业不是法外之地,保障乘客安全是网约车规范发展的底线。然而就在事情发生后不久,悲剧再次上演。2018年8月24日,浙江温州乐清女孩在乘坐滴滴顺风车的时候遇害。这次事件引起的反响较之前者更大,政府监管部门、媒体、投资者以及消费者对这次危机事件做出了强烈的反应。

表面看来,诱发滴滴遭遇成立以来的最大危机,是一系列意外的恶性安全事件。其实并非如此。个案发生的主要责任在犯罪分子,用户不是不能理解。然而,连续几起恶性安全事件背后都毫不例外地指出:滴滴没有尽到平台应有的责任。郑州空姐案和乐清少女案中的司机,之前都曾被其他用户投诉过不当行为,但滴滴作为平台对此毫无作为,继续任由他们上岗接单;事件发生后,警方要求滴滴提供司机姓名、车牌等信息时,平台又以各种理由不能及时配合。

对于客服未能及时、准确地处理用户投诉举报,滴滴在事故解释中将服务外包作为服务不到位的理由。虽然服务由第三方提供,但服务标准和流程仍掌握在品牌商手中。滴滴第三方客服不能及时、准确处理的可能原因有:第一,客服素质不够,无法分辨确认安全举报;第二,客服能够分辨安全举报,但没有重视;第三,客服能够分辨安全举报,也有责任心,但公司缺乏相应的流程设计,同时没有赋予客服足够的处理权限。

此外,还有一个方面能证明滴滴问题出在内部管理。通常,安全保障措施分为两类:一类是技术性的产品功能设计,比如行程亲友共享、一键求救、司机活体检测上岗、个人信息保护等;一类为制度性的保障,如日

---

① 整理自姜莉芸:《浅析制度创业型企业合法性危机发生机制——以滴滴出行为例》,《市场周刊》2020年第4期,第27页;邓斌:《滴滴安全事件频发,根源在于内部管理不力》,《互联网经济》2018年第11期,第79页。

常服务流程规范、安全事件应急预案等。前者看似是纯技术的问题，非常重要，但实际受后者的影响甚大，没有制度提出产品开发的需求，技术性的产品设计永远不会主动增强。也就是说，安全保障技术增加和提升的前提是相关制度的完善，而后者往往取决于公司文化和管理水平。如果高层意识淡薄，那么公司提供的永远只是应急式的服务，无法建立起有效的安全保障机制。否则，滴滴的技术一直是自有团队在做，为什么没有看到事发之前它以技术手段来加强安全保障呢？

以往滴滴的整改都是停留在口头上，道歉声明言之凿凿，但难有行动落在实处。而这一次，滴滴的整改举措实际有效得多。滴滴不但谦逊地一再公开道歉，还迅速地完成了一系列的技术完善，包括增加一键报警、行程亲友共享、全程录音等。这表明，滴滴是有能力通过技术手段和管理制度来加强用户安全保障的，只是一直没有重视和采取行动。外界和用户之所以对滴滴严重不满，就在于其长期表现出来的对用户安全的漠视。希望滴滴从此能加强企业文化和内部管理，真正把用户安全至上的理念放在第一位，不再让安全悲剧发生。

附　　录

国务院办公厅关于发挥品牌引领作用
推动供需结构升级的意见①

国办发〔2016〕44 号

各省、自治区、直辖市人民政府，国务院各部委、各直属机构：

品牌是企业乃至国家竞争力的综合体现，代表着供给结构和需求结构的升级方向。当前，我国品牌发展严重滞后于经济发展，产品质量不高、创新能力不强、企业诚信意识淡薄等问题比较突出。为更好发挥品牌引领作用、推动供给结构和需求结构升级，经国务院同意，现提出以下意见。

一、重要意义

随着我国经济发展，居民收入快速增加，中等收入群体持续扩大，消费结构不断升级，消费者对产品和服务的消费提出更高要求，更加注重品质，讲究品牌消费，呈现出个性化、多样化、高端化、体验式消费特点。发挥品牌引领作用，推动供给结构和需求结构升级，是深入贯彻落实创新、协调、绿色、开放、共享发展理念的必然要求，是今后一段时期加快经济发展方式由外延扩张型向内涵集约型转变、由规模速度型向质量效率型转变的重要举措。发挥品牌引领作用，推动供给结构和需求结构升级，有利于激发企业创新创造活力，促进生产要素合理配置，提高全要素生产率，提升产品品质，实现价值链升级，增加有效供给，提高供给体系的质量和效率；有利于引领消费，创造新需求，树立自主品牌消费信心，挖掘消费潜力，更好发挥需求对经济增长的拉动作用，满足人们更高层次的物质文化需求；有利于促进企业诚实守信，强化企业环境保护、资源节约、公益慈善等社会责任，实现更加和谐、更加公平、更可持续的发展。

---

① 《国务院办公厅关于发挥品牌引领作用推动供需结构升级的意见》，见中国政府网（http://www.gov.cn/zhengce/content/2016-06/20/content_5083778.htm），2016 年 6 月 20 日。

二、基本思路

按照党中央、国务院关于推进供给侧结构性改革的总体要求，积极探索有效路径和方法，更好发挥品牌引领作用，加快推动供给结构优化升级，适应引领需求结构优化升级，为经济发展提供持续动力。以发挥品牌引领作用为切入点，充分发挥市场决定性作用、企业主体作用、政府推动作用和社会参与作用，围绕优化政策法规环境、提高企业综合竞争力、营造良好社会氛围，大力实施品牌基础建设工程、供给结构升级工程、需求结构升级工程，增品种、提品质、创品牌，提高供给体系的质量和效率，满足居民消费升级需求，扩大国内消费需求，引导境外消费回流，推动供给总量、供给结构更好地适应需求总量、需求结构的发展变化。

三、主要任务

发挥好政府、企业、社会作用，立足当前，着眼长远，持之以恒，攻坚克难，着力解决制约品牌发展和供需结构升级的突出问题。

（一）进一步优化政策法规环境

加快政府职能转变，创新管理和服务方式，为发挥品牌引领作用推动供给结构和需求结构升级保驾护航。完善标准体系，提高计量能力、检验检测能力、认证认可服务能力、质量控制和技术评价能力，不断夯实质量技术基础。增强科技创新支撑，为品牌发展提供持续动力。健全品牌发展法律法规，完善扶持政策，净化市场环境。加强自主品牌宣传和展示，倡导自主品牌消费。

（二）切实提高企业综合竞争力

发挥企业主体作用，切实增强品牌意识，苦练内功，改善供给，适应需求，做大做强品牌。支持企业加大品牌建设投入，增强自主创新能力，追求卓越质量，不断丰富产品品种，提升产品品质，建立品牌管理体系，提高品牌培育能力。引导企业诚实经营，信守承诺，积极履行社会责任，不断提升品牌形象。加强人才队伍建设，发挥企业家领军作用，培养引进品牌管理专业人才，造就一大批技艺精湛、技术高超的技能人才。

（三）大力营造良好社会氛围

凝聚社会共识，积极支持自主品牌发展，助力供给结构和需求结构升级。培养消费者自主品牌情感，树立消费信心，扩大自主品牌消费。发挥好行业协会桥梁作用，加强中介机构能力建设，为品牌建设和产业升级提供专业有效的服务。坚持正确舆论导向，关注自主品牌成长，讲好中国品牌故事。

四、重大工程

根据主要任务，按照可操作、可实施、可落地的原则，抓紧实施以下重大工程。

（一）品牌基础建设工程

围绕品牌影响因素，打牢品牌发展基础，为发挥品牌引领作用创造条件。

1. 推行更高质量标准

加强标准制修订工作，提高相关产品和服务领域标准水平，推动国际国内标准接轨。鼓励企业制定高于国家标准或行业标准的企业标准，支持具有核心竞争力的专利技术向标准转化，增强企业市场竞争力。加快开展团体标准制定等试点工作，满足创新发展对标准多样化的需要。实施企业产品和服务标准自我声明公开和监督制度，接受社会监督，提高企业改进质量的内生动力和外在压力。

2. 提升检验检测能力

加强检验检测能力建设，提升检验检测技术装备水平。加快具备条件的经营性检验检测认证事业单位转企改制，推动检验检测认证服务市场化进程。鼓励民营企业和其他社会资本投资检验检测服务，支持具备条件的生产制造企业申请相关资质，面向社会提供检验检测服务。打破部门垄断和行业壁垒，营造检验检测机构平等参与竞争的良好环境，尽快形成具有权威性和公信力的第三方检验检测机构。加强国家计量基准建设和标准物质研究，推进先进计量技术和方法在企业的广泛应用。

3. 搭建持续创新平台

加强研发机构建设，支持有实力的企业牵头开展行业共性关键技术攻关，加快突破制约行业发展的技术瓶颈，推动行业创新发展。鼓励具备条件的企业建设产品设计创新中心，提高产品设计能力，针对消费趋势和特点，不断开发新产品。支持重点企业利用互联网技术建立大数据平台，动态分析市场变化，精准定位消费需求，为开展服务创新和商业模式创新提供支撑。加速创新成果转化成现实生产力，催生经济发展新动能。

4. 增强品牌建设软实力

培育若干具有国际影响力的品牌评价理论研究机构和品牌评价机构，开展品牌基础理论、价值评价、发展指数等研究，提高品牌研究水平，发布客观公正的品牌价值评价结果以及品牌发展指数，逐步提高公信力。开展品牌评价标准建设工作，完善品牌评价相关国家标准，制定操作规范，提高标准的可操作性；积极参与品牌评价相关国际标准制定，推动建立全球统一的品牌评价体系，增强我国在品牌评价中的国际话语权。鼓励发展一批品牌建设中介服务企业，建设一批品牌专业化服务平台，提供设计、营销、咨询等方面的专业服务。

（二）供给结构升级工程

以增品种、提品质、创品牌为主要内容，从一、二、三产业着手，采取有效举措，推动供给结构升级。

1. 丰富产品和服务品种

支持食品龙头企业提高技术研发和精深加工能力，针对特殊人群需求，生产适销对路的功能食品。鼓励有实力的企业针对工业消费品市场热点，加快研发、设计和制造，及时推出一批新产品。支持企业利用现代信息技术，推进个性化定制、柔性化生产，满足消费者差异化需求。开发一批有潜质的旅游资源，形成以旅游景区、旅游度假区、旅游休闲区、国际特色旅游目的地等为支撑的现代旅游业品牌体系，增加旅游产品供给，丰富旅游体验，满足大众旅游需求。

2. 增加优质农产品供给

加强农产品产地环境保护和源头治理，实施严格的农业投入品使用管理制度，加快健全农产品质量监管体系，逐步实现农产品质量安全可追溯。全面提升农产品质量安全等级，大力发展无公害农产品、绿色食品、有机农产品和地理标志农产品。参照出口农产品种植和生产标准，建设一批优质农产品种植和生产基地，提高农产品质量和附加值，满足中高端需求。大力发展优质特色农产品，支持乡村创建线上销售渠道，扩大优质特色农产品销售范围，打造农产品品牌和地理标志品牌，满足更多消费者需求。

3. 推出一批制造业精品

支持企业开展战略性新材料研发、生产和应用示范，提高新材料质量，增强自给保障能力，为生产精品提供支撑。优选一批零部件生产企业，开展关键零部件自主研发、试验和制造，提高产品性能和稳定性，为精品提供可靠性保障。鼓励企业采用先进质量管理方法，提高质量在线监测控制和产品全生命周期质量追溯能力。支持重点企业瞄准国际标杆企业，创新产品设计，优化工艺流程，加强上下游企业合作，尽快推出一批质量好、附加值高的精品，促进制造业升级。

4. 提高生活服务品质

支持生活服务领域优势企业整合现有资源，形成服务专业、覆盖面广、影响力大、放心安全的连锁机构，提高服务质量和效率，打造生活服务企业品牌。鼓励社会资本投资社区养老建设，采取市场化运作方式，提供高品质养老服务供给。鼓励有条件的城乡社区依托社区综合服务设施，建设生活服务中心，提供方便、可信赖的家政、儿童托管和居家养老等服务。

（三）需求结构升级工程

发挥品牌影响力，切实采取可行措施，扩大自主品牌产品消费，适应引领消费结构升级。

1. 努力提振消费信心

统筹利用现有资源，建设有公信力的产品质量信息平台，全面、及时、准确发布产品质量信息，为政府、企业和教育科研机构等提供服务，为消费者判断产品质量高低提供真实可信的依据，便于选购优质产品，通过市场实现优胜劣汰。结合社会信用体系建设，建立企业诚信管理体系，规范企业数据采集，整合现有信息资源，建立企业信用档案，逐步加大信息开发利用力度。鼓励中介机构开展企业信用和社会责任评价，发布企业信用报告，督促企业坚守诚信底线，提高信用水平，在消费者心目中树立良好企业形象。

2. 宣传展示自主品牌

设立"中国品牌日"，大力宣传知名自主品牌，讲好中国品牌故事，提高自主品牌影响力和认知度。鼓励各级电视台、广播电台以及平面、网络等媒体，在重要时段、重要版面安排自主品牌公益宣传。定期举办中国自主品牌博览会，在重点出入境口岸设置自主品牌产品展销厅，在世界重要市场举办中国自主品牌巡展推介会，扩大自主品牌的知名度和影响力。

3. 推动农村消费升级

加强农村产品质量安全和消费知识宣传普及，提高农村居民质量安全意识，树立科学消费观念，自觉抵制假冒伪劣产品。开展农村市场专项整治，清理"三无"产品，拓展农村品牌产品消费的市场空间。加快有条件的乡村建设光纤网络，支持电商及连锁商业企业打造城乡一体的商贸物流体系，保障品牌产品渠道畅通，便捷农村消费品牌产品，让农村居民共享数字化生活。深入推进新型城镇化建设，释放潜在消费需求。

4．持续扩大城镇消费

鼓励家电、家具、汽车、电子等耐用消费品更新换代，适应绿色环保、方便快捷的生活需求。鼓励传统出版企业、广播影视与互联网企业合作，加快发展数字出版、网络视听等新兴文化产业，扩大消费群体，增加互动体验。有条件的地区可建设康养旅游基地，提供养老、养生、旅游、度假等服务，满足高品质健康休闲消费需求。合理开发利用冰雪、低空空域等资源，发展冰雪体育和航空体育产业，支持冰雪运动营地和航空飞行营地建设，扩大体育休闲消费。推动房车、邮轮、游艇等高端产品消费，满足高收入群体消费升级需求。

五、保障措施

（一）净化市场环境

建立更加严格的市场监管体系，加大专项整治联合执法行动力度，实现联合执法常态化，提高执法的有效性，追究执法不力责任。严厉打击侵犯知识产权和制售假冒伪劣商品行为，依法惩治违法犯罪分子。破除地方保护和行业壁垒，有效预防和制止各类垄断行为和不正当竞争行为，维护公平竞争市场秩序。

（二）清除制约因素

清理、废除制约自主品牌产品消费的各项规定或做法，形成有利于发挥品牌引领作用、推动供给结构和需求结构升级的体制机制。建立产品质量、知识产权等领域失信联合惩戒机制，健全黑名单制度，大幅提高失信成本。研究提高违反产品质量法、知识产权保护相关法律法规等犯罪行为的量刑标准，建立商品质量惩罚性赔偿制度，对相关企业、责任人依法实行市场禁入。完善汽车、计算机、家电等耐用消费品举证责任倒置制度，降低消费者维权成本。支持高等院校开设品牌相关课程，培养品牌创建、推广、维护等专业人才。

（三）制定激励政策

积极发挥财政资金引导作用，带动更多社会资本投入，支持自主品牌发展。鼓励银行业金融机构向企业提供以品牌为基础的商标权、专利权等质押贷款。发挥国家奖项激励作用，鼓励产品创新，弘扬工匠精神。

（四）抓好组织实施

各地区、各部门要统一思想、提高认识，深刻理解经济新常态下发挥品牌引领作用、推动供给结构和需求结构升级的重要意义，切实落实工作任务，扎实推进重大工程，力争尽早取得实效。国务院有关部门要结合本部门职责，制定出台具体的政策措施。各省级人民政府要结合本地区实际，制定出台具体的实施方案。

国务院办公厅

2016 年 6 月 10 日

参 考 文 献

期刊

1. 袁洁平. 从"中国品牌日"到央视"国家品牌计划"［J］. 中国广告, 2017（6）：88－89.
2. 叶茂中. 让消费者一见如故的品牌名［J］. 销售与市场（管理版）, 2019（12）：20.
3. 李志军. 品牌人格化［J］. 中国服饰, 2018（11）：76－77.
4. 李煜冰. 人生有迹, 每个人都应该是生活的行者：专访2019中国广告影片金狮奖最佳男主角、最佳代言人六小龄童［J］. 中国广告, 2019（5）：66－67.
5. 丁太岩, 王子铭. 基于社会化品牌环境下的人格化研究［J］. 国际公关, 2019（12）：240.
6. 胡泳. 科技可否和怎样向善［J］. 新闻战线, 2019（21）：90－92.
7. 李靖. 劳拉·里斯：你的品牌有Battlecry（战斗口号）吗？［J］. 中外管理, 2017（6）：104－107.
8. 朱佳莉. 网络时代品牌包装的广告创意探析：以"小茗同学"冷泡茶包装广告为例［J］. 中国广告, 2018（11）：124－127.
9. 色彩设计为品牌包装调制个性配方［J］. 中国包装, 2018（3）：63－64.
10. 宋文靓. 包装设计中的品牌形象与传承［J］. 中国包装, 2018（8）：29－31.
11. 沈国梁. 品牌跨界IP, 需要开哪些脑洞？［J］. 中国广告, 2019（9）：108－110.
12. MCQUILKEN T. 精品品牌包装的发展趋势［J］. 刘铱镝, 编译. 今日印刷, 2019（7）：41－42.
13. 王素娟. 刺绣工艺在美妆产品上的创新应用：萃雅水润拾光礼盒包装背后的故事［J］. 中国包装, 2019（9）：60－62.
14. 郝京石. 品牌延伸在扩大品牌生命周期中的作用：以旧金山华特·迪士尼家庭博物馆为例［J］. 科技传播, 2019（14）：167－169.

15. 苏亮. 2019AWE 盛大开幕 "硬·核"格力品牌战略多维升级［J］. 家用电器, 2019（4）：75.

16. 袁少锋. 质量强国战略下的企业品牌导向发展模式研究：内涵、逻辑与未来展望［J］. 辽宁大学学报（哲学社会科学版）, 2019（1）：54－67.

17. 宋谊青. "低价快出"走不通了［J］. 中国品牌, 2020（1）：48－53.

18. 韩冬. "互联网＋健身"环境下健身俱乐部的品牌研究［J］. 艺术与设计（理论）, 2019（8）：32－34.

19. 刘平均. 实现品牌强农 推动农村经济高质量发展［J］. 中国品牌, 2020（1）：32.

20. 理迁. 微电影广告对品牌形象的影响研究［J］. 现代营销（下旬刊）, 2020（1）：96－97.

21. 余明阳, 舒咏平. 论"品牌传播"［J］. 国际新闻界, 2002（3）：63－68.

22. 李志英. USP 理论在现今广告环境下的应用探讨［J］. 现代商业, 2018（13）：26－27.

23. 覃哲. 范式理论视野下的中国、北美媒介生态学研究比较［J］. 广西大学学报（哲学社会科学版）, 2014（1）：116－120.

24. 冯莉. 新媒体语境下广播电视媒介生态研究［J］. 西南民族大学学报（人文社会科学版）, 2015（3）：178－183.

25. 王月, 张心志. 从"成为"到"生成"：移动传播情境下信息生产实践变革与省思［J］. 中国出版, 2019（24）：41－43.

26. 蒋框. 信息时代国外简报新闻如何"迷住用户"［J］. 传媒, 2019（15）：56－57.

27. 陈硕, 李昭语. 媒介跨界融合的现实瓶颈与"智慧"转型研究［J］. 新闻爱好者, 2019（7）：90－93.

28. 关峥, 陈丹玲. 社会化传播背景下弹幕的传播模式形塑［J］. 科技传播, 2019（2）：61－64.

29. 张当. 消费社会视域中的贫困问题［J］. 浙江社会科学, 2020（1）：102－109, 159.

30. 张健丰, 徐示奥. 消费的符号之网的洞悉与拆解：鲍德里亚消费社会理论的剖析与启示［J］. 西南石油大学学报（社会科学版）, 2019（6）：47－51.

31. 王怡然，刘英.《夜色温柔》：消费主义的悲剧寓言［J］. 内蒙古大学学报（哲学社会科学版），2019（2）：103-108.

32. 罗小东. 试析大众传媒对消费社会的推动［J］. 新闻界，2010（6）：75-76.

33. 秦志希，刘敏. 新闻传媒的消费主义倾向［J］. 现代传播，2002（1）：42-45.

34. 王晓辉. 唯品会《我家那闺女》Q1成功破壁，湖南卫视何以突围？［J］. 声屏世界·广告人，2019（5）：108-109.

35. 崔光野，马龙龙. 数字时代新型商业模式和消费行为下的品牌建设［J］. 商业经济研究，2020（2）：5-8.

36. 杨雅丹. 线上运营向品牌联动和营销化发展［J］. 现代家电，2017（22）：54-55.

37. 冉美丽，陈志. 全球价值链竞争的新态势分析与应对建议［J］. 科技中国，2019（9）：1-3.

38. 罗兰贝格研究院. 从企业的角度看人工智能［J］. 机器人产业，2019（2）：106-109.

39. 苑朋彬，佟贺丰，赵蕴华. 基于专利分析的全球区块链技术竞争态势研究［J］. 全球科技经济瞭望，2018（3）：69-76.

40. 谢佩芯，林昆范. 以五感设计建构品牌形象之研究［J］. 南京工程学院学报（社会科学版），2018（2）：47-54.

41. 佘心谦. 气味图书馆 故事里卖情怀［J］. 现代营销（创富信息版），2018（2）：62-63.

42. 张庭庭. 精艺求晶，剔透世情：25年琉园如何抛光品牌形象？［J］. 中华手工，2019（6）：120-121.

43. 李婧. 浅谈成衣品牌的个性化发展：以"例外"和"odbo"品牌为例［J］. 轻纺工业与技术，2019（11）：56-58.

44. 江瑜. 新消费主义视阈下VR广告的传达与接受［J］. 今传媒，2020（1）：57.

45. 宗振举. 以事件广告策划 行品牌广告传播［J］. 声屏世界·广告人，2014（10）：202-203.

46. 秦先普. 天与空2019创意案例集萃［J］. 中国广告，2020（1）：69-70.

47. 齐爱荣，由佳卉. 论新形势下品牌公益营销的创新策略［J］. 经济师，2016（1）：273-274.

48. 申笑梅，王荣华. 企业公益营销的可持续发展研究：以蚂蚁森林为例［J］. 市场周刊，2018（8）：81-82.

49. 陈皓．沈钧亮：玩转蚂蚁森林，荣获"地球卫士奖"［J］. 金融经济，2019（21）：70-72.

50. 晓青. 流量明星，"带货时代"［J］. 中国服饰，2018（7）：24-25.

51. 贺清滨，许新宇. 草根代言：文化研究视阈中品牌传播新动向［J］. 企业经济，2017（1）：13-17.

52. 夕拾. 后电商时代：以诚信为基石的物联网社群生态［J］. 互联网周刊，2018（18）：30-31.

53. 谢园. 揭秘星巴克首席数字官［J］. 成功营销，2014（10）：52-54.

54. 韩梅蕊. 打造数字"第四空间"［J］. 成功营销，2013（6）：6-7.

55. 张伦. 计算传播学范式对传播效果研究的机遇与挑战［J］. 新闻与写作，2020（5）：19-25.

56. 栗建. 消费者决策流程：演变、重塑和争论［J］. IT 经理世界，2015（21）：52-53.

57. 黄匡时. 新中国 70 年人口变迁：回顾与展望［J］. 福建行政学院学报，2019（4）：42-47.

58. 乔云霞，武俊鲜. 人口特征变动对居民消费结构的影响［J］. 中国流通经济，2019（6）：87-97.

59. 程丽香. 中等收入群体的界定与测度：一个文献梳理［J］. 中共福建省委党校学报，2019（6）：106-107.

60. 李玉. 家庭生命周期下的财务安排［J］. 大众理财顾问，2018（11）：15-17.

61. 科达数字100. 2018 年夏季快消饮品消费行为调查［J］. 销售与市场（管理版），2018（9）：42-44.

62. 朱谚. 跟毛泽东学调查研究的方法：关于访谈对象和访谈人数的确定［J］. 办公室业务，2018（6）：103.

63. 方蕴翔. 全媒体时代，报刊媒体的融合转型之路［J］. 出版广角，2019（24）：22-24.

64. 莫佛基，李倩珺. 我国移动音频 APP 的现状及其发展策略探析［J］. 声屏世界，2017（10）：10－13.

65. 张亮，戴婷. 功能音频重塑广播比较优势：论音频 App 产品的供给侧改革［J］. 中国广播电视学刊，2018（11）：104－106.

66. 李宇. 美国网络视频业务爆发式增长的产业逻辑与策略启示［J］. 传媒，2020（3）：55－58.

67. 李宇. 传统电视台发展融合业务的策略与路径：以美国 CBS 和德国 ProSiebenSat.1 集团为例［J］. 电视研究，2019（9）：83－85.

68. 杨驰原，匡文波，童文杰，等. 我国手机媒体发展现状与趋势［J］. 传媒，2016（23）：12.

69. 孙振虎. 技术革新背景下的电视传播革命：试论改革开放 30 年来中国电视的变革［J］. 中国电视，2008（12）：22－27.

70. 于娜. 与消费者同行，才能有效沟通：专访安吉斯媒体集团大中华区首席执行官李桂芬［J］. 市场观察，2010（4）：68.

71. 肖明超. 新媒体：从经营媒介到经营消费者［J］. 广告人，2011（9）：92－93.

72. 周瑞华. 爱奇艺 IP 娱乐场，引爆娱乐营销［J］. 成功营销，2019（11）：76－77.

73. 刘岩. 技术升级与传媒变革：从 Web 1.0 到 Web 3.0 之路［J］. 电视工程，2019（1）：44－47.

74. 刘畅. 网人合一·类像世界·体验经济：从 Web 1.0 到 Web 3.0 的启示［J］. 云南社会科学，2008（2）：81－86.

75. 段寿建，邓有林. Web 技术发展综述与展望［J］. 计算机时代，2013（3）：8－10.

76. 刘畅. "网人合一"：从 Web 1.0 到 Web 3.0 之路［J］. 河南社会科学，2008（2）：137－140.

77. 罗裕梅. Web 技术与网络营销方法探讨［J］. 电子商务，2010（12）：18－19

78. 熊回香，陈姗，许颖颖. 基于 Web 3.0 的个性化信息聚合技术研究［J］. 情报理论与实践，2011（8）：95.

79. CRANMER M. Web 4.0 时代的数字营销［J］. 中国广告，2011（7）：22.

80. 尚岩. 浅谈网络广告在广告媒体中的优势 [J]. 现代营销（经营版），2020（3）：131-132.

81. 滕佳佳，金春花，康飞，等. 数字经济浪潮下运营商数字业务创新实践 [J]. 信息通信技术，2020（1）：13-20.

82. 韩文静. 基于用户画像的数字广告智能传播 [J]. 青年记者，2019（18）：76.

83. 李勇坚. 全球零售电子商务发展现状、格局变化及未来趋势 [J]. 全球化，2020（2）：85-98.

84. 喻国明，杨雅. 5G时代：未来传播中"人—机"关系的模式重构 [J]. 新闻与传播评论，2020（1）：112-114.

85. 马晓雨. 一加"蹿红"秘笈 [J]. 国企管理，2020（1）：104-107.

86. 冯炫淇. 新媒体时代老字号品牌更新的成功之道：以北京故宫博物院为例 [J]. 现代营销（经营版），2019（11）：80-82.

87. 唐梦林. 时尚类自媒体"黎贝卡的异想世界"的品牌管理策略 [J]. 传媒，2018（16）：46-48.

88. 宋晓涵. 多样身份黎贝卡：时尚"种草机"的内容升级 [J]. 中国广告，2018（8）：28-30.

89. 赵爱玲. 阿里巴巴："让天下没有难做的生意" [J]. 中国对外贸易，2005（12）：50.

90. 阿里巴巴："让天下没有难做的生意"马云帝国的兴盛与危机 [J]. 上海经济，2013（1）：25.

91. 姐夫李. "数字品牌榜"是传播效果新标尺吗：对话"数字品牌榜"CEO叶玮、联合创始人仇勇 [J]. 国际公关，2018（4）：31-33.

92. 苏勇. "鹤"舞东方：访飞鹤集团董事长冷友斌 [J]. 企业管理，2020（2）：45-46.

93. 李思慧，胡淑琴，潘珊珊. 新媒体视角下我国社交电商的品牌传播策略探究：以拼多多品牌为例 [J]. 经济视角，2020（1）：28-35.

94. 何德珍. 论民族地区旅游品牌策划的差异性策略 [J]. 社会科学家，2010（10）：88-90.

95. 贾朝莉. 新媒体时代企业整合营销传播分析 [J]. 新闻战线，2019（2）：68-69.

96. 施杭. 电商2020年：好戏必将一波又一波 [J]. 中国储运，2020（4）：50-51.

97. 刘丽娜，齐佳音，张镇平，等. 品牌对商品在线销量的影响：基于海量商品评论的在线声誉和品牌知名度的调节作用研究［J］. 数据分析与知识发现，2018（9）：10－21.

98. 雷艺琳，郭霞，杨璐. 基于 CCSI 模型的移动医疗平台用户满意度研究：以好大夫在线为例［J］. 软件，2020（3）：47－50.

99. 赵曙光. 致命的转化率：注意力之外的决定性因素［J］. 国际新闻界，2017（11）：143－156.

100. 粟志敏. 口碑指数：超越"净推荐值"［J］. 上海质量，2013（10）：68－73.

101. 梁毓琳，胡洋. 2019 年上半年全国广播收听市场分析［J］. 中国广播，2019（8）：42－45.

102. 王新刚，彭璐珞，周南. 企业品牌危机管理中的舍得行为研究［J］. 经济管理，2018（11）：125－139.

103. 张立，郑玲. 公益营销与企业盈利能力：基于策略性慈善捐赠的视角［J］. 经济经纬，2013（2）：89－94.

104. 徐奕. 大数据时代下互联网企业危机管理研究［J］. 国际公关，2019（7）：150－151.

105. 陶红，卫海英. 抢雷策略对品牌危机修复效果的影响研究：品牌危机类型、品牌声誉的调节作用［J］. 南开管理评论，2016（3）：77－88.

106. 徐宪平，鞠雪楠. 互联网时代的危机管理：演变趋势、模型构建与基本规则［J］. 管理世界，2019（12）：181－189.

107. 薛丽. 互联网时代的危机管理［J］. 公关世界，2016（21）：9.

108. 张志成. Facebook 数据泄露事件研究［J］. 青年记者，2018（24）：89－90.

109. 邓斌. 滴滴安全事件频发，根源在于内部管理不力［J］. 互联网经济，2018（11）：79.

110. 姜莉芸. 浅析制度创业型企业合法性危机发生机制：以滴滴出行为例［J］. 市场周刊，2020（4）：27.

111. 谷慧慧. 数字时代消费者生成广告对品牌传播的影响研究［J］. 品牌，2015（12）：4.

112. 王素君. 品牌危机传播的数字智能化管理转型［J］. 广告大观（理论版），2018（2）：39－40.

中文著作和译著

1. 罗子明. 品牌传播研究［M］. 北京：企业管理出版社，2015.
2. 王海涛，王润涛，李天祥. 品牌竞争时代：开放市场下政府与企业的品牌营运［M］. 北京：中国言实出版社，1999.
3. 余明阳，朱纪达，肖俊崧. 品牌传播学［M］. 上海：上海交通大学出版社，2005.
4. 伯格，波赫尔. 品牌年轻化：抓住年轻用户的5大逻辑［M］. 王琼，朱敏，汪雅文，译. 北京：中信出版集团，2019.
5. 庞守林. 品牌管理［M］. 北京：清华大学出版社，2011.
6. 张平淡. 品牌管理［M］. 北京：中国人民大学出版社，2015.
7. 凯勒. 战略品牌管理：第4版［M］. 吴水龙，何云，译. 北京：中国人民大学出版社，2014.
8. 恩布勒姆 A，恩布勒姆 H. 密封包装设计［M］. 王可，译. 上海：上海人民美术出版社，2004.
9. 舒尔茨 D E，巴恩斯，舒尔茨 H，等. 重塑消费者—品牌关系［M］. 沈虹，郭嘉，王维维，等译. 北京：机械工业出版社，2015.
10. 林升梁. 整合品牌传播：战略与方法［M］. 北京：中央编译出版社，2017.
11. 舒尔茨 D E，舒尔茨 H F. 整合营销传播：创造企业价值的五大关键步骤［M］. 何西军，黄鹏，朱彩虹，等译. 北京：中国财政经济出版社，2005.
12. 邓肯. 整合营销传播：利用广告和促销建树品牌［M］. 周洁如，译. 北京：中国财政经济出版社，2004.
13. 陆小华. 新媒体观：信息化生存时代的思维方式［M］. 北京：清华大学出版社，2008.
14. 布希亚. 物体系［M］. 林志明，译. 上海：上海人民出版社，2001.
15. 波德里亚. 消费社会［M］. 刘成富，全志钢，译. 南京：南京大学出版社，2000.
16. 朱海松. 无线营销：第五媒体的互动适应性［M］. 广州：广东经济出版社，2006.
17. 刘建明. 当代新闻学原理［M］. 北京：清华大学出版社，2003.
18. 麦奎尔. 受众分析［M］. 刘燕南，李颖，杨振荣，译. 北京：中国人民大学出版社，2006.

19. 史安斌. 危机传播与新闻发布：理论·机制·实务［M］. 北京：清华大学出版社，2013.

报纸

1. 杨崎. 2018 三季报数据解析 中药上市企业忙跨界［N］. 医药经济报，2018－11－15（7）.
2. 许正林. 中国品牌 70 年发展历程与主要成就［N］. 中国社会科学报，2020－01－13（7）.
3. 盘和林. 消费拉动型经济增强了发展的底气［N］. 中国青年报，2019－06－04（2）.
4. 王昊，张凯，秦海林. 从 2018 年度全球研发记分牌看各国产业竞争焦点［N］. 中国经济时报，2019－11－18（5）.
5. 桑子文，陶亚亚. "李子柒"的 IP 变现逻辑［N］. 中国文化报，2020－01－18（2）.
6. 苏展，孙佳山. 从李佳琦到李子柒：新感性动员［N］. 环球时报，2020－01－19（7）.
7. 赛迪智库互联网形势分析课题组. 2020 年中国互联网发展形势展望［N］. 中国计算机报，2020－03－09（12）.
8. 叶飞. 声誉管理推动品牌可持续发展［N］. 中国质量报，2019－03－26（8）.
9. 赵强. 大数据统计信息系统有望终结收视率造假［N］. 中国艺术报，2020－04－20（1）.
10. 陈自富. 边界与责任：对 Facebook 数据泄露事件的反思［N］. 学习时报，2018－05－02（6）.
11. 年双渡. 拥抱数字技术 星巴克变身科技巨头［N］. 中国商报，2015－03－03（8）.
12. 张勇. 在数字时代让天下没有难做的生意［N］. 河北日报，2020－01－17（5）.

外文文献

1. KOTLER P, KELLER K L. Marketing management［M］. 12th ed. Upper Saddle River, NJ：Pearson, Prentice Hall, 2006.

2. MCDONALD M, CHRISTOPHER M, KNOX S, et al. Creating a company for customers [M]. London: Pearson Education, 2001.
3. DIMOTFE C V, YALCH R F. Consumer response to polysemous brand slogans [J]. Journal of consumer research, 2007, 33 (3): 515-522.
4. AMICHAI-HAMBURGER Y, MCKENNA Y K, TAL S A. E-empowerment: empowerment by the internet [J]. Computers in human behavior, 2008, 24 (5): 1776-1789.
5. ERDEM T, KELLER K L, KUKSOV D, et al. Understanding branding in a digitally empowered world [J]. International journal of research in marketing, 2016, 33 (1): 3-10.
6. KELLER K L. Conceptualizing, measuring, and managing customer-based brand equity [J]. Journal of marketing, 1993, 57 (1): 3.
7. AAKER D, Building strong brands [M]. New York: Free Press, 1996.
8. BIEL A L. How brand image drives brand equity [J]. Journal of advertising research, 1992, 32 (6): 7-12.
9. PULLIG C, NETEMEYER R G, BISWAS A. Attitude basis, certainty, and challenge alignment: A case of negative brand publicity [J]. Journal of the academy of marketing science, 2006, 34 (4): 528.
10. DAWAR N, LEI J. Brand crises: the roles of brand familiarity and crisis relevance in determining the impact on brand evaluations [J]. Journal of business research, 2009, 62 (4): 509-516.
11. XIAO Y, LI Q, WEI H. The effect of crisis processing capacity on brand crisis reparability [J]. Journal of service science and management, 2014, 7 (5): 347-351.
12. KIM P H, DIRKS K T, COOPER C D, et al. When more blame is better than less: The implications of internal vs. external attributions for the repair of trust after a competence-vs. integrity-based trust violation [J]. Organizational behavior and human decision processes, 2005, 99 (1): 49-65.
13. VOTOLA N L, UNNAVA H R. Spillover of negative information on brand alliances [J]. Journal of consumer psychology, 2006, 16 (2): 196-202.
14. DUTTA S, PULLIG C. Effectiveness of corporate responses to brand crises: the role of crisis type and response strategies [J]. Journal of business research, 2011, 64 (2): 1281-1287.

学位论文

1. 姚斯亮. 广告与包装匹配对品牌认知的影响［D］. 兰州：西北师范大学，2007.
2. 辜泓. 从"传递观"到"仪式观"："互联网＋"时代品牌传播转型研究［D］. 武汉：华中农业大学，2017.
3. 星亮. 营销传播理论演进研究［D］. 广州：暨南大学，2013.
4. 郑星星. 韩国企业危机管理研究：案例分析的视角［D］. 延吉：延边大学，2017.

网站

1. 第45次《中国互联网络发展状况统计报告》［EB/OL］.（2020－04－28）［2020－05－10］. http://www.gov.cn/xinwen/2020－04/28/content_5506903.htm.
2. 王新文. Interbrand 发布2019全球最佳品牌排行榜［EB/OL］.（2019－10－22）［2020－02－10］. http://zjnews.china.com.cn/yuanchuan/2019－10－22/193296.html.
3. 2019最具价值中国品牌100强榜单［EB/OL］.（2019－05－07）［2020－02－10］. http://www.sohu.com/a/312373759_441449.
4. 朱翊. 新东方启用新域名 互联网价值渗入行业成趋势［EB/OL］.（2011－04－07）［2020－02－15］. http://www.sootoo.com/content/107769.shtml.
5. 电商集体更换域名：唯品会正式启用 vip.com［EB/OL］.（2013－12－01）［2020－02－15］. https://tech.qq.com/a/20131201/002320.htm.
6. 2019年各大品牌 LOGO 升级汇总！［EB/OL］.（2019－12－23）［2020－02－20］. https://www.digitaling.com/articles/244194.html.
7. 钱丽娜. 音乐，品牌营销的魔术棒［EB/OL］.（2018－05－25）［2020－02－20］. http://www.lfxybwcl.com/cjgjzk201811/6917.htm.
8. 叶碧华. 汤臣倍健搅局功能饮料 年内覆盖3万个终端［EB/OL］.（2018－07－11）［2020－02－25］. http://finance.sina.com.cn/roll/2018－07－11/doc－ihfefkqp8804868.shtml.
9. 国务院办公厅关于发挥品牌引领作用 推动供需结构升级的意见［EB/OL］.（2016－06－20）［2020－02－28］. http://www.gov.cn/zhengce/content/2016－06/20/content_5083778.htm.

10. 国家邮政局关于2019年快递服务满意度调查结果的通告［EB/OL］.（2020－01－21）［2020－03－01］. http://www.chinawuliu.com.cn/zixun/202001/21/489685.shtml.

11. 世界品牌实验室发布2019年世界品牌500强［EB/OL］.（2019－12－13）［2020－03－10］. http://www.c-gbi.com/v3/7601.html.

12. 新华社发布国内首条MGC视频新闻，媒体大脑来了！［EB/OL］.（2017－12－26）［2020－03－15］. http://www.xinhuanet.com/politics/2017-12/26/c_1122170364.htm.

13. 科技时尚内衣品牌BerryMelon获千万元级别Pre-A轮融资，富士康投资［EB/OL］.（2019－12－02）［2020－03－20］. http://www.sohu.com/a/357899105_144325.

14. 自取青梅防晕车 溜溜梅爱心公益给归乡人带来无限温暖［EB/OL］.（2020－01－21）［2020－03－28］. http://www.cntvsp.cn/shipingnews/zh/2020/0121/zh010627619.html.

15. EDELMAN D, SINGER M. 塑造消费者决策新旅程［EB/OL］.（2016－07－26）［2020－04－01］. https://www.mckinsey.com.cn/%e5%a1%91%e9%80%a0%e6%b6%88%e8%b4%b9%e8%80%85%e5%86%b3%e7%ad%96%e6%96%b0%e7%a8%8b/.

16. DOWLING Z. 消费者的情感如何影响购买行为［EB/OL］. 孙钟然，编译.（2019－08－02）［2020－04－08］. http://www.maad.com.cn/index.php?anu=news/detail&id=8120.

17. 报告推荐｜2018中国社交媒体影响报告［EB/OL］.（2018－11－30）［2020－04－15］. http://www.chinadevelopmentbrief.org.cn/news-22284.html.

18. 有声音频APP：完成市场培育 喜马拉雅月活领先［EB/OL］.（2018－12－13）［2020－04－20］. http://www.bigdata-research.cn/content/201812/805.html.

19. 2019社交媒体内容趋势报告：市场现状、兴趣偏好及互动行为［EB/OL］.（2019－10－18）［2020－04－20］. https://36kr.com/p/5257064.

20. 焦佳星. 2020中国数字营销趋势报告：短视频依旧火爆，数据注水持续存在［EB/OL］.（2019－12－02）［2020－04－20］. https://36kr.com/p/5271492.

21. 中国消费者协会. 中消协发布《"凝聚你我力量"消费维权认知及行为调查报告》[EB/OL]. (2020-03-15) [2020-04-30]. http://www.cca.org.cn/zxsd/detail/29505.html.

22. KEDDY. 估值30亿！服装电商Stitch Fix玩转"盲盒营销"[EB/OL]. (2020-04-15) [2020-05-10]. http://www.woshipm.com/marketing/3707400.html.

23. YANG C. 安踏×故宫×冬奥神仙联名，安踏将霸道进行到底[EB/OL]. (2020-01-09) [2020-05-10]. https://new.qq.com/omn/20200109/20200109A0PMBB00.html.

24. 丘濂. 无钢圈vs厚胸垫：舒适和性感，哪个更重要？[EB/OL]. (2018-11-12) [2020-05-20]. https://mp.weixin.qq.com/s/P3cZM_xUlr9Bdm7mkVAENQ.

25. DBRank算法介绍[EB/OL]. [2020-05-30]. https://www.dbrank.net/algorithm.

后　记

当前社会，为了应对经济增速放缓，助力经济结构调整和转型升级，提高发展质量和效益，塑造和传播中国品牌新形象成为中国经济实现高质量发展的题中之义。而大数据、5G、人工智能、区块链、物联网等新技术的发展和应用，使得经济的数字化、智能化转型势在必行。传统品牌和新兴品牌发力并布局线上渠道，借力数字化传播手段，采用直播带货、短视频营销、新闻热搜等方式，迎来了品牌创新发展的良好时机。

2020年5月10日，第四个"中国品牌日"活动首次在线上举办。本次活动充分运用了互联网平台、三维虚拟现实等技术，并以"中国品牌，世界共享；全面小康，品质生活；全球抗疫，品牌力量"为主题。全程线上举办的形式即是对数字时代品牌传播的一次充分实验和检验。

在经济结构转型升级的背景下，洞察消费者的需求，做好产品，做强品牌，是企业和平时期和风险情境下成功应对各种挑战的基石。企业品牌是国家形象和民族文化对外展示的名片。企业战略决定企业成败，而品牌战略决定企业在市场中的竞争地位，是商品和服务溢价的核心因素。品牌传播则是激活品牌战略的关键环节，助力培育品牌的竞争优势。

本书以品牌传播理论为基础，归纳了数字时代品牌传播最新的发展趋势，从品牌传播生态构建、品牌传播流程与策划、消费者洞察与分析、品牌传播媒介选用、品牌传播内容与生产机制、品牌传播效果转化与监测、品牌危机管理与公关等方面，构建全方位的品牌传播知识体系。通过经典理论的诠释、方法的研究、技巧的选用、工具的选择、最新案例的独特解读与分析，全面探讨品牌传播如何助力品牌发展，为数字时代的品牌传播实践提供一些有益的思考和借鉴。

在本书付梓之际，感谢家人的支持、关怀和理解，特别感谢谭昆智老师、嵇春霞副总编辑以及陈晓阳编辑为本书的顺利出版所做的工作。